OS PORÕES DA
CONTRA-
VENÇÃO

ALOY JUPIARA E CHICO OTAVIO

OS PORÕES DA CONTRA-VENÇÃO

Jogo do bicho e ditadura militar: a história da aliança que profissionalizou o crime organizado

9ª edição

EDITORA RECORD
RIO DE JANEIRO • SÃO PAULO
2024

CIP-BRASIL. CATALOGAÇÃO NA PUBLICAÇÃO
SINDICATO NACIONAL DOS EDITORES DE LIVROS, RJ

Jupiara, Aloy
J93p   Os porões da contravenção: jogo do bicho e ditadura militar: a história
9ª ed. da aliança que profissionalizou o crime organizado / Aloy Jupiara;
        Chico Otavio. – 9ª ed. – Rio de Janeiro: Record, 2024.
        il.

        Inclui bibliografia
        ISBN 978-85-01-10644-5

        1. Jogos de azar – jogo do bicho. 2. Ditadura – Brasil. 3. Governo militar – Brasil.
        4. Crime organizado. 5. Jornalismo – reportagem. I. Otavio, Chico. II. Título.

                                        CDD: 981.063
15-26049   CDU: 94(81)

Texto revisado segundo o novo Acordo Ortográfico da Língua Portuguesa.

Copyright © Aloy Jupiara e Chico Otavio, 2015

Checagem: José Figueiredo

Direitos exclusivos desta edição reservados pela
EDITORA RECORD LTDA.
Rua Argentina, 171 – Rio de Janeiro, RJ – 20921-380 – Tel.: (21) 2585-2000.

Impresso no Brasil

ISBN 978-85-01-10644-5

Seja um leitor preferencial Record.
Cadastre-se e receba informações sobre nossos
lançamentos e nossas promoções.

Atendimento direto ao leitor:
sac@record.com.br

Sumário

Introdução

O jogo do bicho nasceu nas ruas do Rio, em 1892, explorando a esperança da população pobre da cidade. Começou inocente, no Jardim Zoológico do barão de Drummond, em Vila Isabel. No primeiro sorteio, com 25 bichos, deu avestruz, erroneamente conhecido como a ave que enterra a cabeça em um buraco para se esconder. Logo o jogo ganhou as esquinas e prosperou. Quando o poder público se deu conta, era tarde. À medida que foi crescendo, infiltrou-se no aparelho de Estado. O bicho se impôs pela violência e pela corrupção. Nada foi capaz de detê-lo.

Um século depois da primeira extração, o jogo do bicho chegou ao auge como organização criminosa. Uma operação da Polícia Federal, chamada Furacão, flagrou-o em 2007 subornando um integrante do Superior Tribunal de Justiça (STJ), a segunda mais alta corte do país. Até então, não se sabia de tamanha audácia. Paulo Medina, o ministro que teria vendido uma sentença aos bicheiros por R$ 1 milhão, acabou afastado. Dos caixotes de frutas onde colhia as apostas de rua, a máfia do jogo migrara para as máquinas caça-níqueis. Para atropelar autoridades que ousavam atrapalhar os negócios, foi buscar blindagem judicial em Brasília. Como nunca respeitou limites, só precisou precificar as necessidades.

O bicho que profanou o STJ não é um traço da cultura popular. A imagem bairrista e romântica deu lugar a uma organização

9

mafiosa com planejamento, controle do fluxo de caixa, divisão territorial e outros cuidados. Para adotar este modelo empresarial, os chefões se aproveitaram de uma encruzilhada da nossa história. Começaram a preparar o bote nos anos 1960, enquanto parte da sociedade brasileira travava uma luta renhida contra o regime militar. Sob o pretexto de livrar a nação da ameaça comunista, os generais haviam montado uma máquina letal com autoridade irrestrita para aniquilar a esquerda armada. Seus integrantes não precisavam aparar os cabelos, acordar com o toque da corneta, fazer ordem unida ou usar farda. Contavam com verbas secretas, equipamentos especiais e *bunkers* clandestinos. Mais do que isso, tinham acesso livre a dados privados e poder de vida e de morte sobre as pessoas.

Assim que terminou o período mais sangrento do regime militar, o desmonte da máquina de torturar, matar e desaparecer com os corpos das vítimas frustrou os agentes da repressão. Muitos se sentiram traídos e abandonados. De volta à farda e à rotina enfadonha dos quartéis, viraram presas fáceis. E foi aí, entre os anos 1970 e 1980, que os chefões do bicho deram o bote. Ofereceram um projeto de poder que setores radicais julgavam perdido. Nos últimos suspiros da ditadura, a organização criminosa serviu de porto seguro, uma terra de oportunidades para quem tivesse disposição e topasse ser recrutado para compartilhar o vasto conhecimento adquirido nas masmorras do regime.

O Brasil não é uma experiência única. Na ânsia por democracia, após um período obscuro e sangrento, a população tem pressa. Faz concessões e não prepara o desmonte dos porões. Outros países que emergiram da ditadura também deixaram os seus agentes da repressão à deriva. E não foram poucos os cooptados pelas máfias locais. No Brasil, contudo, a parceria bicho-ditadura foi singular, porque mudou para sempre o perfil do crime organizado. Amparada nos pilares de hierarquia e disciplina aprendidas com os militares, a máfia do jogo se organizou, se diversificou e cresceu. Conhecimentos de logística, estado-maior, administração financeira, divisão de trabalho e espionagem moldaram o tamanho e a força da mais estruturada facção criminosa do país.

Este pelotão de agentes que migrou dos porões da tortura para as fileiras do jogo do bicho, levando junto a brutalidade, a arapongagem e a disciplina da guerra contra as esquerdas, foi tema de uma série de reportagens publicada pelo jornal *O Globo* entre os dias 6 e 9 de outubro de 2013. Para mostrar como os bicheiros ajudaram a perseguir inimigos do regime, e a ditadura retribuiu com proteção e impunidade, recorremos a documentos de dois arquivos públicos e da Biblioteca do Exército e a depoimentos de militares, ex-agentes, ex-presos políticos, sambistas, historiadores e cientistas políticos, além de consultas a acervos de jornais. Uma das fontes, o coronel Paulo Malhães, um dos mais brutais agentes do regime, revelou, em entrevista até então inédita, detalhes de sua própria experiência com o crime organizado.

Assassinatos do período misturaram interesses militares e civis, envolvendo bicheiros e torturadores. A guarnição da 1ª Companhia de Polícia do Exército (PE), da Vila Militar, em Deodoro, foi a gênese desse fenômeno. Dois dos principais centros de tortura do Rio, o Destacamento de Operações de Informações (DOI) da rua Barão de Mesquita, na Tijuca, e a Casa da Morte, aparelho montado pelo Centro de Informações do Exército (CIE) em Petrópolis, também foram incubadoras de capangas da contravenção.

Na época da publicação da série, o ponto final da reportagem não era o fim da história. O livro dá a esse episódio, praticamente ignorado na história do regime militar, uma nova dimensão, com acesso a documentos e fontes inéditos.

Logo após 1892, as autoridades, como o mítico avestruz da cabeça enterrada, demoraram a perceber o tamanho do problema criado pelo barão de Drummond. Em 1985, a história se repetiu. Enquanto a sociedade brindava a chegada dos novos tempos democráticos, o bicho fazia a sua festa particular sem ser incomodado. Uma reação de peso só veio na década seguinte, com a sentença de prisão no processo comandado pela juíza Denise Frossard. Mas era tarde. O bicho se consolidara. Violento, corrupto, mas fazendo-se passar pelo mesmo jogo inocente e popular dos tempos do Jardim Zoológico do barão.

1

Guimarães

A *dívida fatal*

Guto se esforçava para que o dia fosse igual a muitos outros. Inútil. O sócio imposto pela cúpula o aborrecia. Os dois teriam um encontro à noite, para acertar as diferenças, e ele logo poderia partir aliviado para os braços da jovem amante. Era a sua máxima ambição naquele 22 de junho de 1979.

De bermuda branca e camisa *bordeaux*, ele ganhou as ruas com o ar contrariado. Sabia que as dívidas com os chefes jamais eram esquecidas, mas não se conformava com a fatura imposta. Pequeno bicheiro com pontos em Niterói, São Gonçalo e Itaboraí, na Região Metropolitana do estado do Rio, tivera de fracionar o seu território com o forasteiro como garantia do pagamento. Não era justo. Desconfiava do sujeito. De casa, na avenida Professor João Brasil, bairro do Fonseca, em Niterói, passou por um dos seus pontos, no largo do Barradas, para conferir a féria com os apontadores. Dali, rumou para uma agência bancária no Centro. Contava os níqueis para pagar o que devia e se livrar para sempre daquele aborrecimento.

Um advogado, com quem se reuniu no fim da tarde, o aconselhara a ser cauteloso. A ansiedade de Guto afastava-o dos cuidados habituais. Ele saiu novamente de casa, à noite, para a conversa decisiva, marcada em um restaurante de Icaraí. Uma estudante, mais tarde, o viu passar com uma acompanhante, a bordo de um Passat marrom, pela rua da Conceição, perto da estação das barcas.

E foi a última vez que se teve notícias de Agostinho Lopes da Silva Filho, o Guto, cujo paradeiro é um mistério até hoje. O inquérito, aberto na 78ª Delegacia Policial (Fonseca), teve o mesmo destino de outros ligados à contravenção: frases de efeito da polícia no início e depois o esquecimento, sem apontar culpados. O que teria acontecido com Agostinho, contraventor que dominava um modesto território de cerca de 20 pontos? Na ocasião, a família do bicheiro[1] não hesitou em apontar o dedo para o forasteiro, um oficial do Exército conhecido apenas por Guimarães, que Guto tivera de engolir como sócio por imposição de Ângelo Maria Longa, o Tio Patinhas,[2] um dos grandes da contravenção na época.

Os negócios de Guto não iam bem e sua fragilidade financeira o deixou exposto. Um mês antes, no dia 29 de maio, ele já sofrera um sequestro:[3] quatro homens, exibindo carteira da Polícia, o abordaram em frente a sua casa e o levaram algemado e encapuzado para o Rio de Janeiro, pressionando-o a falar sobre a suposta ação de uma quadrilha de traficantes de drogas em Niterói. Dessa vez, escaparia. Os sequestradores o liberaram, mas prometeram continuar no seu encalço.

Guto devia dinheiro a Patinhas. O chefão atuava na "descarga", operação de garantia de pagamento do prêmio em casos de apostas vultosas, uma espécie de seguradora dos gerentes dos pontos. Como esses pequenos bicheiros não tinham condições de pagar, repassavam as apostas de risco aos grandes, para não quebrar em caso de vitória do apostador.

Tio Patinhas — cabeleira branca, óculos de aros grossos e lente fundo de garrafa, lembrava o Chacrinha — não dava tanta atenção a Guto. Estava, no entanto, impressionado com o jovem oficial do Exército que lhe fora apresentado pelo detetive Euclides Nascimento, o Garotinho, um dos "homens de ouro", grupo de elite criado pela polícia carioca em 1969 e que deu origem ao Esquadrão da Morte. Patinhas resolveu abrir as portas da contravenção a Guimarães, oferecendo-lhe sociedade, justamente nos pontos de Guto, por um investimento inicial de Cr$ 200 mil,[4] o que cobria a dívida do pequeno banqueiro quebrado.

Com o gesto, Patinhas queria resolver dois problemas: a dívida de Guto e a dor de cabeça causada por uma quadrilha de agentes da ditadura, que, desde 1971, vinha extorquindo contrabandistas ligados ao bicho, tomando suas mercadorias para depois revendê--las com ágio aos próprios donos, o chamado "golpe do arrepio". Um dos chefes desse bando era justamente Guimarães, cuja ousadia em desafiar o poder dos bicheiros surpreendera a cúpula da contravenção. Em vez de enfrentá-lo, era mais negócio tê-lo a seu lado. E o interesse era recíproco: o militar via na contravenção uma saída para a encruzilhada em que se metera nos quartéis.

Isolado na tropa desde que passara a comandar a quadrilha de extorsão a contrabandistas, o capitão-intendente Ailton Guimarães Jorge, então com 38 anos, sabia que não tinha futuro algum no Exército, mesmo depois de absolvido no processo criminal em que havia se afundado, por causa do envolvimento com o bando. Entre definhar encostado em alguma função burocrática e ingressar no promissor mundo do crime organizado, Guimarães, de uma família modesta de Vila Valqueire, Zona Norte do Rio, optou pela jogatina e atravessou a ponte Rio-Niterói para iniciar sua ascensão no mundo do bicho.

O jogo do bicho no Brasil jamais foi o mesmo depois de Guimarães. Guto, uma das primeiras vítimas da reengenharia zoológica que o militar lideraria, representava o atraso. Casado, pai de três filhos, geria os pontos sem grandes ambições, como a maioria dos bicheiros dos pequenos e fracionados territórios de Niterói, São Gonçalo, Itaboraí e Saquarema. Era figura conhecida do bairro, como o guarda da esquina, o padeiro, o vigário ou o quitandeiro. Já Guimarães era ambicioso e personalista. Não queria apenas pontos de bicho. Queria mudar toda a estrutura do jogo à luz do que aprendera nos quartéis e seus porões: organização, centralização de poder e violência.

A família deu falta de Guto na manhã do dia seguinte e correu para registrar o sumiço na delegacia. Um inquérito foi aberto. Com a ajuda de testemunhas, a polícia tentou reconstituir as últimas horas do bicheiro. Ele tinha uma namorada que morava na rodovia Amaral Peixoto, em Santa Bárbara. Porém, em vez de ir ao seu encontro, teria seguido em direção a Icaraí, para jantar com Guimarães na rua Mariz e Barros. Ao sair do restaurante, entrou no carro com outra jovem.[5] O bicheiro caíra provavelmente em uma armadilha fatal.

Guimarães era visto com desconfiança em Niterói. Não disfarçava a ambição. As suspeitas da família cresceram com a indiferença que demonstrava pelo destino do sócio. O militar usava um segurança, Gibi, descrito pelos parentes de Guto, em depoimento, como "um homem preto e forte" (sic) que arrecadava dinheiro dos pontos que pertenciam ao pequeno bicheiro. Além disso, arrogante, Guimarães recusou-se, depois do desaparecimento, a pagar 33,3% da arrecadação dos pontos à família, uma tradição da contravenção quando acontecia algum tipo de dissabor a um bicheiro. Outros costumes seriam quebrados. Mas o militar jamais assumiu a primeira jogada. Negou qualquer envolvimento no caso. Nunca se livrou das suspeitas. "Pelo amor de Deus, pare com isso. Na contravenção, há respeito. Não precisamos usar esses métodos. Segundo eu sei, Guto tinha muitos desafetos, por se meter com mulheres casadas", desconversaria em entrevista ao jornal *O Globo*, em outubro de 1981.[6]

O sumiço inaugurou a nova carreira. Do Exército, restara-lhe apenas a patente. Ailton era agora o Capitão Guimarães da contravenção.

Bobearam!

Antes de lançar os quepes para o alto e cruzar os portões da escola pela última vez, os jovens ouviram o Código de Honra da turma, formado pelas palavras "Probidade, Lealdade, Honra e Responsabilidade".[7] A cena aconteceu em 20 de dezembro de 1962, data em que 432 cadetes da Academia Militar das Agulhas Negras (Aman), em Resende (RJ), se graduaram aspirantes. A cerimônia foi prestigiada pelo presidente João Goulart, acompanhado dos generais Amaury Kruel, ministro da Guerra, e Albino Silva, chefe do Gabinete Militar. O marechal Mascarenhas de Morais, comandante da Força Expedicionária Brasileira (FEB) na Segunda Guerra, de 79 anos, também compareceu à festa.[8]

Jango, a essa altura, já era alvo de conspiradores. Faltava um mês para o plebiscito que rejeitaria o parlamentarismo e lhe daria plenos poderes. Focos de insatisfação cresciam nos quartéis. O planeta vivia a paranoia da Guerra Fria. No Brasil, os americanos mandavam a diplomacia às favas e alimentavam a discórdia abrindo os cofres aos candidatos de oposição na campanha eleitoral de outubro.[9] Os militares ligados ao presidente eram chamados pejorativamente de "melancias", verdes por fora e vermelhos por dentro.

Os cadetes tinham entrado para a Aman em 15 de fevereiro de 1960, com idade em torno dos 18 anos, para compor a turma Duque de Caxias, a "Tuducax". Três anos depois, no encerramento da formatura, despediam-se da escola caminhando pela pista de mais de 500 metros que ligava o conjunto principal da academia ao Portão das Armas. Na saída, ao lançar os quepes ao alto, honrando uma tradição local, deram o seu grito de guerra: "Bobearam!"

Muitos da "Tuducax" não bobearam. Da turma, 28 atingiriam o generalato, entre os quais Enzo Martins Peri, futuro comandante do Exército (governos Lula e Dilma, 2007-2014), Sérgio Ernesto Alves Conforto, encarregado do segundo IPM do Caso Riocentro (1999), e Roberto Jugurtha Câmara Senna, comandante da Operação Rio, de ocupação dos morros, em 1994.

O cadete carioca Ailton Guimarães Jorge, por caminhos tortos, também não bobeou. Como oficial de Intendência, arma de menor prestígio no Exército, sabia que dificilmente prosperaria no oficialato. Estava certo. Sua carreira militar, medíocre e violenta, terminaria em março de 1981. Desligou-se prematuramente após dezenove anos de farda, sete deles afastado para responder à acusação de extorquir contrabandistas, firmando-se como um dos *capi* na jogatina do bicho. Sua nova tropa era parecida com o Exército em hierarquia, armas e combatentes, mas longe de valores como probidade, honra e responsabilidade dos tempos da Aman.

Filho do guarda civil Felippe Jorge e de Geny Guimarães Jorge, Ailton Guimarães Jorge nasceu em 23 de novembro de 1941. As fardas o encantavam desde cedo. Quando criança, gostava de passear com o pai nas viaturas policiais.[10]

A trajetória de Guimarães no Exército começou no Colégio Militar do Rio de Janeiro, em 1953. Tinha 12 anos e, por causa do tom da pele herdado dos mouros, era chamado pelos colegas de Negro Guimarães. Não se importava. Seu desempenho escolar ficava acima da média. Ao lado do também tijucano Instituto de Educação, o Colégio Militar era um dos ícones dos anos dourados na cidade. O jovem se formou na turma de 1959 (Marechal Rondon). Eram seus colegas os futuros ator e comediante Castrinho (Geraldo Castro Filho), general Enzo Peri e deputado Raymundo de Oliveira.

Na Aman, onde ingressou no ano seguinte, a ficha de Guimarães o descreveu como moreno, de cabelos castanhos ondulados e 1,70 metro. Tomou o número 55 no corpo de cadetes e passou a viver em um dos alojamentos das companhias, construídos em forma de apartamento, cada um com seis beliches e armários de madeira, abrigando doze cadetes. A alvorada era às 5h30 e o início das aulas, às 7h, jornada que se encerrava às 16h35.

A vida em Resende, a 160 quilômetros do Rio, gravitava praticamente em torno da academia. Havia escasso divertimento para cadetes além do clube social, concorrido em dias de baile, e a paquera na praça Oliveira Botelho, no Centro, com o único cinema e alguns bares. Isso era pouco para Guimarães. No dia 9 de abril de 1960, com menos de dois meses de Aman, recebeu a primeira punição por ter comparecido, após as 22h, "a local incompatível com a situação de cadete, portando-se de modo inconveniente, tomando parte de um conflito, juntamente com outros cadetes contra civis", razão pela qual ficaria preso por quinze dias.[11] O jornalista e escritor Elio Gaspari o descreveu como "aplicado e bagunceiro".[12]

Guimarães sabia compensar os arroubos de indisciplina com demonstrações de respeito à farda. Como era tradição, recebeu, por ter participado do desfile militar de 7 de setembro daquele ano, um elogio do então comandante da 1ª Região Militar, general Jair Dantas Ribeiro, que viria a ser um dos personagens centrais da crise que se aproximava.[13] Porém, um mês depois, tomaria mais seis dias de cadeia por ter faltado a uma sessão de Educação Física sem justificar. Em novembro de 1961, ao final do segundo ano na Aman, já acumulava um total de 35 dias de prisão. E era só o começo. Ao longo da vida, principalmente depois de abandonar a caserna, sua rotina seria pontuada por temporadas de prisão.

Foi após voltar das primeiras férias, no começo de 1961, que Guimarães teve de definir a carreira militar. O rito de passagem aconteceu no dia 17 de fevereiro, na Cerimônia de Escolha da Arma e do Serviço da Aman. Os cadetes aguardavam em forma a chamada pelo nome. A ansiedade era grande. Cada uma das mesas à frente representava uma Arma ou Serviço. Ao ser chamado, o cadete se dirigia a uma delas para escrever seu nome na lista que ficava aberta enquanto houvesse vaga disponível.

A chamada obedecia às notas tiradas no curso básico. Guimarães esperava a sua vez. Quando chegou, não houve como esconder um travo de amargura. Como somara 38,238 pontos no primeiro ano, portanto abaixo da média, ficou sem opções e acabou classificado no Serviço de Intendência, responsável pelas atividades de suprimento (alimentos, fardamento e equipamento), transporte de pessoal, lavanderia, sepultamento, administração financeira e controle interno, longe do sonho de todo cadete: compor das fileiras da Cavalaria, Artilharia ou Infantaria.

O conhecimento obtido na Intendência, contudo, seria fundamental na futura ascensão civil de Guimarães. Declarado aspirante em dezembro de 1962, concluiu a Aman em 15º lugar entre os 69 da turma de Intendência. Além da solenidade com

Jango, houve missa de ação de graças, no dia 23 de dezembro, na Candelária, e o grande baile de formatura, no mesmo dia, no Copacabana Palace.

Guimarães e o nefasto comunismo

A assinatura do ato de conclusão do curso de Guimarães foi do general Emílio Garrastazu Médici, que assumiu o comando da Aman no início de 1963. Guimarães convivera com o oficial, subcomandante da academia entre 1960 e 1961, mas não chegou a vê-lo na chefia. Naquele tempo, estava de malas prontas para Bagé (RS), onde teria o seu primeiro posto como aspirante, no 12º Regimento de Cavalaria, unidade do III Exército (tropas do Sul).

A essa altura, o general Jair Dantas Ribeiro já ocupava o Ministério da Guerra do governo Goulart e o caldeirão da crise estava prestes a entornar. Os quartéis eram focos de conspiração, entre os quais a Aman de Médici. Ao chegar ao Sul, para assumir a função de aprovador, almoxarife e tesoureiro (cargos próprios do intendente) do Regimento, vinculado ao III Exército, Guimarães era um jovem impregnado pela retórica do "perigo comunista" pregado em sala de aula.

A transferência para o Sul lapidou-lhe a paranoia. Promovido a segundo-tenente em agosto de 1963, Guimarães, enquanto cuidava da burocracia do quartel, incluindo a administração do centro social, via subordinados se insurgirem contra oficiais. No fim do ano, receberia elogios dos chefes pela "capacidade de trabalho, dedicação, lealdade e operosidade", mas o clima político o inquietava.

Os militares haviam abafado, em setembro, uma rebelião de seiscentos cabos, sargentos e suboficiais em Brasília. Os revoltosos chegaram a tomar a Base Aérea, a Rádio Nacional e algumas centrais telefônicas em protesto contra a decisão do Supremo Tribunal Federal (STF), que impedira o sargento gaúcho Aimoré Zoch Cavalheiro de tomar posse como deputado estadual.

O III Exército, decisivo na crise da Legalidade,[14] entre agosto e setembro de 1961, quando ficou do lado de Jango, agora estava dividido e o então governador gaúcho, Ildo Meneghetti, ao contrário do antecessor, Leonel Brizola, era hostil ao presidente. A mais alta patente em Bagé, o general Hugo Garrastazu, comandante da 3ª Divisão de Cavalaria, era uma incógnita. Havia possibilidade de confronto.

O golpe de 31 de março, tão aguardado pelo segundo-tenente, o pegou em férias. Mas Guimarães não pensou duas vezes. Com o retorno previsto somente para o dia 7 de abril, voltaria antes para juntar-se aos golpistas liderados em Bagé por Hugo Garrastazu, que finalmente se posicionara contra Jango. Em nenhum outro lugar do país o confronto pareceu tão iminente.

O gesto de Guimarães mereceu um dos mais importantes elogios da carreira, assinado pelo coronel Theodorico Gahyva:[15] "No gozo de férias regulamentares no Rio, quando da eclosão do Movimento de Libertação Nacional, apresentou-se logo a esse comando e, na primeira oportunidade, deslocou-se para a sede do regimento, numa demonstração de alto espírito militar."

Golpe consumado, os generais da formação de Guimarães seguiriam os caminhos que a história lhes reservara. Após a queda de Jango, Médici foi nomeado adido militar em Washington. No governo Costa e Silva, assumiu a chefia do Serviço Nacional de Informações (SNI), de onde sairia, no começo de 1969, para o comando do III Exército, em Porto Alegre, e, dali, para a Presidência da República. O general Dantas Ribeiro, autor do primeiro elogio a Guimarães, seguiu outra direção. Comprometido com a defesa do governo, o último ministro da Guerra de Jango foi afastado da pasta e, em junho de 1964, teve seus direitos políticos cassados pelo Ato Institucional nº 1, então transferido à reserva.

As férias suspensas valeriam a Guimarães mais dois elogios. Um deles, de Costa e Silva, então ministro da Guerra do governo Castelo Branco, pelas "magníficas demonstrações de lealdade e patriotismo ante a difícil emergência que acaba de atravessar a nação". O outro destacou o seu papel na "defesa dos princípios democráticos que sempre armaram a pátria brasileira, banindo de nossa terra o nefasto comunismo, demonstrando com isso elevado espírito de brasilidade que muito contribuiu para a salvaguarda das instituições do país". Guimarães iniciava ali sua guerra particular contra a subversão.

Vila Militar, o laboratório da guerra suja

Guimarães só ficaria mais um ano no Sul. No primeiro semestre de 1966, já primeiro-tenente, estava de volta à cidade natal, para apresentar-se, depois de uma rápida passagem pela 1ª Companhia Depósito de Subsistência, à 1ª Companhia Independente da Polícia do Exército (PE), na Vila Militar. Na época, o complexo representava a maior concentração militar da América Latina. E a PE, a quem cabia garantir a lei e a ordem na tropa, iria se notabilizar muito mais pelo tratamento oferecido aos civis incômodos.

A companhia da PE era, naquela altura, um laboratório da guerra que mancharia o país dois anos depois. Sob o comando do capitão José de Ribamar Zamith, fervoroso integrante do Movimento Anticomunista, uma tropa de 240 homens trincara os dentes para consolidar a "Revolução Redentora" nos grotões da Região Metropolitana do Rio. Era preciso limpar a área. Um dos alvos era o trabalhismo de Getúlio Vargas, ainda forte nas cidades-dormitório da Baixada Fluminense. O outro, pequenos traficantes que vendiam drogas para os soldados.

Com os traficantes, o tratamento de costume. Para blindar a Vila, a tropa juntou a truculência castrense ao modelo pau de arara da polícia velha de guerra da região, ligada a grupos de extermínio. Oficiais passaram a circular com desenvoltura pelas delegacias. Para os trabalhistas, o arbítrio. A abertura de inquéritos sumários, sem direito ao contraditório, tentou varrer do mapa o getulismo residual, com muitos de seus quadros acusados pelo regime de desvio de recursos públicos e de outras formas de corrupção e clientelismo.

Porém, o enfrentamento mais violento estava por vir. Uma série de acidentes ferroviários e atrasos constantes nos horários de pico das estações da região acendera a luz vermelha no gabinete do general Adalberto Pereira dos Santos, então comandante do I Exército (tropas do Rio de Janeiro). Em março de 1965, um trem cargueiro descarrilou em Comendador Soares, Nova Iguaçu, atingiu um poste e derrubou a estrutura metálica que sustentava a sinalização sobre um trem de passageiros. O acidente causaria vinte mortes e deixaria mais de cinquenta feridos.[16]

Embora reinassem a negligência e a precariedade no sistema ferroviário do Grande Rio, os militares preferiram culpar os comunistas. Desconfiavam de que os eventos não fossem obra do acaso, muito menos decorrentes de falha humana provocada por maquinistas cansados e despreparados. A descoberta de que dois funcionários de estações da Baixada Fluminense eram ligados ao Partido Operário Revolucionário Trotskista (PORT) levaria o general a encarregar o capitão Zamith de uma devassa na Baixada. Logo vieram prisões arbitrárias, interrogatórios brutais e outros abusos que iniciariam a temporada de violência política na Vila Militar.

Se o tenente Guimarães procurava ação, o Rio não poderia oferecer melhor oportunidade. O Inquérito Policial Militar (IPM) dos trotskistas, instaurado em 19 de maio de 1966, o alcançou na rotina do quartel, fazendo palestras sobre a "tomada de Monte Castelo e Castelnuovo" pela Força Expedicionária Brasileira (FEB), na Segunda Guerra. Ele também dava um curso de adaptação a motoristas militares e ajudou a companhia a conquistar o segundo lugar no campeonato de florete, espada e sabre do regimento.

Formada por soldados aptos para combater em todos os tipos de terreno, a Infantaria é geralmente a primeira a entrar em combate nos casos de guerra. Para o capitão Zamith, o durão que se orgulhava de ser um golpista de primeira hora, pouco interessava saber a que armas pertenciam os comandados. A seu modo de agir, todos eram infantes, prontos para a briga. Quando a Justiça Militar começou a expedir uma enxurrada de mandados de prisão, sobrou missão para todos.

E Guimarães, o oficial da burocracia às voltas com compras, estoques e contas, teve também de sair à caça de comunistas. A repressão começava ali, antes mesmo do Ato Institucional nº 5, de dezembro de 1968, a mostrar as garras. Em depoimento à 2ª Auditoria de Aeronáutica,[17] o ilustrador Virgílio José Cavalcanti, acusado de pertencer ao PORT, disse que ficara quinze dias preso na Vila, sofrendo choques elétricos e "telefones", o tapa simultâneo, com as mãos em concha, nos dois ouvidos, o que lhe causaria uma perfuração no tímpano direito.

Virgílio denunciou maltratos de Zamith e de outros militares, que não conseguiu identificar. Não há referências a Guimarães, mas é possível crer que o jovem tenente tivesse, ao menos, testemunhado o modo de agir de seu comandante e dos colegas. Um dos alvos do IPM era o engenheiro Moisés Kupperman, acusado de dar cobertura a reuniões clandestinas de trotskistas em canteiros de obra. Kupperman também ficou isolado na carceragem da Vila, em uma sala infecta, sem ventilação nem direito a banho de sol.

Quando os advogados do engenheiro reclamaram, cobrando dos militares o direito do cliente à prisão especial, uma vez que tinha curso superior, a providência de Zamith foi afixar na porta da cela a tabuleta "prisão especial".[18]

Nas ruas, a temperatura subia. O ódio começava a suplantar a civilidade. Um atentado a bomba contra o regime no Aeroporto dos Guararapes, em Recife, no dia 12 de julho de 1966, mudaria o modo de agir do governo. O então candidato a presidente da República, marechal Costa e Silva, era aguardado no local, mas escapou da ação ao desembarcar em João Pessoa (PB) e seguir por via terrestre até a capital pernambucana. Prontamente, o regime instituiu um curso de Informações no Centro de Estudos de Pessoal (CEP), no forte do Leme, para ensinar a oficiais e sargentos como desbaratar, a qualquer custo, as organizações da esquerda armada.

A geração de Guimarães simbolizou essa radicalização. Nos meses seguintes ao IPM dos trotskistas, ele dividiria o tempo entre a rotina do quartel, como encarregado de checar as compras, organizar a contabilidade e representar a unidade em solenidades públicas, e as missões típicas de um agente da repressão. Frequentava delegacias, investigava, prendia, aproximava-se da comunidade policial, conquistando a confiança de delegados e agentes. Filho de guarda civil, sabia como agir. O ambiente o encantava.

Para homens como Guimarães, a Baixada era uma terra de oportunidades. Desde 1962, quando 2 mil estabelecimentos comerciais foram saqueados pela população faminta, os comerciantes locais, assustados, aprofundavam as relações com a polícia e o Exército em busca de proteção. Além da vantagem financeira, garantida pela propina paga pelo comércio, os justiceiros amealhavam popularidade e agiam com a certeza da impunidade. Estavam criadas as bases para a formação dos grupos de extermínio que levariam a região ao topo das estatísticas internacionais de violência nos anos 1970.

Líder das grandes manifestações estudantis de 1968, Vladimir Palmeira viu de perto a evolução de Guimarães. Em setembro, mais de dois meses depois da Passeata dos Cem Mil, ele foi preso por uma equipe do Departamento de Ordem Política e Social (Dops) e levado para a Vila Militar, onde passaria três dias — o primeiro dos quais sem roupa — em cela solitária. Os interrogatórios não tinham hora para acontecer. Um oficial mais jovem permanecia às suas costas, apontando uma arma engatilhada, enquanto outros dois o interrogavam. Um deles era Guimarães.

O oficial intendente acabara de ganhar a promoção que o marcaria para o resto da vida. Em 25 de agosto de 1968, tornou-se capitão, após as previsíveis promoções a segundo-tenente (agosto de 1963) e a primeiro-tenente (agosto de 1965), estreando a insígnia de três estrelas com Cruzeiro do Sul, simples, em linha, durante uma manobra militar em Minas Gerais.

Nos quase dois meses que passou na carceragem da Vila, composta de duas salas de interrogatórios, quatro celas e quatro solitárias, Vladimir não apanhou. Mas recorda-se de que tinha dificuldade de dormir devido aos gritos de presos comuns. Um deles, que o líder estudantil supôs ser nordestino pelo sotaque, clamava pela inocência. Dias depois, desapareceu. Na mesma época, um colega de cela mostrou a Vladimir a notícia no jornal de um corpo achado no rio Guandu, local de desova usado pelos grupos de extermínio. Ambos suspeitaram de que a vítima fosse o mesmo nordestino torturado.

O próprio Vladimir, assim que preso, também fora ameaçado pelos militares de terminar boiando no Guandu. Bater em presos, lembra-se, era a diversão predileta de um dos mais temidos militares da Polícia do Exército, o cabo mineiro Marco Antônio Povoleri,[19] um gigante parecido com o Hulk das histórias em quadrinhos, que fora campeão de luta livre nos quartéis. Tinha um rosto quadrado, praticamente sem pescoço, e gostava de fumar cachimbo. Assustava os próprios colegas. Até Zamith, o chefe durão, puniu-o com cadeia depois de Povoleri quebrar, com uma botinada, uma costela de um soldado que rira alto durante uma solenidade.

Com o passar do tempo, Guimarães tornou-se amistoso com Vladimir. Como ambos torciam pelo Fluminense, permitiu que o líder estudantil ouvisse os jogos no radinho de pilha. Quando saiu o *habeas corpus* (HC) para libertá-lo, o advogado Marcello Alencar, a mulher de Vladimir, Ana Maria, e um oficial de Justiça levaram a ordem judicial à Vila. Mas os militares não queriam cumpri-la. Esperavam que outro mandado de prisão impedisse a sua soltura. Para ganhar tempo, destacaram Guimarães para enrolar Ana Maria na sala de espera do quartel, cobrindo-a de gentilezas, mandando servir água e café, enquanto o oficial de Justiça era chamado para conversar com os comandantes.

Quando o oficial de Justiça voltou e o HC finalmente foi cumprido, Guimarães acompanhou o casal até a saída. Despediu-se dizendo que esperava ver Vladimir novamente, mas em outra situação. Um soldado chegaria a convidá-lo a jogar uma pelada na Vila. A essa altura, porém, Vladimir já estava de malas prontas, determinado a mergulhar na clandestinidade.

A senha para a barbárie

Dias depois, o rosto sorridente do presidente Costa e Silva, no casamento de seu ajudante de ordens, o tenente Cláudio Barbosa de Figueiredo, com Sandra Maria de Souza Maselli,[20] não denunciava o que estava por vir. A cerimônia, celebrada na igreja Nossa Senhora do Carmo pelo monsenhor Ivo Calliari, no dia 8 de dezembro de 1968, reuniu a elite governante. Costa e Silva era padrinho da união religiosa. Ao seu lado, também sorridente, Capitão Guimarães assinava o livro como padrinho do casamento civil. O menino de Vila Valqueire, amigo do noivo desde os tempos da Aman, experimentava os degraus mais altos do poder.

Nos quartéis, a tropa rugia à espera de um sinal. E ele veio cinco dias depois, em 13 de dezembro, quando Costa e Silva baixou o Ato Institucional nº 5, que mudaria a história do país, manchando-a de sofrimento e sangue. Era o momento de passar à ofensiva. A medida, expressão mais acabada da ditadura militar brasileira, também mudaria para sempre a carreira de Guimarães.

Zamith havia deixado o comando da companhia em janeiro de 1968. Antes de sair, escreveu sobre Guimarães, a quem tomara como um irmão caçula, elogiando-o como um oficial "extremamente honesto, dedicado ao serviço" e conhecedor profundo da administração militar. As palavras do comandante ultrapassaram a praxe habitual: "Em diversas oportunidades, foram-lhe atribuídas missões de absoluto sigilo, onde, no desempenho das mesmas, deu prova de discrição, tenacidade e destemor", estando "inteiramente imbuído dos objetivos revolucionários para um Brasil melhor, livre da corrupção e da subversão".[21]

A máquina de repressão da ditadura atingiria o auge em 1970, com as primeiras missões dos Destacamentos de Operações de Informações (DOIs). Mas, enquanto a masmorra era montada, coube à Vila Militar, sob o comando do major Ênio de Albuquerque Lacerda, iniciar a temporada de tortura e mortes de "inimigos internos" no Rio de Janeiro. Uma das primeiras vítimas da guarnição foi o presidente da Associação de Cabos e Sargentos da PM do estado da Guanabara, Severino Viana Colou, integrante do Comando de Libertação Nacional (Colina).

Levado para a PE da Vila Militar, Severino foi encontrado morto na manhã de 24 de maio de 1969. O "suicídio" passaria a ser um dos itens prediletos da lista de versões fantasiosas por trás de assassinatos. De acordo com o Exército à época dos fatos, ele se enforcara com a própria calça, amarrada em uma das barras da cela. Porém, depoimentos de presos políticos nas auditorias militares revelariam que sua morte ocorreu sob tortura. O corpo de Severino fora encontrado com os pés apoiados no solo, apesar do alegado enforcamento, e apresentava escoriações nas pernas e nádegas.

Eremias e o tiro em Guimarães

Guerrilheiros como Severino, dotados de formação militar, não eram tantos. Na luta armada, a maioria dos combatentes era jovem e idealista como Eremias Delizoicov, estudante paulista de 18 anos. Em 16 de outubro de 1969, ele tentou manter até o fim a promessa de guardar o aparelho da Vanguarda Popular Revolucionária (VPR) na rua Toropi, Vila Kosmos, subúrbio do Rio. Cercado por agentes da PE da Vila Militar, comandados pelo agora coronel Ênio Lacerda, Eremias balearia dois deles, em meio à fumaça do gás lacrimogêneo lançado pelos militares, antes de morrer com o corpo crivado de balas (a autópsia registrou 33 perfurações de entrada e saída).

Atingido na perna, Capitão Guimarães conseguiu descarregar a sua arma contra o estudante. "Diziam que era estudante, mas não me recebeu com lápis, borracha e livros. Atirou em mim, eu atirei nele", alegaria o ex-oficial, anos mais tarde, em entrevista ao *Jornal do Brasil*.[22] O outro baleado foi o cabo Povoleri, ferido no braço. Na tropa, Guimarães envaidecia-se ao jurar que dera o tiro certeiro no jovem, mesmo depois de atingido perto da femoral. Fora dos quartéis, já em tempos de democracia, o tom mudaria. Passou a dizer que apenas cumpria ordens: "Senão, quem ia preso era eu." A amigos, até hoje costuma mostrar a marca na parte de trás da coxa, que perdeu parte da musculatura.

Para o Exército da época, a ação na Vila Kosmos fora um ato de bravura da equipe, recompensado com a Medalha do Pacificador com Palma (em 27 de outubro de 1969),[23] uma condecoração que, naquela situação, representava o aval da cúpula militar à guerra suja. Além de Guimarães, Povoleri e Ênio Lacerda, também foram condecorados o subtenente Sírio Adolfo Lamb e o sargento Walter da Silva Rangel.[24]

Para os companheiros de organização de Eremias, tratou-se de uma ação covarde dos militares, que preferiram descarregar as armas a tentar capturá-lo. O ex-preso político Celso Lungaretti, companheiro de organização e amigo de Eremias desde a infância, disse ter ouvido testemunhas do tiroteio em Kosmos: "Eles me contaram que, assim que Eremias ficou atordoado com o gás lacrimogêneo, os militares invadiram o aparelho e o cabo Povoleri lhe deu uma gravata. Mas, recuperando-se, Eremias atirou no braço do cabo e na perna de um dos milicos; e que estes então abriram fogo à vontade, retalhando-o."

Se ainda havia dúvidas quanto aos limites a serem respeitados, estas foram dissipadas no dia 8 de outubro. Um grupo de sete militantes do Colina foi retirado das celas e levado a um auditório.

Os presos serviriam de cobaia para o episódio que simbolizou a perda de pudor do regime: a aula de tortura oferecida pelo tenente Ailton Joaquim e equipe.[25] Enquanto exibia slides para uma interessada plateia de cem militares, Joaquim obrigava os presos a se equilibrar em latas cortadas, a subir no pau de arara e a estender as mãos para os golpes de palmatória.[26]

A medalha no peito e a cicatriz do tiro deram a Capitão Guimarães, aos 29 anos, um prestígio decisivo para a cartada da década seguinte rumo ao submundo do crime. A fama de herói lhe garantiria imunidade para não ser expulso do Exército, quando flagrado à frente de uma quadrilha de extorsionários ("arrepio"), nem perseguido após abraçar a contravenção, levando para o jogo do bicho a patente ostentada nos anos atravessados na repressão.

No dia 21 de novembro, mês seguinte à morte de Eremias, a PE seria novamente acionada para o estouro de um aparelho da organização de esquerda Vanguarda Armada Revolucionária Palmares (VAR-Palmares), na rua Aquidabã, Lins de Vasconcelos (RJ). Mas Guimarães, que se recuperava do ferimento no hospital da Vila Militar, não participaria desta vez. O Capitão, pelo "ato de bravura", uma demonstração da "fortaleza de suas convicções", como elogiou o então ministro do Exército, general Aurélio de Lyra Tavares, teve ainda anuladas as punições do tempo de cadete buliçoso das Agulhas Negras.

Chael Charles Schreier e o casal Maria Auxiliadora Lara Barcelos, a Dodora, e Antônio Roberto Espinosa, integrantes da VAR-Palmares que guardavam o aparelho, tentaram resistir, trocaram tiros, mas acabaram rendidos pelos agentes da PE. Estudante da Faculdade de Ciências Médicas da Santa Casa de Misericórdia de São Paulo e ex-membro da Comissão Executiva da União Estadual dos Estudantes de São Paulo, Chael caíra na clandestinidade após o AI-5. Fazia parte da direção da VAR, com o codinome Joaquim, ao lado de Dilma Rousseff. Obeso, submetera-se a uma dieta rigorosa enquanto guardava o aparelho do Lins, mas o emagrecimento rápido o debilitara.

Logo que chegaram à carceragem da Vila Militar, Dodora, Espinosa e Chael começaram a apanhar. Enfraquecido, o estudante de Medicina só resistiria 24 horas. Depois de um dia de surras a socos e pontapés da equipe comandada pelo tenente Celso Lauria, morreu em 24 de novembro. Também tomaram parte nos interrogatórios os sargentos Rossoni e Andrade e o cabo Mendonça, que teria dado o golpe fatal, uma pancada com um fuzil Mauser contra o peito do jovem.

Chael foi levado ao Hospital Central do Exército, onde o general Galeno Penha Franco se recusaria a recebê-lo como se tivesse chegado vivo, só liberando o corpo depois da autópsia. Laudo elaborado por três médicos, dois deles militares, constatou as lesões sofridas pela vítima. Mesmo assim, o Exército sustentou na época que Chael morrera de ataque cardíaco em consequência de ferimentos sofridos na troca de tiros com os agentes. Dodora e Espinosa afirmaram em depoimento que ele tinha o pênis dilacerado e o corpo ensopado de sangue.

"Também temos o direito de matar vocês"

Após dois meses e três dias de internação, Guimarães estava de volta à ativa. A burocracia militar o entediava. Preferia a brutalidade das ruas. Nas missões externas, chegava a dormir em delegacias da Baixada. Parecia um policial. Não interrogava ninguém com capuz na cabeça. "Fazia questão de que os presos me conhecessem",[27] gabava-se. A psicóloga Cecília Coimbra, hoje dirigente do grupo Tortura Nunca Mais, foi interrogada por Guimarães em agosto de 1970, em uma sala de oficiais da PE no quartel da rua Barão de Mesquita. Ele queria informações sobre o sequestro do embaixador alemão, Ehrenfried von Holleben, ocorrido dois meses antes. "Vocês estão matando os nossos, então também temos direito de matar vocês", ameaçava-a.[28]

Acusada de ligações com o Movimento Revolucionário Oito de Outubro (MR-8), Cecília disse que Guimarães foi duro e arrogante, mas não chegou a agredi-la fisicamente. Enquanto o oficial fardado e de cara limpa evoluía no interrogatório, Cecília observava a parede da sala, ornada por um quadro do Esquadrão da Morte, com a caveira sobreposta a duas tíbias cruzadas e duas letras brancas sobre um fundo negro: EM.

A rispidez, naquele dia, resumiu-se às agressões verbais de Guimarães, mas nem a presa seria poupada da tortura nem o Capitão passaria incólume pela Barão de Mesquita, hospedeira do Destacamento de Operações de Informações do I Exército (DOI-I), o epicentro da barbárie no Rio contra os inimigos do regime. Pelo menos outros dois presos, o professor de ensino secundário Vicente Eduardo Roig e o motorista Severino Beatriz da Silva, acusaram o oficial de envolvimento direto com sessões de tortura. Os depoimentos valeriam a Guimarães um lugar definitivo na lista mais completa do país sobre os subterrâneos do regime. Seu nome aparece no Tomo II, volume 3, Os Funcionários, do projeto *Brasil: Nunca Mais*. Na lista de Pessoas Envolvidas Diretamente em Torturas, página 22, Guimarães é citado sete vezes, como tenente do Exército, atuando em 1969, na Polícia do Exército do Rio de Janeiro. Ele foi denunciado em auditorias militares pelos presos políticos.

Os interrogatórios no DOI, na época, representavam uma aula prática para Guimarães. O Exército ensinava a torturar e ele era um dos alunos, razão pela qual recebera o número 063 em sua Folha de Alterações (ficha individual). No Almanaque do Exército, o código identifica os graduados no então curso de Informações do CEP, no forte do Leme. Suas bancas escolares forjaram uma geração de oficiais e sargentos que operaria os porões da repressão. Em agosto de 1970, Guimarães ingressou no curso de categoria B. Morava perto do quartel. Mudara-se havia pouco tempo para Copacabana.[29]

Desde 1964, logo após a derrubada de Jango, os militares contavam com o Serviço Nacional de Informações (SNI) para coordenar as atividades de inteligência e perseguir os inimigos do regime que se estabelecia. No Leme, jovens oficiais conheceram a doutrina de "operações de informações": o enfrentamento direto, no qual teriam de buscar a qualquer custo aquilo que era negado pelo adversário.

Violência, mas "aplicada com inteligência". Regras sujas, sem perder a hierarquia e a disciplina. Poderes ilimitados, sem ceder às tentações pessoais. Era essa a aposta dos instrutores. Os cursos de categorias B (para oficiais de nível médio) e C (subtenentes e sargentos) começaram em 1966, motivados pelo crescimento das ações armadas de organizações de esquerda e pelo fantasma do comunismo. O CEP ensinava os alunos a conduzir interrogatórios, a disfarçar-se, a penetrar em residências sem deixar vestígios e a pensar e agir como guerrilheiros, à paisana, além de estourar "aparelhos subversivos".

Com as primeiras levas de diplomados, o regime conseguira aumentar o grau de controle sobre as operações de repressão. A lógica do sopapo e do pau de arara passou a coexistir com outros métodos de tortura, que envolviam o terror psicológico e a criação de uma rede clandestina de cárceres, onde os agentes agiam sem as restrições de uma unidade militar formal.

Na turma de quinze oficiais, Guimarães concluiu o curso em segundo lugar, com o conceito "MB" e mais elogios na folha. Destacara-se nas aulas de criptografia e operações especiais de informações. Era visto pelos superiores com potencial para virar instrutor e um especialista no combate à guerrilha urbana, empregado "em diversas ocasiões" em missões perigosas. Esbanjava disposição. Submetido ao teste de Cooper (avaliação de preparo físico idealizado pelo médico e preparador físico norte-americano Kenneth H. Cooper), atingiu o conceito "bom" ao completar 2,8 mil metros em doze minutos.

A vida pessoal também evoluíra. Em janeiro de 1971, Guimarães se casou com Maria Helena de Avellar Brasiliense, de uma família da Tijuca (Zona Norte do Rio), e foi morar na rua Domingos Ferreira, em Copacabana. De casa, era um pulo até o CEP, onde assumira o cargo de coordenador de um curso para sargentos e oficiais do Exército e da Polícia Militar. Seu primeiro filho, Ailton Guimarães Jorge Júnior, nasceria em julho daquele ano, na Casa Maternal de São Cristóvão.

Enquanto ensinava no CEP como sufocar os inimigos do regime, Guimarães fazia das ruas a sua grande escola. O que esperar da mistura do idealismo dos quartéis com o pragmatismo das delegacias? Policiais civis imbuídos da disciplina castrense ou militares vencidos pela tentação do poder e do lucro fácil? Na carreira do Capitão, os antigos instrutores deram lugar a parceiros como Euclides Nascimento, um dos "homens de ouro" da Polícia Civil, que se equilibrava na fronteira entre o combate e a adesão ao crime organizado.

Euclides, o Garotinho, foi ungido à elite da polícia carioca em 1969 pelas mãos do então secretário de Segurança da Guanabara, general Luís de França Oliveira (governo Negrão de Lima). Para combater a escalada do crime, França elegeu onze "homens de ouro" com carta branca para agir. Fundador e primeiro presidente da Scuderie Le Cocq — criada para vingar o assassinato, em agosto de 1964, do detetive Milton Le Cocq pelo bandido Cara de Cavalo —, Garotinho costumava dizer que os riscos eram bem menores, nos confrontos armados com a bandidagem, para quem atirasse primeiro.

Em tempos de economia fechada, contrabandear produtos como uísque, perfume e calça Lee era garantia de lucro. O mercado, explorado pelos barões do bicho e por policiais e ex-policiais, estava impregnado de corruptos. E ali, Garotinho enxergou a oportunidade de cevar o seu pé-de-meia, que já incluía naquela altura uma fazenda de gado com pista de pouso em Pirapora (MG) — os animais tinham a marca da caveira com as tíbias cruzadas — e uma lancha ancorada no Iate Clube de Ramos.

Mas, para subjugar os contrabandistas, impondo a parceria comercial, precisava de um braço forte e imunizador. Uma mão amiga, ao mesmo tempo violenta e disposta. O policial, então, abriu o alçapão do submundo do crime para Guimarães e sua tropa passarem. A gangrena avançava pelos quartéis. Um oficial do Centro de Informações da Marinha (Cenimar), por exemplo, fora flagrado quando navegava à noite com uma carga contrabandeada.

Não foi difícil transformar colegas da tropa em comparsas. A repressão já os levara a romper com a lei. Torturavam e matavam em nome do regime. Mas agora eram movidos pela ideologia da cobiça. Com as pistas colhidas na rede de informantes de Garotinho, saíram para a primeira "missão" na madrugada do dia 14 de maio de 1971. Na caça ao butim, Guimarães se juntou a dois capitães, dois sargentos e dois cabos da PE da Vila Militar e, a bordo de um caminhão basculante e um furgão de transporte de presos, cercaram o sítio número 3.375 da estrada do Mendanha, na mata de Campo Grande, Zona Oeste do Rio.[30]

O sargento Jason era uma espécie de versão militar do detetive Milton Le Cocq. Querido na Vila Militar, também morrera prematuramente, na primeira metade dos anos 1960, vítima de acidente de carro. De sua fama, nascera a Scuderie Jason, organização miliciana formada por policiais e agentes da repressão que aterrorizava a Baixada Fluminense. Na nau de piratas do assalto ao Mendanha, tremulava a bandeira da Scuderie. Um de seus fundadores, o sargento Euler Moreira de Moraes, era visto como uma má influência na tropa. Circulava com desenvoltura pelos corredores das delegacias e enriquecia rapidamente.

Além de Guimarães e Euler, o assalto atrairia mais dois envolvidos na morte do estudante Eremias Delizoicov na Vila Kosmos dois anos antes: o sargento Walter Andreatta Maggessi e o cabo Marco Antônio Povoleri, ambos da PE. O cerco contava também com os capitães Luiz Fernandes Brito, ex-colega de Guimarães na PE da Vila Militar, que passara a interrogar nas masmorras do Destacamento de Operações de Informações da rua Barão de Mesquita, na Tijuca (DOI-I), e Ailton Joaquim, chefe da 2ª Seção (Informações) da PE, conhecido na tropa pelas aulas de tortura com cobaias presas. O sargento Antônio José Soares completava a equipe.

Em vez de livros marxistas, mimeógrafos e armamento, geralmente apreendidos nos aparelhos da guerrilha, o estouro do sítio do Mendanha renderia centenas de caixas de uísque House of Lords, de perfume Artmatic e milhares de calças e jaquetas Lee.[31] As mercadorias, pertencentes a Álvaro Cardoso Machado (major da PM reformado), Milton Felipe de Almeida (capitão da PM reformado) e Wilson Crespo de Oliveira (capitão da PM reformado), foram transportadas para um depósito em Santíssimo, de propriedade do pai do capitão Ailton Joaquim, em um caminhão da 1ª Companhia da PE, placa EB 2116230, dirigido pelo cabo Soares.

Escaldados, porque eles próprios já reinavam no mundo pirata, os PMs não queriam confusão com os novos salteadores. Propuseram, então, um acordo: se devolvessem a carga, teriam em troca informações suficientes para dar outros botes na praça. A essa altura, parte das mercadorias já havia sido revendida a um receptador do Centro do Rio, que pagou a cada capitão 15 mil cruzeiros (US$ 2.500 em valores da época). Os demais receberam 3 mil (US$ 550) cada. Mas o que sobrou foi suficiente para fazer o acerto.

Prisão e fim da linha nos porões

Na nova tropa, havia lugar para civis como Manoel de Oliveira Alves, o Manoel Português, em nome de quem Guimarães alugara o depósito de Santíssimo. Na gíria policial, Português era um "X-9", substrato da rede de corrupção que contaminava as delegacias e que precisava de dicas de informantes como ele para os golpes. Uma oficina na Tijuca, a Apolo XII, na rua Deputado Soares Filho, a poucos quarteirões do DOI, era o quartel-general do bando.

Em março de 1972, Guimarães teve a última chance de abandonar a vida torta. A burocracia interna determinara a sua transferência, "por necessidade", para o comando da 5ª Brigada de Infantaria Blindada (Ponta Grossa, Paraná). Mas o Capitão, que preferia os porões, quis ficar. A essa altura, não importava apenas a guerra contra a subversão. A repressão servia também para cacifar os golpes. Sua folha de Alterações informa que uma contraordem sustou o embarque e o colocou à disposição do DOI em 12 de maio.

Algo, porém, deve ter dado errado para o Capitão. Alguém, incomodado, teria denunciado os corsários fardados. Um mês depois da chegada ao destacamento da rua Barão de Mesquita, ele foi preso. Ficou 25 dias (de 16 de julho a 9 de agosto) atrás das grades, por "transgressão grave", e deixou a cadeia com o patrimônio moral reduzido a pó na repressão. Embora o corporativismo tenha abafado a investigação, só conseguiria ficar no DOI até novembro, quando foi transferido para o Estabelecimento Central de Transportes (ECT), em São Cristóvão, para exercer o bocejante cargo de ajudante de secretário e almoxarife. No mesmo mês, nasceu a sua filha, Danielle Brasiliense Guimarães Jorge.

De golpe em golpe, a quadrilha prosperara ao mesmo tempo que abandonava a cautela. A sensação de impunidade talvez explique a atitude tomada por Capitão e seu bando, que pediram socorro a uma patrulha de plantão na 1ª Companhia da PE, no dia 22 de novembro de 1973, quando dois policiais estranhos ao grupo interceptaram uma carga do esquema que acabava de ser desembarcada no Caju. A quadrilha dava cobertura à operação.

A cena era insólita: dois militares tentavam extorquir outros militares que extorquiam contrabandistas. Inicialmente, Guimarães, o sargento Euler e Euclides Nascimento tentaram dissuadir a dupla, mas esta fazia exigências elevadas. Com a chegada da patrulha da PE, os policiais acabaram jogando a toalha e liberaram a carga. Mas a ousadia de Guimarães custaria caro.

Logo, o episódio do Caju foi captado pelos radares do SNI e da Polícia Federal, ensejando uma investigação que acabou por desbaratar toda a quadrilha. Três meses depois, Guimarães seria preso novamente, enquanto se encontrava de férias. Seu destino estava então entregue ao coronel Aloysio Alves Borges, responsável pelo Inquérito Policial Militar (IPM) sobre o caso, instaurado no dia anterior à prisão por ordem do comandante do I Exército, general Sylvio Frota.

Frota estava irado. No time escalado para varrer a subversão no país, infiltrara-se o vírus da corrupção. No despacho que abre o IPM, alegou que "os atos graves e ilegais, supracitados, praticados pelo Capitão Guimarães, projetam na opinião pública uma imagem negativa do Exército por serem ofensivos ao decoro militar e às normas da moral".

Em uma semana, o coronel Aloysio já capturara 25 suspeitos (além de Guimarães, um major reformado da PM, oito militares da 1ª Companhia da PE, um do DOI e quatorze civis). Na cadeia, receberiam o mesmo tratamento que estavam acostumados a dispensar aos presos políticos: violência extrema, sem piedade, até abrir a boca. O sargento Euler, doze anos de serviço da 1ª Companhia, mesmo de capuz, se deu conta de que estava preso na mesma carceragem do DOI para onde conduzia as vítimas do regime.[32] Uma das celas era geladeira, e o frio, um instrumento de tortura.

No DOI, Euler teria levado choques elétricos e "telefone". Quase todos foram parar na prisão-frigorífico e apanharam nos interrogatórios. Euclides Nascimento sofreu um distúrbio cardíaco. Dois contrabandistas tiveram pneumonia e Manoel Português, o informante original do bando, tomou um soco que lhe arrancou um dos dentes.

Guimarães e os comparsas foram denunciados na 2ª Auditoria do Exército em março de 1974. O promotor responsável, José Manes Leitão, sustentou que os militares usaram "armamento do Exército e outros materiais bélicos" para roubar mercadorias contrabandeadas, "a fim de auferirem vantagens indevidas, quer vendendo tais mercadorias a receptadores, quer extorquindo tais vantagens dos responsáveis pelo contrabando, passando, por fim, a dar cobertura ao desembarque e transporte dessas mercadorias".[33]

Tão logo o processo foi aberto na Justiça Militar, Guimarães teve de arrumar as gavetas e sair do quartel pela porta dos fundos.

De acordo com ato publicado no *Diário Oficial*, ele foi agregado (afastado da tropa) em 1º de julho de 1976. Esse afastamento forçado, que duraria até 1981, permitiu ao Capitão enfiar-se mais no submundo do crime e iniciar o flerte com os banqueiros do jogo do bicho, os grandes patrocinadores da muambagem no país.

O risco de condenação não inibiu Guimarães. Antes mesmo de despir-se da farda, envolvera-se na fuga cinematográfica do policial Mariel Maryscotte de Mattos do Instituto Penal Cândido Mendes, na Ilha Grande. Mariel, outro ex-"homem de ouro" migrado para a criminalidade, conhecera Guimarães nas ações conjuntas (Exército-polícia) durante a repressão. Essa amizade teria um desfecho trágico, mas até ali esbanjava lealdade. O policial, outrora chamado de Ringo de Copacabana, de herói transformara-se em inimigo público, abatido por denúncias de corrupção e assassinatos ligados aos grupos de extermínio.

Coube ao Cenimar, um dos mais fechados órgãos de repressão, ligar Guimarães a Mariel e à contravenção. O Informe 012/A2/IV COMAR, produzido pelo Centro de Informações de Segurança da Aeronáutica (Cisa) no dia 5 de março de 1976 com base em levantamentos do Cenimar, afirmou que Guimarães, o também capitão do Exército Luiz Fernandes Brito e o major da PM Wilson Crespo de Oliveira teriam dado apoio à fuga da Ilha Grande, de onde Mariel fora retirado de lancha. "Consta, ainda, que os mencionados militares estão respondendo a IPM por envolvimento em contrabando, sendo ligados a Castor de Andrade e a Euclides Nascimento", alertava o documento.

Em casa, Guimarães vivia um drama familiar. A filha Danielle padecia da "doença do marinheiro", nome popular do escorbuto, uma deficiência grave de vitamina C. Era chamada assim devido a sua prevalência nos marinheiros durante os séculos passados. Outro *capo* da jogatina, Ângelo Maria Longa, o Tio

Patinhas, que teria conhecido Guimarães nas muitas prisões do banqueiro, ofereceu-se para pagar o tratamento. Mas não daria tempo de salvar Danielle. Mesmo assim, ficou uma dívida de gratidão com o bicheiro.

O processo contra a "quadrilha do arrepio" produziu um paradoxo. O uso de tortura nos interrogatórios anulou as provas e levou a Justiça Militar a absolver os acusados. O pau de arara, na visão dos julgadores, só era legítimo para os presos políticos — os "subversivos" perseguidos pela ditadura. Contra os próprios pares, era prova ilícita. E mais: mesmo reconhecendo os abusos, os juízes jamais se preocuparam em imputá-los a quem os praticara. Queriam apenas colocar uma pedra em cima do assunto, esquecê-lo.

A decisão obrigou o Exército a engolir Guimarães, mas a reintegração forçada duraria pouco. Pela amizade com o Capitão, o coronel Ari de Aguiar Freire, um obscuro chefe de Operações da agência Rio do SNI, foi encarregado de transmitir-lhe o recado: não o queriam mais na tropa.

Ari, oficial da repressão ligado à morte do jornalista Alexandre von Baumgarten e ao escândalo da Capemi,[34] tinha interesse na saída. Guimarães, nas ruas, seria uma preciosa fonte de informações para a rede de arapongagem montada pelo serviço. O projeto de poder do SNI estava em risco. O processo de abertura política precisava ser detido a todo custo.

A última referência ao Capitão no Exército está no Almanaque de 1980. No dia 9 de março do ano seguinte, ele formalizou o pedido de demissão do serviço ativo, deixando-o oficialmente no dia 13 de maio.[35] Informalmente, porém, jamais cortou os laços. Com a ajuda dos colegas que levou para o novo negócio e dos que ficaram da tropa e se mantiveram fiéis à amizade, Guimarães abriria na marra o caminho rumo à cúpula do bicho. Ao fundir a experiência de violência e arapongagem adquirida na repressão política com as práticas da contravenção, lançaria o bicho em novo patamar do crime organizado.

Estrela em ascensão na jogatina, o ex-oficial perdera o pudor. O visual da vida civil, descrito em reportagem de *O Globo*, em 1981, ostentava agora um relógio Cartier de ouro, blazer com camisa aberta, exibindo um grosso cordão de ouro, topete de galã dos anos 1950 e uma pistola 9mm na cintura. Na época, ainda tinha uma explicação para o ingresso no mundo do crime: "Meu soldo era pouco, tinha família, não minto: quis arrumar mais algum. Entrei para a contravenção com o *know-how* dos contrabandistas, que aprendi quando era chefe de um comando de repressão ao contrabando no estado da Guanabara."[36]

O ex-oficial, descrito pelos novos aliados como "valente e matador", reinventara-se.

2

Anísio

Sonhar com rei

Anísio estava furioso. Abertos os envelopes de dois quesitos, a Beija-Flor tinha perdido pontos que considerava preciosos. Revoltado, deixou o Teatro João Caetano, onde eram lidas as notas.[1] O ano era 1976. A Beija-Flor, uma pequena escola de samba da Baixada Fluminense que, sem expressão, subira do Grupo 2 para o desfile principal em 1973. Mas, naquele ano de 1976, a escola fizera um carnaval luxuoso e aplaudido, sob o comando do recém-contratado Joãosinho Trinta, carnavalesco bicampeão pelo Salgueiro. Em uma era dominada pelas chamadas quatro grandes — Mangueira, Portela, Império Serrano e Salgueiro —, Anísio sonhava ser rei do carnaval com a sua Beija-Flor. Parecia quase impossível. Só que aconteceu: encerrada a apuração, a agremiação pouco conhecida, e então identificada por apresentar enredos de tom ufanista e de exaltação ao regime militar, era a

45

campeã. E campeã cantando um samba sobre o jogo do bicho, "Sonhar com rei dá leão".

O espanto tomou conta de muitos sambistas. Afinal, quem diria que o palpite certo para aquele carnaval fosse a Beija-Flor?

Em Nilópolis, Anísio, refeito do susto das primeiras notas, comandava a festa. O município parou para comemorar. Só que esse enredo de brilho e alegria — a vitória inesperada e histórica de uma pequena escola sobre as grandes — escondia as sombras e o terror que corriam pelas ruas da Baixada Fluminense sob a ditadura militar.

No início da década de 1960, Aniz Abraão David, o Anísio, era quase ninguém. Em meados dos anos 1970, contudo, ele e a família haviam se tornado os donos do poder político municipal, os controladores da jogatina do bicho na Baixada e os campeões do carnaval carioca. Conquistas obtidas com o apoio ostensivo que deram à ditadura — a colaboração na perseguição e cassação de adversários do regime; com a cooptação de agentes da repressão nas Forças Armadas e na polícia para proteger seus negócios na contravenção; com o expurgo dos pequenos bicheiros, com a anexação de seus pontos pela intimidação e pela força; e com a "tomada" da escola de samba, que abriria espaço para sua ascensão social e o fortalecimento de seu poder perante a população de Nilópolis.

É preciso voltar no tempo, à época do golpe militar de 1964, para entender como essa transformação foi possível.

O regime do medo na Baixada

"Eu quero a Baixada de cócoras", ordenou o marechal Costa e Silva ao comandante da 1ª Companhia Independente da Polícia do Exército (Vila Militar), o capitão José de Ribamar Zamith, chamado a seu gabinete no Comando Revolucionário, em 1964.

Zamith, que liderava uma tropa de duzentos homens, recebia ali a missão de conter a "infiltração comunista" na Baixada Fluminense — associada a cabos e sargentos que desafiaram a hierarquia e a disciplina militares durante o governo João Goulart — e desmontar o poder político local (de linha fortemente trabalhista), além de combater a corrupção e o tráfico de drogas.

É nesse cenário — o da "Baixada de cócoras" — que se dará a ascensão das famílias Sessim e Abraão David. De origem libanesa, os casais Abraão e Julia David e Sessim David e Regina Simão imigraram para o Brasil em meados dos anos 1920. Muito pobres, estabeleceram-se primeiro em Ricardo de Albuquerque; depois, fixaram-se na Baixada como pequenos comerciantes. Viveriam anos difíceis, lutariam para aprender a nova língua, trabalhar, alimentar e educar a prole. Anísio nasceu em 7 de junho de 1937, sétimo dos dez filhos que o mascate Abraão e dona Julia teriam (além de Anísio, Jacob, Miguel, Maria, Nicinha, Jorge, Nelson, David, Farid e Dinah, morta aos 2 anos de idade).[2]

Na virada para os turbulentos anos 1960, a primeira geração nascida no Brasil iniciaria o mergulho na política. O médico ginecologista e obstetra Jorge Sessim David elegeu-se deputado estadual pela UDN, no antigo estado do Rio, em 1962. Foi o deputado mais votado do partido, provável resultado de sua atividade profissional em Nilópolis. Jorge era primo de Anísio e irmão do professor Simão Sessim, também filiado à UDN (poucos anos depois, seria prefeito de Nilópolis pela Arena e, adiante, deputado federal por nove mandatos consecutivos). Em 1964, eles enxergavam no apoio irrestrito ao regime militar a chance de dominar, não só politicamente, a região.

Jorge David teve papel fundamental, aderindo à primeira hora ao golpe. Ele é apontado por fontes militares como delator e articulador de cassações. Íntimo de Zamith, tinha acesso facilitado à Vila Militar e entregava nomes de quem considerasse subversivo ou corrupto, minando reputações, estimulando investigações. Era levado à Vila pelo deputado Victorino James, presidente da Assembleia Legislativa da Guanabara à época da derrubada do governo Jango, e pelo jornalista Amaral Neto. A Polícia do Exército da Vila Militar tinha sob sua jurisdição uma extensa área, que abrangia os bairros vizinhos e todos os municípios da Baixada.

A intervenção em Nilópolis se iniciou logo em abril de 1964 com a cassação do prefeito Eracydes Lima de Carvalho, acusado de subversão, substituído por João Batista da Silva. Depois do golpe e do Ato Institucional nº 2 (AI-2), de outubro de 1965, cassações e perseguições a lideranças locais abririam espaço para a hegemonia das duas famílias.

As investigações que sustentavam as cassações tinham origem em informes produzidos pelo Serviço Nacional de Informações (SNI). Jorge David era o principal informante das diligências e mirava como alvos preferidos quem se opusesse ou ameaçasse seus planos. Para cassar os investigados, militares precisavam juntar cópias de certidões de propriedades e comprovantes dos rendimentos, em uma tentativa de demonstrar que apuravam denúncias de enriquecimento ilícito. A acusação de corrupção na gestão pública servia de base a muitas cassações, fossem ou não provadas pelas certidões. Militares e aliados necessitavam apenas de documentos, não de provas concretas.

As cassações e intervenções se espalharam pela Baixada. O sociólogo José Cláudio Souza Alves[3] narra como Nova Iguaçu sucumbiu à instabilidade política e à mão pesada do regime e de seus apoiadores na sociedade civil: em novembro de 1964, com a renúncia do prefeito Aluísio Pinto de Barros (PTB), que acumulara o cargo com o de tabelião do cartório do 4º Ofício de Notas, o que era proibido, tomou posse o vice, João Luís do Nascimento (PSD). Este deixou a prefeitura em 1966 para concorrer a deputado estadual. Assumiu o presidente da Câmara de Vereadores, José Lima, que ficaria no cargo apenas 41 dias, substituído por um interventor federal — Joaquim de Freitas. Em 1967, elegeu-se prefeito Ari Schiavo (MDB). Seis meses depois, a Câmara o afastaria, valendo-se do Decreto-Lei nº 201, baixado pelo presidente Castelo Branco, que permitia a cassação sumária de prefeitos pelas câmaras com base em denúncias de corrupção e malversação de verbas públicas. A cassação, descreve José Cláudio, fora articulada e decidida não dentro da Câmara, mas na Vila Militar, sob o olhar e as ordens do comandante Zamith. Os dezenove vereadores passaram a noite anterior à votação dentro da Vila. No dia seguinte, dezoito votariam pela cassação. O vice Antônio Joaquim Machado (MDB) assumiu, mas não durou muito, cassado cerca de um ano depois. Foi o presidente da Câmara de Vereadores, Nagi Almawy, que o substituiu, até João Rui Queirós Pinheiro ser nomeado interventor. "Assim, de 1963 a 1969, em seis anos, portanto, Nova Iguaçu conheceu oito chefes do Executivo: dois interventores, dois presidentes da Câmara, dois prefeitos eleitos e dois vice-prefeitos", registra o sociólogo.[4]

Em 1970, o impeachment do prefeito de Nilópolis João Cardoso (Arena), acusado de atos lesivos ao erário, representou outro marco da articulação entre interesses familiares e poder militar. A edição de 6 de fevereiro de 1970 do jornal *Correio da Manhã* descreve a cassação e afirma que "o ex-funcionário Anísio David Abraão, irmão do primeiro secretário da Câmara, Miguel Abraão, e primo-irmão do deputado Jorge David, presidente do Diretório da Arena local, declarou, no depoimento, que sempre recebeu da Prefeitura sem trabalhar, fato que também ocorria com cem outros servidores".[5] Isto é, o depoimento de Anísio avalizara a cassação de um adversário da família, embora da Arena, mesmo partido de Jorge David. Afastado João Cardoso, assumiria inicialmente o vice-prefeito Gilberto de Castro Rodrigues (MDB), afastado no mês seguinte, substituído por um interventor federal, Reinaldo Doyle Maia. No vácuo dos expurgos políticos, Simão Sessim virara procurador-geral do município. Em 1972, foi eleito prefeito de Nilópolis; seu primo Miguel Abraão assumiu a presidência da Câmara de Vereadores.

Estava tudo em casa. "Os turcos vêm aí."[6]

A troca era clara: o regime se beneficiava das informações e artimanhas de Jorge David, e as famílias passavam a ter o caminho livre para dominar politicamente o município.[7]

Mas o negócio iria mais longe.

Política, jogo e drogas

Paralelamente ao cerco e controle político, Anísio — até então um jovem com destino incerto, que deixara de estudar no quarto ano primário — e um de seus irmãos, Nelson Abraão David, se aproveitaram de ligações com policiais e agentes do regime para virarem os todo-poderosos donos das bancas em Nilópolis e adjacências, esmagando qualquer concorrência.

Antes do golpe militar, o jogo era descentralizado: pequenos e médios bicheiros dividiam o negócio da jogatina na Baixada, com territórios fragmentados. Foi através de um deles, Seu Ângelo, que Anísio entraria na contravenção, atuando primeiro como seu auxiliar. Mas havia outro, muitos outros. Como Genaro Honorato Américo Faraco, o Faraco, dono de bancas em Petrópolis, com interesses em Nova Iguaçu; José Pedro Barenco Filho, o Barenco, com quem Faraco tinha negócios; Saporito Ferdinando, com negócios em Nova Iguaçu e Nilópolis; Francisco de Oliveira, o Chico Manteiga; ou os irmãos José e Arlindo Razuck, bicheiros e donos de cassinos clandestinos, que dominavam São João de Meriti (outro irmão, Eli, chegou a presidente da Câmara de Vereadores, em fins dos anos 1950, e prefeito em exercício por um curto período em 1963).

Com o AI-5, o bicho sofreria um revés: o regime decidiu reprimir o jogo e chegou a prender, na Ilha Grande, bicheiros como Natalino José do Nascimento, o Natal, dono das bancas de Madureira e patrono da Portela, e Castor de Andrade, herdeiro do jogo em Bangu e na Zona Oeste do Rio. Em Nilópolis, Anísio aproveitou o enfraquecimento dos antigos bicheiros da região para tomar pontos (como os de Seu Ângelo) e conquistar territórios cada vez maiores, até estender seus domínios a toda a região. A concentração do jogo nas mãos de uma única família, apoiada na proteção política, de policiais e militares amigos, explica por que Anísio ficaria relativamente a salvo, podendo agir e ampliar seus negócios.

Essa aliança forjada na Baixada entre agentes da repressão, políticos e a contravenção não garantiu imunidade total ao bicheiro, que chegou a ser preso mais de uma vez na época, mas lhe granjeou recursos e ligações pessoais que facilitariam sua ascensão e garantiam, naqueles anos, que não ficasse muito tempo atrás das grades.

Em 5 de junho de 1970, a Aeronáutica começou a investigar denúncias de tráfico de drogas em uma escola dentro da área militar do Galeão, mas os trabalhos conduzidos pelo tenente-coronel aviador Jorge Luís Corrêa da Costa acabariam ampliados para o Brasil inteiro: da Baixada Fluminense à fronteira. Em 27 de junho de 1971, ao fazer um balanço dos resultados, o oficial disse que o Inquérito Policial Militar (IPM), encerrado sete dias antes, indiciara 191 pessoas, das quais 128 chegariam a ser detidas. Na lista divulgada na imprensa, Anísio aparece indiciado por tráfico de drogas e autuado em flagrante.[8]

As operações, segundo Corrêa, apreenderam mil quilos de maconha, nove de cocaína, 17 mil doses de psicotrópicos, 400 gramas de sal de anfetamina e 147 doses de LSD. Seis policiais foram indiciados, entre os quais o detetive Francisco Inácio de Oliveira Filho, o Chiquinho do Pó, ex-auxiliar do delegado Deraldo Padilha, preso na Polícia Federal. As investigações começaram com a prisão do traficante Paulo Oscar Siqueira de Souza, que vendia maconha na região da base aérea. Os bicheiros Arlindo Razuck e Antônio José Nicolau, o Toninho Turco, também figuram como autuados em flagrante.

O oficial sustentou que a rede de traficantes de drogas tinha ramificações na Ilha do Governador, em Niterói, na Baixada Fluminense e em subúrbios da Leopoldina. Anísio ficou preso no Esquadrão de Polícia do Comando de Transporte Aéreo. A amigos, admite que esteve detido na Aeronáutica, mas nega que por tráfico.

As investigações do coronel despertaram o interesse da CPI instaurada na Assembleia Legislativa da Guanabara para apurar "o tráfico e uso de drogas" no estado, que produziria três volumes e mais de seiscentas páginas. O coronel Corrêa foi um dos ouvidos. O oficial, inclusive, teria sofrido um atentado por conta de seu trabalho: em 26 de janeiro de 1971, às 17h, o carro dirigido por Válter Xavier da Silva Filho atropelou e feriu o tenente-coronel. O atropelamento ocorreu na ponte da Ilha do Governador, no momento em que o coronel tentava interceptar o carro de Válter, um Chevrolet Opala roubado no dia 22 na Estrada Velha da Pavuna.

Essa não seria a única prisão na vida de Anísio.

Poucos anos mais tarde, já reconhecido pelo poderio na jogatina na Baixada e identificado como o provedor e "patrocinador" da vitória da Beija-Flor em 1976, ele voltaria às páginas policiais. Em 17 de fevereiro de 1977, às vésperas dos desfiles das escolas de samba, Anísio — presidente de honra da agremiação — foi preso em decorrência de investigação aberta para apurar crimes ligados ao jogo do bicho. Em resposta à prisão, a diretoria da Beija-Flor ameaçou um protesto: marchar ao som de um surdo, em vez de sambar no desfile. Anísio passaria cerca de 24 horas detido (dormiu no xadrez do regimento Caetano de Faria, da PM), tempo suficiente para gerar uma ruidosa onda de indignação entre seus pares. Nelson, irmão de Anísio e presidente da Beija-Flor, Simão Sessim, então ex-prefeito de Nilópolis pela Arena, e o deputado estadual Jorge David se queixaram nos jornais. Jorge chegava a afirmar que o "secretário de Segurança (o general Oswaldo Ignácio Domingues) é um homem sério e não compactua com as arbitrariedades cometidas por seus auxiliares. O delegado Paulo Coelho está indiretamente jogando o Governo contra o povo". Nelson, ao defender o irmão, informava na imprensa a extensão do território do jogo explorado por Anísio — Nilópolis, Paracambi, Queimados e Nova Iguaçu — e justificava: "Aniz não emprega marginais; seus empregados são pessoas aposentadas, humildes, aleijados, gente que precisa fazer alguma coisa para sobreviver dignamente. Acho que o Governo deveria legalizar o jogo do bicho, pois só assim evitaria o envolvimento de alguns policiais com a contravenção."[9]

A prisão, o depoimento e a identificação criminal de Anísio na Academia de Polícia foram motivados pelo trabalho de uma comissão especial da Secretaria de Segurança, presidida pelo delegado Newton Costa, que investigava vinte assassinatos ligados ao jogo do bicho,[10] entre os quais o de Euclides Pannar, o

China Cabeça Branca, bicheiro e presidente do Salgueiro, em 1º de dezembro do ano anterior. Anísio não era o único alvo da tentativa de devassa na jogatina. Carlos Teixeira Martins, o Carlinhos Maracanã,[11] presidente da Portela, Castor de Andrade, patrono da Mocidade Independente de Padre Miguel, Ângelo Maria Longa, o Tio Patinhas, e Luiz Pacheco Drumond, o Luizinho, presidente da Imperatriz Leopoldinense, entre outros, estavam na mira da polícia para interrogatório sobre mortes atribuídas ao bicho.

China Cabeça Branca bateu de frente com a cúpula da contravenção desde que dera entrevista afirmando que havia fraude nos sorteios do bicho. Ele chegou a enviar um relatório ao Ministério da Fazenda em que defendia a legalização do jogo. O crime ocorreu de madrugada, na esquina da avenida Maracanã com a rua Professor Eurico Rabelo, no Maracanã. Quando o bicheiro parou o carro no sinal, foi alvejado com um tiro à queima-roupa, pouco abaixo do ombro, do lado esquerdo. De noite, participara de uma reunião no Salgueiro, jantara em Vila Isabel e então ia para casa. Nada foi roubado, o que afastou a hipótese de latrocínio. A cúpula do bicho tinha chegado a tomar pontos de China Cabeça Branca em Copacabana, deixando-o apenas com bancas na Praça da Bandeira, em represália às declarações sobre fraude.[12]

As 24 horas de Anísio na prisão logo foram esquecidas. Menos de dez dias depois, em 25 de fevereiro, a Beija-Flor seria bicampeã com o enredo "Vovó e o Rei da Saturnália na Corte Egipciana", de Joãosinho Trinta, um artista a caminho de virar mito. Anísio e Nelson, braços erguidos, desfilaram na réplica de um Bugatti, à frente de um cortejo de vinte carros, do Centro do Rio a Nilópolis. Na avenida Mirandela, os irmãos foram ovacionados por uma multidão que gritava: "É Bi-Jaflor."

O rapaz sem futuro se tornara o dono da festa.

Torturador e lugar-tenente de Anísio

Para se manter dono — não só da festa, mas da política e da jogatina —, Anísio se apoiou na truculência e nos abusos de amigos: militares e policiais que atuavam na perseguição e tortura a presos políticos, e que, aos poucos, migrariam para os subterrâneos da contravenção.

O policial civil Luiz Cláudio de Azeredo Vianna era um deles. Amigo íntimo e aparentado de Anísio, estava bem no centro dessa conexão. Atuando como lugar-tenente do bicheiro, garantia salvo-conduto na construção da rede de influência e poder na região.

Luiz Cláudio era conhecido ou chamado por outros nomes.

Nas ruas de Nilópolis, era o Doutor Luizinho.

Na Casa da Morte, Laurindo.

O nome do comissário Luiz Cláudio aparece nas listas de torturadores da Casa da Morte — o centro clandestino de torturas montado pelos militares em Petrópolis, na Região Serrana do estado do Rio — identificado por esse codinome: Laurindo.

Única sobrevivente da Casa, onde sofreria três meses de terror e torturas, entre maio e agosto de 1971, a militante da Vanguarda Popular Revolucionária (VPR) Inês Etienne Romeu gravou na memória o diálogo entre dois de seus carcereiros, que planejavam o seu assassinato: "Pardal disse a Laurindo: 'Logo que desça do carro em alta velocidade, ela não terá tempo de ver o que lhe acontecerá.'" Ao revelar os horrores cometidos naquele lugar, entregando à Ordem dos Advogados do Brasil (OAB), em 5 de setembro de 1979, um relatório sobre o que sofrera, Inês identificou os nomes ou codinomes de dezesseis torturadores.

À época em que foi torturada, Luiz Cláudio servia ao Centro de Informações do Exército (CIE) e tinha passado pela delegacia de Petrópolis (paralelamente, já servia às fileiras da contravenção, assegurando, com ações de intimidação, a expansão do poder de Anísio no jogo do bicho).

Discreta, a carreira policial de Luizinho se iniciara em meados dos anos 1950, avançando pelas décadas de 1960, 1970 e 1980, a maior parte em delegacias da Baixada Fluminense e da Região Serrana, não por coincidência áreas onde Anísio construiria seu império da exploração do jogo. Luiz Cláudio ingressou no serviço público estadual como escrivão de polícia em junho de 1955, foi promovido a comissário em outubro de 1964 e a delegado em julho de 1976.

Ainda quando comissário de polícia, nos anos 1960 pós-golpe militar, despertara a atenção dos militares ao liderar a perseguição a militantes da esquerda na Baixada.

Em janeiro de 1969, Luiz Cláudio, então chefe do Setor de Vigilância Sul da Polícia Civil, com sede em Nova Iguaçu, foi o responsável pelas equipes que caçaram o ex-pracinha Roberto Emílio Manes, que se escondera na região.

Fora escolhido para a missão pelo então secretário estadual de Segurança, Francisco Homem de Carvalho, com o objetivo de unificar a força-tarefa composta por agentes civis e do Serviço Secreto do Exército na perseguição a Manes. A escolha se deu porque era visto como um policial "ponderado e com experiência no combate a subversivos". Segundo reportagem do *Jornal do Brasil*,[13] coordenava cinco equipes na ação. Apontado como chefe de uma quadrilha de terroristas, Manes era considerado um estrategista sem medo, que estaria "espalhando pânico" na Baixada Fluminense nas semanas anteriores.

Ele teria se escondido no Sítio da Jaqueira, em Miguel Couto (Nova Iguaçu), mas fugira em dois carros. Luiz Cláudio o

perseguiu pelas estradas fluminenses, sem conseguir prendê-
-lo. A caçada envolveria agentes de pelo menos quatro estados:
Guanabara, Rio, Minas Gerais e São Paulo. Manes, a mulher,
Lilian, e oito filhos cruzaram o sul do país e escaparam para o
Uruguai. Porém, dois de seus filhos, Paulo Roberto e Sérgio, e a
noiva de um deles, Maria Célia, cairiam nas mãos da repressão.
E parariam nas masmorras da tortura.

Presos ainda em janeiro, Sérgio Ubiratã Manes e Maria Célia
Soares Manes foram levados ao DOI da Barão de Mesquita e
torturados. Em 1985, em denúncia ao grupo Tortura Nunca
Mais, acusaram os então capitães Paulo Malhães e Ari Pereira
de Carvalho de tortura no Pelotão de Investigações Criminais
(PIC) da Polícia do Exército, em sessões com a participação de
Luiz Cláudio, do detetive Nelson Belício, de um delegado de Nova
Iguaçu conhecido como Pepe Legal e dos sargentos Paulo Cabral
e Sérgio Mazza.

"Na tortura, eles encenavam como uma peça de teatro. Luizinho
e Mazza faziam o papel de 'amigos', enquanto Malhães e Cabral
eram os 'vilões'. Tentei esconder que estava grávida, mas eles
acabaram descobrindo numa sessão de choques em que meu filho pulou na barriga como se fosse sair pelo meu umbigo", conta
Maria Célia, cujo bebê nasceu surdo.

O que militares chamaram de dedicação de Luiz Cláudio lhe
valeria a requisição pelo CIE e o codinome de Laurindo, passando
a integrar o grupo de torturadores nas masmorras militares da
Casa da Morte, onde teriam sido assassinados mais de vinte
presos políticos.

Da Casa da Morte à quadra da Beija-Flor

Da delegacia aos porões da tortura, dos porões ao subterrâneo da contravenção. Essa era a vida dupla de Luiz Cláudio naqueles anos.

Em sua ficha, registra-se que, em 1969 (portanto, depois da perseguição a Manes), estava lotado no gabinete do ministro do Exército, servindo no CIE. No ano seguinte, trabalhou na Delegacia de Petrópolis. Em 1971, retornou ao gabinete do ministro do Exército, ficando até 1974, quando passou ao Departamento de Ordem Política e Social (Dops — Setor Sul). Ainda em sua ficha, constam elogios do CIE, comandado pelo general Milton Tavares de Souza, em novembro e dezembro de 1969 e em maio de 1973. Receberia ainda um elogio do chefe de gabinete do ministro do Exército em dezembro de 1969.

Com o fim da guerra que desbaratara as organizações da esquerda armada entre 1968 e 1974, período que produziria a maioria das mortes e desaparecimentos atribuídos ao regime, Luizinho deixou os porões e retornou à velha rotina policial. Sobrava-lhe tempo e prestígio para acelerar a ascensão do amigo.

Íntimo de Anísio, circulava com desenvoltura na Baixada do terror e do jogo. O clã liderado pelo patrono da Beija-Flor o adotara e se aproveitava de suas práticas violentas e relacionamentos. Ele frequentava a quadra da escola de samba e a casa do bicheiro — a mulher do policial torturador, Amélia Abdala, era tida como integrante da família.

Os serviços de inteligência militar sabiam dessa dupla vida de Luiz Cláudio. Mas não o importunavam. A "Informação nº 2283 - C/78", de 14 de julho de 1978, produzida pela 1ª Divisão do Exército, Vila Militar, e difundida pelo Centro de Informações do Exército (CIE) e pelo Serviço Nacional de Informações (SNI) sobre

Domingos de Freitas, um possível candidato a deputado estadual pelo MDB naquele ano, diz que Anísio utilizava, como cobertura para os "negócios ilícitos", policiais e políticos corruptos. No item 4, o documento alerta:

> Aniz Abraão David conta também com a cobertura policial do seu cunhado Luiz Cláudio de Azeredo Vianna (delegado de polícia), atualmente titular da Delegacia de Alcântara-RJ, bem como do seu compadre Sérgio Rodrigues (também delegado de polícia, ex-titular do DPI-Niterói-RJ).

Enturmado entre agentes — militares e policiais — mergulhados na repressão violenta aos militantes de esquerda e, de outro lado, à frente da tropa criminosa da contravenção que varria as ruas, tomando pontos e blindando Anísio, o torturador abriria, assim, espaços para si próprio na sociedade da Baixada. O ano de 1978, o mesmo em que o CIE reconheceu seu envolvimento íntimo com o bicheiro e seus negócios sujos, seria o da consagração definitiva da Beija-Flor de Nilópolis, que Luiz Cláudio frequentava assiduamente como agregado da família Abraão David.

Em um amanhecer de segunda-feira de carnaval, a escola de Nilópolis — já totalmente entregue ao comando da família — desfilou com soberba o enredo "Criação do mundo na tradição nagô", mais uma vez de Joãosinho Trinta. Um tapete de plumas brancas cobriu o asfalto, as arquibancadas vibraram e cantaram junto o samba, que viraria um clássico: "Iererê, ierê, ierê/ Ô ô ô ô/ Travam um duelo de amor/ E surge a vida com seu esplendor".[14] A Beija-Flor saiu da avenida com gritos de "É campeã". Na verdade, tricampeã. Esse resultado selaria o seu destino até hoje. Praticamente apagando a história anterior à chegada de Anísio e Nelson, a escola então era o seu dono e seus amigos. Luiz Cláudio,

Doutor Luizinho ou Laurindo, dependendo da ocasião, estava entre eles. Se a agremiação cantava na avenida o surgimento da vida, nos subterrâneos do regime, porém, ele tinha celebrado a tortura e a morte.

Anísio e seu irmão aproveitariam o momento. A Beija-Flor estava na crista da onda, como se dizia. Ditava as regras do desfile — alegorias enormes, enredos delirantes —, atraía artistas e políticos e abria na sociedade espaços até então vetados aos bicheiros. Com a popularidade da escola de Nilópolis, eles tentariam fortalecer ainda mais os laços entre o poder da jogatina e o poder político. Naquele ano, investiram pesadamente nas eleições, apostando suas fichas em parentes filiados à Arena, com Simão Sessim, candidato a deputado federal,[15] e Jorge David, a deputado estadual,[16] mas também em amigos na oposição, gente do MDB chaguista, como o delegado Péricles Gonçalves, que disputava uma vaga de deputado federal. O delegado era famoso por afirmar "ter limpado a Baixada Fluminense" e orientar seus policiais a "atirar no relógio" (isto é, no coração). A questão não era partidária ou ideológica. O que importava para a família Abraão era enraizar sua influência, com a adesão de quem fosse, a um projeto de poder. Os três seriam eleitos.

Com o desmonte do aparelho repressivo, em fins dos anos 1970, Doutor Luizinho tentaria deixar nas sombras suas outras facetas. Na Loja Maçônica União Iguassú, foi vice e depois venerável. Chegou a ser dono de um haras, o Rancho Xodozinho, em Marapicu, Nova Iguaçu. O local chegou a ser investigado pela polícia, no caso do assassinato de Alexandre von Baumgarten, jornalista que tentara chantagear o SNI, mas o nome de Luiz Cláudio não seria envolvido.

Ele falava pouco sobre os serviços que prestara à repressão e prestava ao bicho. Em uma das poucas vezes em que se referiu ao regime militar, disse a um colega de farda ser ligado ao general Coelho Netto (em 1969, coronel). Mas, na Baixada do bicho e dos grupos de extermínio, alguns segredos não eram calados, mas conhecidos em voz baixa.

Braço-forte da jogatina da família Abraão David, ainda obteria para seu filho, também chamado Luiz Cláudio, apelidado de Zabura, um posto de gerente de bicho de Anísio em pontos na Baixada.

Depois de morto, o policial viraria nome de praça em Nilópolis. Em 6 de outubro de 2006, inaugurou-se, pelas mãos do prefeito Farid Abraão David, irmão de Anísio, a praça Luiz Cláudio de Azeredo Vianna, "renomado cidadão nilopolitano", na esquina da rua Mário Silva com rua Manoel Dias, em Olinda. De torturador a homenageado.

Luiz Cláudio pode parecer um caso isolado, mas não foi.

Ele não era o único amigo e parceiro de negócios de Anísio que atuou na ditadura. Uma tropa da repressão esteve a serviço do bicheiro e da jogatina.

Um torturador na revolução de "Ratos e urubus"

Em 25 de março de 2014, um coronel da reserva, de 76 anos, encurvado em uma cadeira de rodas, rosto seco e duro coberto por barba espessa, lembrando o do ditador Saddam Hussein, abriria publicamente segredos de sessões de tortura na Casa da Morte, em Petrópolis, onde atuara, e da ocultação de corpos de vítimas da repressão. Choques elétricos, pau de arara, mutilações, assassinatos. Revelaria também o que aconteceu ao ex-deputado Rubens Paiva, desaparecido depois de preso pelos militares. Até então recluso em um sítio em Nova Iguaçu, na Baixada Fluminense, o coronel Paulo Malhães, codinome Pablo na repressão militar, quebrou o pacto de silêncio dos agentes e foi parar nas manchetes dos jornais ao depor à Comissão Nacional da Verdade (CNV), no Rio de Janeiro.

Mas nem tudo foi dito sobre sua história. Malhães pouco contara sobre a sua outra militância: na tropa do bicheiro Aniz Abraão David, o Anísio. À Comissão, falou apenas que o bicheiro era seu amigo. Mas o fato é que tudo que aprendera na ditadura como Pablo ele levaria para a outra guerra, a das ruas, a do bicho.

Foi em 1969 que o jovem oficial Malhães "desembarcou" na Baixada Fluminense, na caçada ao ex-marinheiro Roberto Emílio Manes. Naquela ação, conheceu e se aproximou de Luiz Cláudio de Azeredo Vianna, a ponto de recrutar o policial para o CIE e levá-lo à Casa da Morte. Uma mão lavaria a outra. Quando o aparato da repressão começou a ser desmantelado, entre o final da década de 1970 e o início dos anos 1980, Luiz Cláudio retribuiu a amizade e acolheu Malhães. O oficial, que passara à reserva em 1985, reclamava que, no Palácio Duque de Caxias, sede do I Exército, no Centro do Rio, não lhe davam nem uma cadeira para sentar. Mas, ao se incorporar aos subterrâneos da jogatina, teve assento garantido na estrutura mafiosa articulada por Anísio na Baixada.

Malhães comprou um sítio — no distrito rural de Ipiranga, em Nova Iguaçu —, ao lado do Haras Xodozinho, de propriedade de Luiz Cláudio, onde o policial criava cavalos manga-larga e recebia regularmente a visita do bicheiro. Com o fim da repressão, o militar e o policial, torturadores e parceiros na Casa da Morte, aproximaram-se ainda mais. Luiz Cláudio apresentou Malhães a Anísio, de quem o militar se tornaria rapidamente amigo, passando a frequentar a quadra da Beija-Flor. Não parou por aí. Malhães, com o aval de Anísio, imprimiu sua marca de violência na região, já tomada pela ação de grupos de extermínio. A cavalo, percorria armado as ruas de terra batida do bairro, caçando acusados de roubo e traficantes de drogas. Ganhou a fama de justiceiro, chefe de milícia. E foi mais longe. Por influência de Anísio, o coronel passaria a chefiar a segurança de empresas de ônibus de Nilópolis, como a Nossa Senhora Aparecida e a Expresso Nossa Senhora da Glória. Para ajudar na tarefa, Malhães convocou amigos dos tempos da tortura. Entre eles, Antônio Waneir Pinheiro Lima, paraquedista, caseiro da Casa da Morte, torturador. Codinome na repressão: Camarão.

Extremamente violento, Camarão fora reconhecido por Inês Etienne Romeu, a única sobrevivente da Casa. A ex-presa política contou que conseguira identificar o nome de outros presos que passaram pela Casa da Morte por causa do que Camarão falava. Brutal, o torturador violentou Inês no cárcere de Petrópolis.

Foi esse homem, com esse caráter, que Malhães procurou para ser o seu braço direito no serviço de segurança de empresas de ônibus que obtivera a mando do bicheiro. Anísio gostou dele. Até hoje, Camarão conta a amigos, com orgulho, que foi segurança do patrono da Beija-Flor. Essa aproximação com o banqueiro do bicho, no entanto, pode ter sido o início de uma contenda: Malhães acabaria brigando com Camarão, depois que este pediu a Anísio um empréstimo para comprar um posto de gasolina em Seropédica, município da Região Metropolitana do Rio. Ao posto, deu o nome VPL, iniciais de seu sobrenome. Camarão seria sócio do posto de março de 1997 a maio de 2000. Malhães não perdoou. Embora fora do Exército, não deixara de exigir de sua tropa, então no bicho, respeito à hierarquia e à disciplina. Para ele, o pedido de dinheiro de Camarão a Anísio, sem seu conhecimento, era uma afronta. Romperam.

Já a amizade de Malhães e Anísio floresceria à sombra da Beija-Flor.

Há quem garanta que, em 1989, Malhães desfilou com a roupa de diretoria, a de gari, no histórico "Ratos e urubus, larguem a minha fantasia", o auge da criação carnavalesca de Joãosinho Trinta na escola de Nilópolis. "Ratos e urubus" — com suas alas de mendigos, o lixo transformado em luxo, a escultura do Cristo mendigo coberta de plástico preto (por ter sido proibida pela Justiça, a pedido da Igreja Católica) e a forte crítica social que trazia — estava longe do ideário anticomunista de Malhães. A revolução que o delírio de Joãosinho Trinta criara era um grito de libertação e festa, em tudo oposto aos cárceres e aos crimes cometidos por Malhães. Mas a ligação do coronel reformado com Anísio, o bicho e a Beija-Flor ofuscava essas contradições. Ali, naquele carnaval, fantasiado de gari no meio da multidão, o torturador não tinha tempo para pensar em contradições; ele precisava ajudar o patrono a conquistar mais um campeonato, o que não aconteceria. A Beija-Flor foi vice-campeã, perdendo para a Imperatriz Leopoldinense, do bicheiro Luizinho. Anísio e seus amigos nunca engoliram a derrota.

"Sentávamos o dedo neles"

Dos 24 anos de carreira militar, Malhães dedicou praticamente dezoito à repressão, de 1967 a 1985, à exceção de uma rápida passagem por Amambai, Mato Grosso, fronteira do Brasil com o Paraguai, para exercer um posto de comando obrigatório na formação de oficial.

Nascido em abril de 1938, iniciou a carreira militar em 1961, como aspirante, no 17º Regimento de Cavalaria, em Pirassununga

(SP). Ferrenho anticomunista, entregou-se por inteiro ao golpe contra João Goulart, em 1964. Desde cedo militara no Movimento Anticomunista.

Em fevereiro de 1967, estava lotado no 3º Batalhão de Carros de Combate, em Realengo, na Zona Oeste do Rio, onde já exercia a função de oficial de Informações, quando foi matriculado no curso de Informações do Centro de Estudos de Pessoal (CEP), no forte do Leme, a célula que formaria torturadores para as masmorras do regime. Suas Alterações revelam que era vocacionado para a área. Dois anos antes, em 1965, fizera um curso de detetive profissional no Instituto de Investigações Científicas e Criminais.

Ao concluir o CEP com conceito MB, no segundo semestre de 1967, credenciou-se a ser transferido para o quartel-general do I Exército. Ali, assumiria como capitão a chefia do Grupo de Operações da 2ª Seção, embrião do CIE, que saía do papel naquele ano. O Exército queria um órgão mais agressivo do que o SNI, burocrata. No primeiro semestre de 1968, quando a estrutura do CIE começou a ser montada, ele passaria ao gabinete do ministro do Exército como "adjunto do CIE".

A julgar pelo elogio do general Milton Tavares de Souza, chefe do CIE no governo Médici e um dos mais bárbaros comandantes da repressão, Malhães virou referência da tropa na caça aos inimigos do regime: "Grande parte dos êxitos obtidos no combate à corrupção, subversão e terrorismo tiveram como causa preponderante a atuação eficiente e corajosa do capitão Paulo Malhães", escreveu Miltinho, em 12 de março de 1971, um mês depois do desaparecimento e da morte de Rubens Paiva.

Malhães mergulhara na repressão com ímpeto e ferocidade. Nunca se arrependeria das atrocidades que cometeu contra militantes de esquerda, argumentando que cumpria missões.

Remorso não era uma palavra em seu dicionário. A barbárie estava encravada no seu espírito.

No CIE, liderou ações na Guerrilha do Araguaia ("Sentávamos o dedo neles, antes que eles fizessem o mesmo. Não tínhamos como fazer prisioneiros"[17]) e montou a Casa da Morte, em Petrópolis.

Em outubro de 1972, Malhães, como oficial da 2ª Seção do I Exército, seria colocado à disposição do DOI da Barão de Mesquita, um dos mais ativos centros de tortura do regime. Foi Malhães quem levou uma jiboia e cinco filhotes de jacarés ao cárcere do DOI, para intimidar e torturar presos políticos. Chegaria ao ponto de batizar os jacarés — Pata, Peta, Pita, Pota e Joãozinho — e a cobra, Míriam. Ameaçava, humilhava, espancava, torturava, matava. Era uma época em que, autorizado pelo poder militar, achava que podia tudo contra todos, e se comprazia com isso.

Ficaria no DOI pelo menos até 1973, quando voltou ao CIE (embora lotado no gabinete do ministro, atuava na prática como agente de Operações do CIE no Rio, comandado pelo então coronel José Antônio Nogueira Belham). Foi nessa condição que recebeu a missão de desaparecer em definitivo com o corpo de Rubens Paiva, então enterrado na praia do Recreio dos Bandeirantes.

Em 1974, seria transferido para Brasília. No mesmo ano, no dia 11 de julho, comandou a chamada Operação Medianeira, uma emboscada na cidade de mesmo nome, no sudoeste do Paraná, para atrair um grupo argentino de militantes de esquerda e guerrilheiros brasileiros da VPR e que levou à morte sete deles (quarenta anos depois, Malhães assumiria a responsabilidade direta pela morte do ex-sargento Onofre Pinto, que estava no grupo, cujo corpo nunca foi encontrado e é considerado desaparecido político).

Em outubro de 1974, logo depois da Operação Medianeira, o oficial ganhou a Medalha do Pacificador com Palma "por haver se distinguido no cumprimento do dever, por atos pessoais de abnegação, coragem e bravura, com risco da própria vida".

O fim da ditadura encerrou-lhe a carreira. Em 16 de julho de 1985, foi transferido do CIE para a 6ª Região Militar, em Salvador. Era o recado para sair. Transferiu-se para a reserva no dia 15 de outubro de 1985.

"O desaparecimento é mais importante do que a morte"

Na velhice, Malhães era um sujeito desconfiado, perto do paranoico. Quase não saía do sítio na Baixada Fluminense, onde morava sozinho com a mulher Cristina, cuidava de um orquidário, mantinha uma criação de periquitos e vivia cercado por cachorros vira-latas e armas. Afirmava nada temer contra si, mas se dizia preocupado com os cinco filhos e oito netos.

Um dos mais temidos agentes que migraram da ditadura para a tropa do jogo do bicho, Malhães sabia muito, sabia demais.

Um dia, começou a falar. De início ressabiado e agressivo, ao ser abordado por repórteres em seu sítio, abriria aos poucos segredos da repressão militar. Na primeira entrevista, em 2012, ao jornal *O Globo*,[18] afirmou que montara a Casa da Morte, em Petrópolis, e que o seu objetivo inicial era cooptar os presos políticos para que trocassem de lado e, infiltrados, trabalhassem a favor dos militares. "Tinha outras (casas). Eu organizei o lugar. Quem eram as sentinelas, a rotina e quando se dava festa para disfarçar, por exemplo. Tinha que dar vida a essa casa. Eu era um fazendeiro que vinha para Petrópolis de vez em quando."

Quase dois anos depois, em março de 2014, em entrevista dada sob a condição de anonimato ao jornal O *Globo*,[19] contou que, em 1973, fora encarregado pelo gabinete do ministro do Exército (Orlando Geisel, à época) de remover e dar um destino final a um corpo enterrado nas areias da praia do Recreio, no Rio. "Pelo estado do corpo, não posso dizer quem era, nem cabia a mim identificá-lo. Mas o nome que ouvi foi o de Rubens Paiva", disse, revelando ainda que o corpo do ex-deputado fora levado de caminhão do Recreio até o Iate Clube do Rio, embarcado em uma lancha e lançado ao mar. "Estudamos o movimento das correntes marinhas e sabíamos o momento certo em que elas iam para o oceano", afirmou Malhães.

Em seguida, acrescentou, dirigiu-se ao Palácio Duque de Caxias e informou ao general Coelho Neto, subchefe do CIE, o resultado da operação.

Na mesma entrevista, para choque das famílias das vítimas, explicou por que os militares desapareciam com os corpos dos presos políticos: "O desaparecimento é mais importante do que a morte porque causa incerteza no inimigo. Quando um companheiro morre, o guerrilheiro lamenta, mas acaba esquecendo. Não é como o desaparecimento, que gera uma expectativa eterna."

Não pararia aí. Na edição de 20 de março, o jornal O *Dia*[20] publicou uma entrevista com Malhães na qual o oficial reafirmava que o corpo de Rubens Paiva fora retirado das areias do Recreio dos Bandeirantes em uma operação liderada por ele e determinada pelo gabinete do ministro do Exército. "Eu podia negar, dizer que não sabia (quem estava enterrado), mas eu sabia quem era, sim. Não sabia por que tinha morrido, nem quem matou. Mas sabia que ele era um deputado federal, que era correio de alguém."

Segundo Malhães, também participaram da operação o coronel José Brant Teixeira e os sargentos Jairo de Canaan Cony e Iracy Pedro Interaminense Corrêa.

Em fevereiro, sigilosamente, Malhães havia concedido vinte horas de depoimentos à Comissão Estadual da Verdade (CEV) do Rio de Janeiro. Nela, afirmou que os corpos das vítimas das torturas na Casa da Morte tinham sido jogados em um rio da Região Serrana, perto de Itaipava. Com relação ao destino do corpo de Rubens Paiva, mudou a versão: em vez de lançado ao mar, teria sido atirado no mesmo rio da Região Serrana.

As entrevistas e a divulgação, em 21 de março,[21] do depoimento à CEV surpreenderam companheiros de tropa. A lei do silêncio havia sido quebrada. Por que Paulo Malhães decidiu falar, àquela altura da vida, é um mistério. Ele não se arrependia de nada e reafirmava, sempre que podia, que o que fizera fora sob ordens do Exército. E que faria de novo. Era uma figura curvada, como se estivesse desmontando. Mas a voz rouca e seca proferia suas palavras com frieza e segurança. "O DOI é o primeiro degrau. Você entra ali, voando. Aí, se brutaliza, passa a ser igual aos outros, mas depois vai raciocinando e se estruturando. Houve uma mudança da porrada para o choque. Você pode dizer: 'Foi uma mudança ruim.' Foi não. Não deixava trauma, não deixava marca, não deixava nada. Já foi uma evolução. Aí, você vai caminhando, aprende de outros lugares, também. De outros países, como é feita a coisa. Então, você se torna um outro personagem, um outro cara, e, por causa disto, você é guindado a um órgão superior por ser um cara diferente e agir diferente. Tem muito mais amplitude, tem um universo muito maior, aí você se torna um expert em informações."

Em outro trecho do depoimento à CEV, disse: "É um estudo de anatomia. Todo mundo que mergulha na água, fica na água, quando morre tende a subir. Incha e enche de gás. Então, de qualquer maneira, você tem que abrir a barriga, quer queira, quer não. É o primeiro princípio. Depois, o resto, é mais fácil. Vai inteiro. Eu gosto de decapitar, mas é bandido aqui [na Baixada]."

Ele afirmou também que as arcadas dentárias e os dedos das mãos dos presos políticos eram retirados antes de os corpos serem enrolados em sacos plásticos com pedras e atirados para afundar. O objetivo da mutilação era evitar que um corpo, caso fosse achado, pudesse ser reconhecido.

As violências que ele e seus companheiros cometeram na repressão ganhariam maior repercussão no depoimento público à Comissão Nacional da Verdade (CNV), no dia 25 de março de 2014, no Arquivo Nacional, no Rio. Na cadeira de rodas, os olhos vermelhos saltados, as mãos inchadas, Malhães admitiu — pela primeira vez publicamente — que torturara, matara, mutilara e ocultara corpos. Estava diante de uma plateia de ex-presos políticos torturados, militantes dos direitos humanos, historiadores e jornalistas. "Naquela época não existia DNA, concorda comigo? Então, quando o senhor vai se desfazer de um corpo, quais são as partes que, se acharem o corpo, podem determinar quem é a pessoa? Arcada dentária e digitais, só. Quebravam os dentes e cortavam os dedos. As mãos, não. E, aí, se desfazia do corpo", repetiu.

Essa lógica brutal, Malhães não abandonou ao abraçar o jogo do bicho de Anísio e se sentir parte do poder na Baixada. Um poço escuro de histórias. Se fizera amigos, também colecionara desafetos. Um golpe poderia vir de qualquer lado. Principalmente depois de o país ver sua foto estampada nas primeiras páginas dos jornais, com as revelações sobre as barbaridades dos crimes da ditadura.

Na manhã do dia 25 de abril de 2014, um mês depois do depoimento à CNV, a notícia do assassinato de Paulo Malhães caiu como bomba na imprensa e no meio político. O tenente-coronel reformado, que abrira segredos e se admitira torturador, estava morto. O corpo foi encontrado com marcas no rosto e no pescoço, de bruços, no chão de um dos quartos, depois de o sítio onde morava ter sido invadido por dois homens. No primeiro momento, a polícia não descartou qualquer possibilidade: queima de arquivo, vingança ou latrocínio (roubo seguido de morte).[22]

Tudo começou na tarde do dia anterior, por volta de 13h, quando os dois sujeitos — um deles encapuzado com uma touca ninja — renderam Malhães e a mulher, que entravam em casa depois de levar um de seus cães ao veterinário. No sítio, capinando uma área externa perto de um casebre de madeira, estava também o caseiro, Rogério Pires Teles. Cristina foi amarrada e trancada em um quarto. Rogério também foi feito refém. Os invasores reviraram a casa e roubaram vinte armas e munição — entre pistolas, um fuzil, uma submetralhadora, carabinas e rifles —, joias, um faqueiro, R$ 700 em dinheiro, um aparelho de som, dois computadores, uma impressora e um celular. A invasão durou cerca de nove horas. Quando se soltaram das amarras, Cristina e o caseiro acharam o corpo de Malhães.

Após investigação, a polícia concluiu que Rogério planejara o roubo com seus dois irmãos, Rodrigo Pires e Anderson Pires Teles (os dois homens que estiveram dentro da casa). Enquanto Cristina esteve trancada, Rodrigo ameaçou e agrediu Malhães, querendo saber onde estavam as armas. Segundo a denúncia, ele também tentou sufocar Malhães com um travesseiro. O exame do Instituto Médico-Legal apontou que o oficial, que tinha problemas de coração, morreu de ataque cardíaco. Alex Sandro de Lima e Maycon José Candido, cunhados dos irmãos, são acusados de dar cobertura e ajudar na fuga.

A hipótese de crime político foi descartada.[23]

No sítio, entre vasos de plantas secas e pilhas de jornais velhos, havia alguns papéis deixados por Malhães. Entre eles, viam-se duas cartas, aparentemente não enviadas, uma para o bicheiro Anísio e outra para seu irmão, Farid, ex-prefeito de Nilópolis. As duas faziam o mesmo pedido. O texto da carta para Anísio diz: "Segue com esta carta um amigo que precisa de ajuda. Trata-se de Gilmar Souza de Figueiredo. Trabalhou comigo desde criança e mais tarde defendeu sua família passando temporada no presídio pagando crime de homicídio. Hoje já tendo cumprido pena precisa se empregar para ajudar a família. Atualmente mora em Olinda."

Repousando sobre uma mesa, uma velha agenda de telefones. Nela, nomes e números de bicheiros como Anísio, Raul Capitão (Raul Corrêa de Mello) e Maninho (Waldemir Paes Garcia), além do delegado Mauro Magalhães.

Um silêncio pesado caíra sobre o sítio de Malhães.

Chefe de barracão da Beija-Flor envolvido no caso Rubens Paiva

Plumas, espelhos, bordados, armações de saias rodadas de baianas, chapéus e leques amontoados, sons de martelos, serras e furadeiras, e aquele calor quase insuportável. O barracão — um galpão improvisado, fiação exposta em um canto, sem ventilação adequada para tanta gente — sempre vibrava com os preparativos para o carnaval: fantasias e alegorias, tudo era brilho e esplendor. No lado mais sombrio do barracão da Beija-Flor, porém, um homem forte, de feições e músculos retesados, mesmo ao sorrir, recebia e conferia o material comprado para a confecção dos adereços. Chefe do barracão, Torres era amigo e segurança de Anísio. Quem conhecia um pouco de sua história falava baixo. Ou nada falava.

Subtenente da reserva do Exército, Ariedisse Barbosa Torres fora um dos acusados pela tortura, assassinato e ocultação do corpo do ex-deputado Rubens Paiva, desaparecido em 20 de janeiro de 1971, no auge da repressão militar, como informam as listas de torturadores do grupo Tortura Nunca Mais. Ele foi formalmente denunciado, em 17 de março de 1987, pelo procurador-geral da Justiça Militar Francisco Leite Chaves. Esse era Torres.

A carreira no Exército começou em 1957, no Batalhão de Manutenção e Armamento da Vila Militar. De 1961 a 1977, serviu no 1º Batalhão da Polícia do Exército do Rio, atuando, a partir de 1965, no Pelotão de Investigações Criminais (PIC). Em junho de 1967, foi arrolado como testemunha de acusação de inquérito dando conta de torturas contra presos políticos na 1ª Região Militar. Em 1971, ano do desaparecimento do deputado, o então sargento Torres recebeu a Medalha do Pacificador. No PIC, comandado naquele período pelo coronel Ronald José Motta Baptista Leão, Torres conheceu o sargento Eduardo Ribeiro Nunes, o capitão João Gomes Carneiro e o major da PM Riscala Corbaje, todos — incluindo Leão — também acusados da morte de Paiva pelo procurador da Justiça Militar. Depois do PIC, Torres serviria em Petrópolis (promovido a subtenente em 1984) até se reformar, em maio de 1986.

Entrevistado pelo jornal *O Globo* em 1987,[24] disse nunca ter visto Rubens Paiva e que só soube do caso pelos jornais. Negou ter servido ao Destacamento de Operações Internas (DOI) do I Exército e afirmou desconhecer suas atividades ("era um órgão que ninguém mexia e que agia de maneira completamente independente"). Sobre o inquérito que apurava o desaparecimento do deputado, sentenciou: "Todos falam nisso, só falam do lado deles. E quanto aos amigos nossos que foram mortos pela subversão, ninguém fala?"

Seu nome, ou parte dele, já aparecera antes nas páginas policiais dos jornais. Foi em janeiro de 1981, no caso que ficou conhecido como Misaque-Jatobá: o sequestro e desaparecimento do pintor de paredes Misaque José Marques e do publicitário Luiz Carlos Jatobá. Segundo a principal linha de investigação, o sequestro teria sido uma vingança, a mando de Anísio, motivada pelo furto de joias da casa do contraventor em Piratininga, Niterói.

Amigos desde a infância, Torres ajudara o jovem Anísio a arrebatar bancas de jogo de pequenos bicheiros na Baixada, abrindo o caminho a ferro e fogo. Quando o aparelho repressivo começou a ser desmantelado e o país se abriu politicamente, tomou a frente da segurança pessoal de Anísio e passou a ter papel-chave no barracão da Beija-Flor.

Lá dentro, mandava e desmandava. Enganava-se quem pensava que o carnavalesco tinha a última palavra e era a voz forte em uma escola de samba. A engrenagem de poder nas agremiações sob domínio de bicheiros, como a Beija-Flor, era pesada. Em torno de aderecistas, costureiras e marceneiros, concentrados em confeccionar fantasias e alegorias, circulavam PMs, policiais civis, militares da ativa e da reserva — conhecidos, amigos ou seguranças do patrono e de sua família. Uma rede que protegia os negócios e era sustentada por dinheiro, tráfico de influência ou troca de favores.

O carnaval não apagava a barbárie.

Doutor Léo, o pesadelo

Torres levou para o mundo da contravenção o capitão Ronald José Motta Baptista Leão. Torturador, codinome Doutor Léo nas masmorras do DOI, Leão frequentava ensaios na quadra de

Nilópolis, onde conheceria Anísio. Enfraquecido no Exército por ter sido acusado de furtar dinheiro de um aparelho estourado pela repressão,[25] caiu fácil nas graças do bicheiro, que o ajudaria. Certa vez, Leão chegou a mostrar para um colega de farda, que o visitava em casa, os azulejos da parede da cozinha, "oferta do seu Anísio", recorda-se o visitante. Leão vivia, à época, de pedir favores a bicheiros e de circular em delegacias.

Os primeiros registros do envolvimento de Leão na repressão, colhidos pelo projeto *Brasil: Nunca Mais*, o apresentam como escrivão de um IPM instaurado dias depois da decretação do AI-5, em dezembro de 1968. Mas foi como chefe do Serviço Reservado do 1º Batalhão de Polícia do Exército, na rua Barão de Mesquita, que Leão ganhou uma referência nas listas oficiais de agentes da tortura.

Como já mencionado, Leão, Torres e outros agentes aparecem envolvidos na morte e desaparecimento de Rubens Paiva. Na condição de chefe do Serviço Reservado, o capitão era responsável pelo PIC da unidade, que hospedou o DOI-I a partir, provavelmente, de 1969. Cabia-lhe checar, diariamente, os presos da carceragem, onde funcionou um dos principais centros de tortura do período.

Por ter visto o deputado, tentaria vender a informação. Espalhava pelo quartel que sabia o que ocorrera ao ex-deputado. Foram esses comentários recorrentes que levaram o Exército a montar, em 1973, uma missão para o desaparecimento definitivo do corpo de Paiva, tarefa entregue a Paulo Malhães. O Doutor Pablo do CIE disse que a repressão chegara a pensar em eliminar Leão.

Ele tentou comerciar a informação, nos anos 1980, com o *Jornal do Brasil*. Na ocasião, informado pelo Serviço Reservado de que o oficial negociava com jornalistas, o então ministro do Exército, general Walter Pires, teria telefonado à direção de redação para alertar que Ronald seria "um pilantra".

Em 2013, Leão decidiu escrever o que declarou ter visto sobre Paiva. Contou que a vítima entrou pela porta dos fundos do DOI e foi recebida pelos capitães Freddie Perdigão Pereira e Rubens Paim Sampaio, do CIE. Meses depois da revelação, morreria no Hospital Central do Exército.

Pai e filho na polícia e na contravenção

O inspetor de polícia Joel Ferreira Crespo ocupou, nos anos 1970, um lugar de destaque na quadrilha de Anísio. Ao mesmo tempo, funcionou como linha auxiliar da repressão política na Baixada Fluminense. Só não foi além, seguindo carreira na repressão, porque não era considerado confiável por militares, segundo revelam ex-colegas.

Apesar da desconfiança, integrou a teia de policiais e agentes que, enraizada no submundo da repressão, protegia o bicheiro em ascensão, seus pontos e seus interesses. Na época em que Luiz Cláudio de Azeredo Vianna, amigo e aparentado de Anísio, era comissário na delegacia de Petrópolis, Crespo era o seu adjunto. E, nesse papel, não desconhecia a Casa da Morte e sua função.

Essa rede iria longe. Compromissos e relações travadas nas sombras do regime abririam, alguns anos mais tarde, as portas para pactos selados na cúpula da contravenção. Na década de 1970, Crespo era ligado a pelo menos dois oficiais da ditadura que migrariam para o jogo do bicho: Capitão Guimarães, com quem integrara a "quadrilha do arrepio", de extorsão a contrabandistas, e Paulo Malhães, a quem conhecera por intermédio de Luiz

Cláudio, na perseguição ao ex-marinheiro Roberto Manes. Na década de 1980, os quatro — Guimarães e Anísio como chefes, Crespo e Malhães como subordinados — conviveriam no submundo da jogatina.

Crespo[26] atravessou os anos 1960 como policial típico da Baixada Fluminense: em 1963, era comissário de Polícia em Nilópolis; em 1968, chefe do Setor de Vigilância da Delegacia de Duque de Caxias. O primeiro registro de sua ligação com atividades criminosas aparece em maio de 1969, em reportagem sobre a morte de um operário na Delegacia de Caxias, quando é citado como integrante da equipe do titular, Mauro Magalhães.

Na época, havia uma proximidade grande entre a tropa da PE da Vila Militar, da qual Guimarães fazia parte, e os policiais violentos da região. É razoável concluir que os dois se conheceram aí, pois o próprio Guimarães admitiu que por vezes dormira em delegacias.

Em 10 de maio de 1971, no ano em que a Casa da Morte de Petrópolis foi criada pelo CIE, Crespo é citado como investigador na delegacia daquela cidade. O titular era, mais uma vez, o delegado Mauro Magalhães.

Ele assumira a delegacia em março, um mês depois do desaparecimento de Carlos Alberto Soares de Freitas, o Beto, provavelmente a primeira vítima da Casa da Morte. Embora Luiz Cláudio, ou Laurindo, fosse o único policial vinculado diretamente ao CIE, responsável pela masmorra de Petrópolis, uma fonte militar afirma que todos na delegacia sabiam e eram coniventes com o que acontecia no aparelho do Exército. Magalhães chegou a assumir que Malhães, que montara a Casa da Morte, frequentava a delegacia. "[Crespo] Não era bom caráter. Pertencia ao Esquadrão da Morte. Ligado ao delegado Mauro Magalhães. Puxa-saco, vivia

77

correndo atrás de dinheiro", contou um ex-colega que conviveu com o policial.

A ligação de Crespo com a família de Anísio remonta ao início dos anos 1960. Em agosto de 1960, ficou com a terceira colocação em concurso de "dupla automobilística", na companhia de Catarina Sessim, no Clube Nilopolitano.

Esse vínculo se manteve por décadas.

Foi por conta dessa amizade que o filho de Joel, o também policial Paulo Sérgio Crespo, o Paulinho, viria a assumir um papel de destaque nas organizações de Anísio, nos anos 1980, controlando pontos de jogo. A relação de pai e filho com a contravenção, entretanto, não se limitava a Anísio e Guimarães.

Em maio de 1988, o nome dos dois policiais apareceu nos jornais associado ao do bicheiro Raul Corrêa de Mello, o Raul Capitão, cujo filho, Marco Aurélio Corrêa de Mello, o Marquinho, fora assassinado no Leblon, Zona Sul do Rio. Joel e Paulo Crespo teriam, segundo os jornais, recebido ordens de Marquinho para matar o também bicheiro Jaider Soares, em uma disputa por pontos de jogo em Petrópolis. Jaider, hoje patrono da Grande Rio, era filho de Antônio Soares, o todo-poderoso chefe do jogo do bicho em Duque de Caxias. Marquinho queria tomar os pontos de Jaider em Petrópolis à força (de acordo com o noticiário, já teria agido assim no Triângulo Mineiro e em São Paulo). A cúpula da contravenção, que Marquinho não respeitava, ficou do lado de Antônio e Jaider Soares. Raul Capitão, dono de bancas na Praça Mauá e na Ilha do Governador, à época com idade já avançada, entregara os negócios ao filho.

Em entrevista ao *Jornal do Brasil*,[27] Jaider negou a trama: "Disseram que Seu Joel e o filho dele, o Paulinho, teriam recebido ordens para me matar. Seu Joel me conhece desde pequenininho e o Paulinho é meu amigo. Quem falou essas bobagens não sabe de nada. Quanto ao Anísio, que também é nosso amigo, o que sei é que estava em São Paulo, assistindo o irmão, Nelsinho, que está internado no Hospital Sírio-Libanês."

O crime nunca seria solucionado.

Paulo Crespo já fora acusado antes de envolvimento em outros crimes da contravenção. Em 1981, chegou a ser investigado pela Divisão de Roubos e Furtos no caso Misaque-Jatobá, uma vez que estivera na casa de Anísio em Piratininga logo depois do roubo à residência. Os investigadores identificaram Paulinho como motorista de Anísio e diretor da Beija-Flor.[28] Em 1986, foi apontado como suspeito no inquérito que investigava o sequestro do ex-chefe de Segurança do Tribunal de Contas do Estado (TCE) e contraventor Jorge Elias Geraldo. Novamente, os crimes ficariam sem solução.

Em 2011, na Operação Dedo de Deus, Paulinho teve conversas grampeadas e, em uma delas, reclamou de ter perdido espaço no grupo de Anísio. Os dois haviam tido uma divergência, mas ele não se conformava. Era uma espécie de filho rebelde. Tentaria reconciliações inúmeras vezes, mas Anísio não o deixava subir na linha de comando.

Então, ganhou uma indenização do bicheiro e perdeu os pontos que controlava, limitando-se, no fim da vida (morreu em 2013), a administrar um pequeno boteco em Nilópolis.

Longe do coração da contravenção.

Anísio nos arquivos da ditadura: bicho,
suspeita de tráfico e ameaça a policiais

A aliança com agentes e policiais da repressão, que ajudariam Anísio a escalar o poder na contravenção, não o livrou de ser monitorado por órgãos de inteligência, por conta de suas atividades.

Um relatório confidencial do Departamento Geral de Investigações Especiais (DGIE) do Ministério do Exército, datado de 7 de
abril de 1975, com a anotação de assunto "jogo do bicho e tráfico
de drogas", afirma: "Esta agência foi informada que o cidadão
Anísio Sessim (primo do prefeito de Nilópolis), residente à avenida Gal. Mena Barreto, nº 551, em Nilópolis, é banqueiro do jogo
do bicho, com várias bancas em atividade no município, e que o
elemento acima citado é traficante de tóxicos, fazendo o transporte
do mesmo em sacolas de supermercados."

Anísio aparece, no documento, com o sobrenome do primo e
então prefeito Simão Sessim. A correção do seu nome começaria
a aparecer em relatório, de 26 de maio de 1975, elaborado pela
delegacia de Nilópolis, em resposta a expediente "procedente de
órgão superior ao DPI" (Departamento de Polícia do Interior,
da Secretaria de Segurança). No documento, o delegado titular
Urbano José Cariello diz que Anísio "já respondeu a inquérito
ou processo (principalmente sobre jogo do bicho)" naquela
delegacia. Em seguida, informa que, na casa da avenida Gal.
Mena Barreto, nº 551, "reside o cidadão Aniz Abraão David e
não Anísio Sessim".

Outro relatório da delegacia de Nilópolis, do escrivão-chefe
Jurandyr Mendes de Souza para o delegado Cariello, em 18 de
julho do mesmo ano, lista sete inquéritos ou processos sumários
instaurados "contra Aniz Abraão David, que, possivelmente,
trata-se da mesma pessoa que Anísio Sessim". Dois inquéritos são
de 1966 e um é de 1967; dois processos são de 1969, um de 1971 e
outro de 1972. Os dois primeiros inquéritos registrados — os de
números 112/66, instaurado em 20 de fevereiro de 1966, e 120/66,
de 3 de março do mesmo ano — foram abertos por infração do
artigo 58 da Lei de Contravenção Penal (LCP): "explorar ou realizar

a loteria denominada jogo do bicho, ou praticar qualquer ato relativo à sua realização ou exploração".

No Inquérito 149/67, de 16 de abril de 1967, consta a infração dos artigos 50 ("estabelecer ou explorar jogo de azar em lugar público ou acessível ao público, mediante o pagamento de entrada ou sem ele"), 51 ("promover ou fazer extrair loteria, sem autorização legal") e 58 da LCP. Os quatro processos — números 390/69, de 12 de agosto de 1969, 508/69, de 6 de novembro de 1969, 87/71, de 1º de maio de 1971, e 93/72, de 5 de junho de 1972 — também foram instaurados por infração do artigo 58, exploração do jogo do bicho. Tudo seria encaminhado à Justiça.

Embora a sua condição de bicheiro fosse conhecida na cidade e ele já tivesse respondido a inquéritos, em um outro documento da delegacia de Nilópolis, datado de 10 de junho de 1975, o chefe do Setor de Vigilância, investigador João Manoel da Silva, diz não poder confirmar se Anísio era banqueiro do jogo do bicho: "Não estaria sendo correto se afirmasse tal cousa, ainda mais que várias pessoas, indistinta e sigilosamente, abordadas pelo signatário, nenhuma delas se dignou a afirmar esse fato, embora, quiçá, pudesse saber e não tivesse coragem de fazê-lo." O investigador prossegue nas negativas: "Quanto às bancas de jogo do bicho em atividade neste município, não teria condições de afirmar da sua real existência, embora possam existir, como possivelmente em outros municípios e outros estados." Silva se justifica afirmando que, se encontrasse bancas do jogo do bicho, prenderia os responsáveis para serem autuados em flagrante.

"O que certamente deve estar ocorrendo", acrescentaria, "é que aqueles que se entregam à prática do jogo do bicho não mantêm pontos em lugares certos, tudo fazendo para ludibriar a vigilância dos policiais". Segundo o investigador, com o relatório ele não queria nem afirmar nem deixar de afirmar que Anísio era bicheiro.

Sobre a suspeita de tráfico de drogas que envolvia Anísio, novamente uma negativa, baseada no "trabalho incessante destinado ao combate do referido ilícito". Como prova da ação de sua equipe nesse sentido, cita a prisão de um casal por uso e venda de cocaína. Mas, no que diz respeito à possível participação do bicheiro no tráfico, informa: "Não consegui coligir elementos que indicassem Anísio Sessim ou possivelmente Aniz Abraão David como responsável pelo evento em pauta."

Com Nilópolis sob jugo político das famílias Abraão David e Sessim, não é de se admirar um relatório tão inconclusivo oriundo da delegacia local. Mas os serviços dos órgãos de investigação e monitoramento do regime viam de outro modo.

Um documento, sob o título "Anizio", sem data, aponta que "qualquer policial que contrarie as ações do Sr. Anizio, os seus parentes, remove-o (sic) para outro lugar do estado". Explica-se assim a omissão policial, quando não a proteção concedida ao bicheiro e seus negócios. "O Sr. Anizio", diz o informe, "tem uma residência (mansão) na praia de Piratininga, onde se recolhe quando se acha perseguido". E acrescenta o relato: "A sua mansão em Nilópolis é tão grande que possui um Centro Espírita."

Adiante, o documento afirma que "Anizio" esteve preso na PE "e diz para todos que foi hóspede do Exército, pois tinha regalias, tudo o que queria, inclusive televisão".

O mesmo relatório mapeia territórios de jogo controlados pelo bicheiro — Nova Iguaçu, Nilópolis, Belford Roxo, Mesquita e Paracambi — e afirma que Simão Sessim, prefeito de Nilópolis, e Jorge David, deputado, tiveram suas campanhas financiadas por ele. "Todos em Nilópolis conhecem a residência do Sr. Anizio, inclusive o Dops da Guanabara", conclui.

ANÍSIO

Já a informação número 965/75, do Departamento de Polícia Federal, encaminhada ao DGIE, da 2ª Seção do I Exército, confirma que "Anísio Sessim é realmente contraventor do chamado jogo do bicho, possuindo vários pontos, nos bairros de Nilópolis, São João de Meriti e Anchieta". O relato diz que Anísio "desenvolve suas atividades criminosas, sob a proteção de parentes, todos descendentes de sírios". E avança: "Com referência ao tráfico de entorpecentes, supõe-se que o mesmo exista, considerando o comentário dos moradores vizinhos, porém, nada de concreto foi apurado nesse sentido."

Entre os relatórios dos agentes, há um organograma do que seria a estrutura de poder dos negócios ilegais de Anísio naquele momento. O título é "Anizio e seus sócios parentes". No alto, dentro de uma caixa, aparece o nome do bicheiro. Dela partem, para baixo, três linhas que se ligam a três caixas. Na primeira, lê-se "Michel Abdala" e "corrida de cavalos"; na segunda, "Nelson Abraão David", "bicho" e "escola de samba Beija-Flor"; e na última, "Jezuino", "bicho e tóxico" e "traficante de cocaína". Acima de cada uma das três caixas vê-se a expressão "parente e sócio". Abaixo dessa estrutura, estão listados cargos e nomes de políticos parentes de Anísio: "prefeito Nilópolis: Simão Sessim", "vereador Nilópolis: Miguel Abraão" e "deputado Nilópolis: Jorge David".[29]

Embora o organograma e outros relatórios não registrem o sobrenome de "Jezuino", trata-se provavelmente de Jesuíno Abraão Jorge, também conhecido como Capitão Jesuíno, primo de Anísio, bicheiro e ligado à diretoria da Beija-Flor.

O monitoramento de Anísio começara no final dos anos 1960, quando passara a tomar com violência pontos de outros bicheiros. Informe do Departamento de Polícia Política e Social

(DPPS), intitulado "Guerra entre contraventores do jogo do bicho", afirma:

> No dia 28 de setembro de 1967, no município de Olinda/RJ, às 13h30 horas, o conhecido banqueiro do bicho "Arthur" teve os seus pontos de bicho arrochado (sic) pelo também contraventor "Anizio" sob a ameaça de uma pistola "45" e tendo como auxiliar o marginal e contraventor "Jacob Gorila", que portava uma pistola 7,65 (7,65). Mais tarde, o vereador conhecido como "Pavãozinho" arranjou para "Jacob" pagar ao "Arthur" a importância de NCr\$ 30.000 (trinta mil cruzeiros novos) em parcelas pela retomada dos pontos do bicho em Olinda/RJ.

Jacob Gorila era o apelido do irmão mais velho de Anísio, um ex-policial.

A ordem do progresso empurra o Brasil para a frente

Naqueles anos de combustão política, as relações entre integrantes da repressão e o jogo do bicho se estreitaram à sombra do carnaval. O desfile vivia um processo de transformação: de festa popular em espetáculo comercial, com a ascensão das superescolas de samba S/A, "escondendo gente bamba".[30]

Desde as primeiras décadas de desfiles, bicheiros assinavam os livros de ouro que os sambistas passavam entre comerciantes do bairro para recolher dinheiro e comprar material para fantasias. O bicheiro Natal, com todo o folclore que o rodeava — a falta de um braço, as brigas em que se metia, as amizades com policiais, delegados e políticos, o paletó de pijama e as sandálias que vestia —, foi nesse tempo um caso à parte, quase sinônimo de Portela, a azul e branco de Oswaldo Cruz, subúrbio do Rio. Em 1926, o Bloco Carnavalesco Conjunto Oswaldo Cruz, embrião da Portela, fora fundado no quintal da casa do pai de Natal, seu Napoleão.

Já velho, no início dos anos 1970, Natal era o sobrevivente de "tempos românticos" (mas violentos). O que os anos de chumbo promoveram foi a ascensão de barões do bicho, que, alçados à condição de patronos de escolas situadas em seus territórios de jogo, as arrebataram para si, usando-as para proteger seus negócios e garantir sua escalada social. Ao mesmo tempo, assistia-se nas ruas a uma guerra sangrenta pela posse desses territórios e pelo poder na contravenção.

A história da Beija-Flor começa bem antes de a família Abraão David assumir a agremiação. Ela fora fundada como bloco em 1948, por gente simples, a maioria de origem negra, do recém--emancipado e rural município de Nilópolis. Viraria escola de samba em 1954, por iniciativa do compositor Silvestre David dos Santos, o Cabana.

O jovem Anísio não era Beija-Flor. Torcia e participava do bloco adversário, o Centenário, do qual foi presidente. Ele insuflava a rivalidade entre os dois blocos. Da família, sua mãe, dona Julia — que tinha um armarinho com o marido, seu Abraão —, ajudava o bloco Beija-Flor. Além de pertencer ao grupo carnavalesco rival, Anísio frequentava o samba na Estação Primeira de Mangueira, no Rio. A verde e rosa era a escola de samba do coração do bicheiro, fato que nunca escondeu.

Um casamento mudaria tudo. Nelson, irmão de Anísio, namorou e se casou com Marlene Sennas, filha do primeiro presidente da escola de samba Beija-Flor, José Rodrigues Sennas. Com isso, Nelson construiu uma ligação afetiva com a agremiação.

Integrado ao cotidiano dos sambistas pela união com Marlene, arregimentaria Anísio para a Beija-Flor. É da segunda metade dos anos 1960 essa aproximação do contraventor com a pequena escola da Baixada, da qual seria presidente, em um curto período, entre 1967 e 1968.

Mas o que sela de fato a posse da escola pela família Abraão David é a decisão de Nelson de disputar e conquistar a presidência da Beija-Flor, depois do carnaval de 1972.[31] Na época, ele e Anísio já se firmavam como banqueiros do bicho em Nilópolis, um dominando as bancas do lado da avenida Mirandela, o outro as do lado da praça Paulo de Frontin. O país vivia o auge da repressão política. E a ditadura procurava propagandistas do regime.

Com Nelson na presidência, a Beija-Flor aderiu a enredos de exaltação ao governo e de ufanismo desenfreado: "Educação para o desenvolvimento", samba do carnaval de 1973, "Brasil ano 2000", de 1974, e "O grande decênio", de 1975, marcariam negativamente a história da escola, que ganhou o incômodo apelido de "Unidos da Arena", o partido de sustentação do regime militar. Vale lembrar que eram filiados à Arena dois integrantes do clã dos bicheiros: Simão Sessim, prefeito de Nilópolis entre 1973 e 1976, e Jorge David, deputado estadual.

Em 1973, com o enredo chapa-branca "Educação para o desenvolvimento", a escola conquistou o segundo lugar do Grupo 2. Antes, amargara três anos no Grupo 3 (1965-1967) e cinco no Grupo 2 (1968-1972), classificando-se sempre entre o sexto e o décimo lugar. Com o segundo lugar em 1973, ganhou o direito de subir para o Grupo 1.

O samba que promoveu a Beija-Flor ao grupo de elite do carnaval (no qual já desfilara, entre 1955 e 1963), composto por César Roberto Neves e Darvin, elogiava a reforma do ensino e o Mobral:

Veja que beleza de nação
O Brasil descobre a educação
Graças ao desenvolvimento
E à reforma do ensino
O futuro, o amanhã
Está nas mãos desses meninos

Vamos exaltar (vamos exaltar)
As professoras que ensinam o bê-á-bá

E relembramos os jesuítas
Os primeiros colégios criaram
Para dar aos brasileiros
Cultura e educação
Brasil, terra extraordinária
Venham ver a nossa
Cidade Universitária

Uni-duni-tê
Olha o A-B-C
Graças ao Mobral
Todos aprendem a ler

O Brasil do milagre econômico e do slogan "Ame-o ou deixe-o" acabara de encontrar uma porta-voz entre as escolas de samba do Rio.

Os três enredos ufanistas foram assinados pelo professor e jornalista Manoel Antônio Barroso. Segundo o *Jornal do Brasil*,[32] a Beija-Flor tinha "mudado radicalmente a linha de seus sambas-enredos, passando do lado folclórico, que as outras ainda exploravam, para temas mais atuais". Barroso é apresentado como "assessor em Brasília, do Supremo Tribunal", e responsável por essa guinada na escola, "que abandonou a linha afro-brasileira em favor de se cantar as realizações do governo federal na avenida", informa a reportagem.

O jornal *Opinião*, em fevereiro de 1975,[33] em análise sobre o enredo "O grande decênio", uma homenagem da escola aos dez anos do regime militar, refere-se a Barroso como um reforço que viera de Brasília para a Beija-Flor. Aqui ele é apontado como "chefe do gabinete civil do Supremo Tribunal Federal", que passara a "assessorar a escola na escolha dos temas". Para sublinhar a intimidade com o governo, a reportagem cita um ofício enviado à Beija-Flor pelo "subchefe do gabinete para Assuntos de Relações Públicas da Presidência da República, Raul Mesquita", no qual "agradece o enredo".

Barroso sugeria, pesquisava e escrevia o tema, mas não era carnavalesco. Ele não desenhava, não confeccionava, não criava adereços. A tarefa de transformar realizações do governo em fantasias e alegorias era de figurinistas e artistas que tinham de seguir o seu roteiro. Para o carnaval de 1974, os desenhos foram feitos pelas jovens Rosa Magalhães — mais tarde, carnavalesca campeã no Império Serrano, na Imperatriz Leopoldinense e na Vila Isabel — e Lícia Lacerda, ex-alunas da Escola de Belas Artes da UFRJ. Em 1975, Augusto de Almeida foi o figurinista; o carnavalesco Júlio Matos, que passara pela Mangueira e pela Paraíso do Tuiuti, criou as alegorias.

"Brasil ano 2000", o samba-enredo da Beija-Flor em 1974, composto por Walter de Oliveira e João Rosa, descrevia um futuro de desenvolvimento e pujança, sustentado em um forte nacionalismo:

Sim, chegou a hora
Da passarela conhecer
A ideia do artista
Imaginando o que vai acontecer
No Brasil no ano 2000
Quem viver verá
Nossa terra diferente
A ordem do progresso
Empurra o Brasil pra frente
Com a miscigenação de várias raças
Somos um país promissor
O homem e a máquina alcançarão
Obras de emérito valor

É estrada cortando
A mata em pleno sertão
É petróleo jorrando
Com afluência do chão

Na arte, na ciência e na cultura
Nossa terra será forte sem igual
Turismo, o folclore altaneiro
Na comunicação alcançaremos
O marco da potência mundial

No samba do carnaval seguinte, quando a escola de Nilópolis celebrou os dez anos do regime, a adesão seria ainda mais explícita. A letra, do compositor Bira Quininho, citava programas governamentais como o PIS, o Pasep, o Funrural e o Mobral, além de enaltecer o comércio, a indústria e a economia nacionais:

É de novo carnaval
Para o samba este é o maior prêmio
E o Beija-Flor vem exaltar
Com galhardia o grande decênio
Do nosso Brasil que segue avante
Pelo céu, mar e terra
Nas asas do progresso constante
Onde tanta riqueza se encerra

Lembrando PIS e Pasep
E também o Funrural
Que ampara o homem do campo
Com segurança total

O comércio e a indústria
Fortalecem nosso capital
Que no setor da economia
Alcançou projeção mundial
Lembraremos também
O Mobral, sua função
Que para tantos brasileiros
Abriu as portas da educação

Os desfiles, ainda que tenham contado com dinheiro dos bichei-ros Nelson e Anísio, não vingariam na avenida. A escola ficou em sétimo lugar nos dois anos (em 1974, à frente de agremiações mais tradicionais, como a Unidos de São Carlos e a Unidos de Vila Isabel; em 1975, deixando para trás a Imperatriz Leopoldi-nense e a São Carlos). Pode parecer pouco, mas essas colocações garantiram a permanência da Beija-Flor no Grupo 1. Passara quase despercebida pelos jurados, mas não pelo poder oficial.[34]

Enredos nacionalistas, de exaltação a personagens e episódios históricos, ou de louvor à pátria e às riquezas naturais do Brasil, eram uma tradição nas escolas de samba.[35] O que acontecia na Beija-Flor, no entanto, era diferente. A agremiação não exaltava glórias do passado, mas as ações do governo presente. Um país mergulhado em uma ditadura militar passava na avenida com o colorido de um paraíso ou uma terra da promissão.

Não foi a única escola a fazer isso naqueles anos. No carnaval de 1971, a Unidos do Cabuçu desfilara, no Grupo 2, com o samba-enredo "Ninguém segura este país", do compositor J. Aragão. O título diz tudo. Reproduz uma frase do general-presidente Emílio Garrastazu Médici, que ficaria famosa como slogan do regime. Durante uma entrevista em 22 de junho de 1970, sobre o tricampeonato da Seleção Brasileira na Copa do México, Médici afirmou, em resposta a um jornalista: "Os terroristas não conseguirão nada. Ninguém segura este país."[36] Adotada por defensores do regime,[37] a frase acabaria virando samba-enredo:

Brasileiros
Estamos em Nova Era
E o nosso Brasil espera
Uma juventude feliz

Vamos estudar
Aprender para ensinar
Queremos ver o nosso Brasil brilhar

Bem que o nosso ilustre presidente disse
"Ninguém segura mais este país"

Esse meu Brasil é uma parada
Minha pátria idolatrada
Como é lindo esse torrão
Abertura de estrada
Ligando toda a extensão
Transamazônica
Ponte Rio-Niterói
E metrô na Guanabara
Construções de viadutos
Sonhos de grande vulto
Hoje a se realizar
Embratel
Comunicação com o mundo inteiro

És um país tropical
Terra do samba, futebol e carnaval

O slogan do general Médici apareceria também no samba da
Mangueira "Modernos bandeirantes" (de Darcy da Mangueira,
Hélio Turco e Jurandir), do mesmo ano de 1971. O enredo era uma
exaltação ao Correio Aéreo Nacional:

Boa noite, meu Brasil
Saudação aos visitantes
Trago neste enredo
Fatos bem marcantes
Os modernos bandeirantes

Do Oiapoque ao Chuí
Até o sertão distante
O progresso foi se alastrando

Neste país gigante
No céu azul de anil
Orgulho do Brasil
Nossos pássaros de aço
Deixam o povo feliz
Ninguém segura mais este país

Busquei na minha imaginação
A mais sublime inspiração
Para exaltar
Aqueles que deram asas ao Brasil
Para no espaço ingressar
Ligando corações
O Correio Aéreo Nacional
Atravessando fronteiras
Cruzando todo o continente
E caminhando vai o meu Brasil
Pra frente

Santos Dumont
Hoje o mundo reconhece
Que você também merece
A glorificação

Ainda uma terceira escola de samba citaria, em 1971, o bordão do presidente: a Acadêmicos de Santa Cruz, que desfilou no Grupo 2 com o samba-enredo "As três fases da poesia", composto por Jaci Silva e José C. Silva ("Oh! Pátria amada! Abençoada de encantos mil/ Seu filho tem orgulho em dizer/ Ninguém segura mais o Brasil"). No ano seguinte, a frase do general voltaria à avenida no Grupo 2, no samba-enredo "Brasil, a flor que desabrocha", da

Caprichosos de Pilares: "Brasília, capital/ A voz do povo diz/ Ninguém segura mais este país".[38]

Ordem, progresso, Transamazônica, gigante e orgulho são algumas das palavras que pontuam os versos desses sambas. Ainda em 1972, a Paraíso do Tuiuti apresentou o enredo "Sempre Brasil" ("Transamazônica/ Obra orgulho da nação/ Ordem e progresso/ Simbolizam o teu pavilhão"). No Grupo 1, a Unidos de Lucas defendeu o "Brasil das 200 milhas" ("Oh! Duzentas milhas sagradas/ E por muitos outros cobiçadas/ Tem no povo heroico a defesa varonil/ Guardião avançado da soberania/ Do nosso Brasil! Brasil!").[39]

Em 1973, a Império da Tijuca se apresentou no Grupo 2 com o samba "Brasil, explosão do progresso", que exulta "Hoje tudo é alegria/ Pois o progresso eclodiu/ Com amor e poesia/ Venho te cantar, Brasil", antes de decretar: "É Brasil, minha gente/ Terra sem par/ É Brasil pra frente/ Sem parar". O ardor patriótico dominava os versos dos compositores Marinho da Muda, João Quadrado e Wilmar Costa. Em 1975, a Tupy de Brás de Pina cantou a integração nacional, um dos pilares do regime: "Hoje, quando um novo sol/ Brilha no horizonte/ Um panorama fascinante/ Surge a integração nacional/ Vejam que o Brasil se enobrece/ Dando o valor que merece/ Ao trabalhador rural".[40]

Uma linha separa sambas pró-governo — os que reverenciavam o Mobral, a Transamazônica, a integração nacional — de enredos nacionalistas, como os que exaltavam a miscigenação das raças como a base de um país grandioso. Ainda que não cantassem programas e obras do regime, sambas desse feitio podiam se confundir com a visão de nação propagandeada pelo governo instalado, a do Brasil Grande. É o caso de um samba-enredo que viraria um clássico, o "Martim Cererê", da Imperatriz Leopoldinense, inspirado no poema do escritor modernista

Cassiano Ricardo.[41] O poema é ardorosamente nacionalista, e a escola transpôs esse espírito para o samba. Mas cantar, no carnaval de 1972, versos como "Vem cá, Brasil/ Deixa eu ler a sua mão, menino/ Que grande destino/ Reservaram pra você..." ou "Gigante pra frente a evoluir/ Milhões de gigantes a construir..." não soava governista?[42]

Até que ponto o governo agiu diretamente para estimular enredos ufanistas? Uma notícia no *Jornal do Brasil*, em outubro de 1970,[43] sugere que o governo estava interessado, sim, no poder de difusão de mensagens patrióticas pelas escolas, cujos desfiles começavam a ser transmitidos pela TV. Ela relata a visita de Amaury Jório, como presidente da Associação das Escolas de Samba do Estado da Guanabara, a Brasília, em busca de auxílio para as agremiações. Segundo o jornal, ele foi "aconselhado no Palácio do Planalto a se empenhar para que os temas e as alegorias carnavalescas busquem um sentido mais construtivo e voltado para a atualidade do país". Jório, segundo a matéria, ficou surpreso com os comentários que ouviu sobre os "temas antigos, sem a mínima relação com assuntos que interessam ao progresso atual do país".

Ao cantar a liberdade, sambistas desafiam a censura

Nem tudo foi ordem e progresso no samba. Em plena ditadura, houve sambistas e escolas que escolheram cantar e exaltar a liberdade na avenida. E isso significava correr riscos e driblar a censura. Escolhidos os sambas para o carnaval, as escolas tinham de submetê-los à aprovação do Serviço de Censura e Diversões Públicas da Polícia Federal. Não só os sambas, mas, a partir do carnaval de 1970, os croquis de fantasias e alegorias.

No carnaval de 1967, o Salgueiro desfilou com o enredo "História da liberdade no Brasil", dos carnavalescos Fernando Pamplona e Arlindo Rodrigues. O tema era baseado em episódios da história, narrados no livro de Viriato Correa: "Nos Palmares/ Zumbi, o grande herói/ Chefia o povo a lutar/ Só para um dia alcançar/ Liberdade", canta o samba de Aurinho da Ilha. No livro *Salgueiro, 50 anos de glória*, o pesquisador Haroldo Costa relata que os ensaios da escola eram vigiados por agentes do Dops. Segundo Costa, "por acaso ou não, em vários ensaios, subitamente faltava luz, que levava horas para voltar. Muitas vezes o ensaio acabava".

Liberdade será a palavra-chave dos sambas de resistência. O caso mais conhecido de censura em samba-enredo é do carnaval de 1969, o primeiro após a decretação do AI-5. O Império Serrano foi obrigado a mudar um verso de "Heróis da liberdade", samba--enredo de Silas de Oliveira, Mano Décio da Viola e Manuel Ferreira, baseado em fatos da história do Brasil, como a Inconfidência Mineira e a Abolição: "Ao longe/ Soldados e tambores/ Alunos e professores/ Acompanhados de clarim/ Cantavam assim/ Já raiou a liberdade/ A liberdade já raiou/ Essa brisa que a juventude afaga/ Essa chama/ Que o ódio não apaga pelo universo/ É a revolução/ Em sua legítima razão/ Samba, oh samba/ Tem a sua primazia/ De gozar da felicidade/ Samba, meu samba/ Presta esta homenagem/ Aos heróis da liberdade". Os censores não aceitaram os versos "É a revolução/ em sua legítima razão"; obrigados, os compositores trocariam para "É a evolução/ em sua legítima razão".

No livro *Silas de Oliveira, do jongo ao samba-enredo*, os pesquisadores Marília Trindade Barboza e Arthur de Oliveira contam que os compositores foram chamados ao Departamento de Ordem Política e Social (Dops) para se explicar sobre "Heróis da liberdade". Ao ser questionado sobre o samba por um agente, Silas respondeu: "Eu não tenho culpa de retratar a História, não fui eu que a escrevi. Como eu fiz, o senhor poderia teria feito."

Em 1972, a liberdade foi mais uma vez cantada, dessa vez pela Unidos de Vila Isabel. O enredo "Onde o Brasil aprendeu a liberdade", sobre a luta e a expulsão dos holandeses de Pernambuco, ganhou samba de Martinho da Vila: "Aprendeu-se a liberdade/ Combatendo em Guararapes/ Entre flechas e tacapes/ Facas, fuzis e canhões/ Brasileiros irmanados/ Sem senhor e sem senzala".

Dois anos depois, em 1974, a Vila sofreu interferência na escolha do samba para o enredo "Aruanã-Açu", sobre os índios carajás. A composição de Martinho da Vila foi cortada da disputa por pressão dos censores, que viram na letra traços de subversão, como o sambista conta em suas memórias, *Kizombas, andanças e festanças*. "Estranhamente o homem branco chegou/ Pra construir/ Pra destruir/ Pra desbravar/ E o índio cantou/ O seu canto de guerra/ Não se escravizou/ Mas está sumindo da face da Terra", dizia a letra vetada de Martinho. A escola teve de mudar o enfoque do enredo. O samba escolhido para o desfile, de Paulinho da Vila e Rodolpho de Souza, exaltava a Transamazônica: "A grande estrada que passa reinante/ Por entre rochas, colinas e serras/ Leva o progresso ao irmão distante/ Na mata virgem que adorna a terra". A diferença entre as duas composições é imensa. O samba de Martinho se chocava frontalmente com o projeto desenvolvimentista de ocupação da Amazônia.

Seis anos depois, no carnaval de 1980 — o primeiro depois da Anistia, mas ainda sob o governo militar —, Martinho, em parceria com Rodolpho de Souza e Tião Graúna, compôs "Sonho de um sonho", baseado em um poema de Carlos Drummond de Andrade. Pela primeira vez naqueles anos de repressão a palavra "tortura" ousava aparecer em uma composição para o desfile. Versos como "Sonhei/ Que estava sonhando um sonho sonhado/ O sonho de um sonho/ Magnetizado/ As mentes abertas/ Sem bicos calados" foram cantados pelas alas da Vila Isabel. "Um sorriso sem fúria/ Entre réu e juiz/ A clemência, a ternura/ Puro amor na clausura/ A prisão sem tortura/ Inocência feliz/ Ai, meu Deus/ Falso sonho que eu sonhava/ Ai de mim/ Eu sonhei que não sonhava." Mas era preciso sonhar com "a prisão sem tortura", o sambista sabia.

O palpite certo é Beija-Flor

Logo depois do carnaval de 1975, começaram a circular rumores de que Joãosinho Trinta, insatisfeito, deixaria o Salgueiro, apesar do bicampeonato no carnaval. O carnavalesco alegaria, mais tarde, que a escola não lhe dava estrutura adequada para trabalhar, que não abria espaço para seus projetos sociais e que se assustara com o poder do tráfico entre jovens no morro. Luiz Fernando Ribeiro do Carmo, o Laíla, diretor de carnaval do Salgueiro, também estava a ponto de deixar a vermelho e branco. Uma nota na coluna de Zózimo Barrozo do Amaral no *Jornal do Brasil* de 8 de maio de 1975, com o título "Deserção no samba", informava sobre a iminente saída da dupla e afirmava que o destino poderia ser a Unidos de Vila Isabel.

Nelson e Anísio, porém, tinham planos para a Beija-Flor. Queriam ser campeões. Queriam ter mais poder. Os enredos ufanistas podiam ter gerado dividendos políticos, mas frustraram suas expectativas pessoais. Então, Anísio apostou alto: levou Joãosinho, Laíla[44] e o figurinista Viriato Ferreira para a escola.

Sobre a mudança para a agremiação da Baixada, Joãosinho comentaria mais tarde: "Porque [no Salgueiro] tinha um presidente que não fazia nada. Quando você depende de uma pessoa para fazer alguma coisa, é preciso que ela faça. Quando eu fui para a Beija-Flor, eu impus que... Bom, primeiro eu já fui porque senti no Anísio a disponibilidade de fazer as coisas. Para te responder melhor, o Osmar Valença [presidente do Salgueiro] é tão frouxo que é o único bicheiro cujo ponto de bicho foi assaltado por um componente da própria comunidade. (Risos) Lá em Nilópolis só de alguém pensar em fazer alguma coisa já amanhece no dia seguinte com a boca cheia de formiga."[45]

Anísio tinha um enredo para o carnaval de 1976. Não um enredo qualquer, mas um sobre Natal da Portela. Ele desejava que a Beija-Flor homenageasse na avenida o mais popular dos bicheiros da "velha guarda", que morrera em abril de 1975. Como nos jogos de espelhos dos carros alegóricos, a homenagem refletia a imagem que Anísio gostaria de ter de si, o que ansiava alcançar: o topo da contravenção. O bicheiro queria chegar lá. O enredo não era uma escolha qualquer. Era uma mensagem. Joãosinho topou, mas fez uma proposta: recorrer à imaginação popular, que associa todo tipo de sonhos a apostas, e, a partir daí, contar a história do jogo do bicho desde o barão de Drummond a Natal. Assim nasceu o samba "Sonhar com rei dá leão", composto por Neguinho da Beija-Flor:

> Sonhar com anjo é borboleta
> Sem contemplação, sonhar com rei dá leão
> Mas nesta festa de real valor não erre, não
> O palpite certo é Beija-Flor

Cantando e lembrando em cores
Meu Rio querido dos jogos de flores
Quando o barão de Drummond criou
Um jardim repleto de animais, então lançou
Um sorteio popular
E para ganhar
Vinte mil réis com dez tostões
O povo começou a imaginar
Buscando no belo reino dos sonhos
Inspiração para um dia acertar

Sonhar com filharada é o coelhinho
Com gente teimosa, na cabeça dá burrinho
E com rapaz todo enfeitado
O resultado, pessoal, é pavão ou é veado

Desta brincadeira
Quem tomou conta em Madureira
Foi Natal, o bom Natal
Consagrando a sua escola
Na tradição do carnaval
Sua alma hoje é águia branca
Envolta no azul de um véu
Saudada pela majestade, o samba
E sua brejeira corte
Que lhe vê no céu

O feito da pequena Beija-Flor em 1976, destronando as quatro
grandes, coroaria Joãosinho Trinta rei do carnaval. Esse reinado
ele começara a conquistar no Salgueiro, com as duas vitórias se-
guidas, em 1974 ("O rei de França na ilha da assombração") e 1975

("O segredo das minas do rei Salomão"). As grandes alegorias, cheias de brilho e movimento, deram início a uma revolução que mudaria para sempre os desfiles e as escolas.

O samba-homenagem a Natal e ao bicho abria a série de três campeonatos consecutivos da Beija-Flor, o que cacifaria Anísio na contravenção e catapultaria sua figura à de mecenas do carnaval. Então entre as grandes, a Beija-Flor se tornava a escola da moda, atraindo artistas, políticos, personalidades. Até os dois filhos do general João Baptista de Oliveira Figueiredo, Paulo Renato de Oliveira Figueiredo, o Paulinho, e Johnny Figueiredo, passaram a torcer e até desfilaram pela escola (Paulinho saía no Salgueiro desde o começo dos anos 1970; em 1979, desfilou em três: Salgueiro, Mocidade e Beija-Flor).[46] Na visita do príncipe Charles, herdeiro do trono inglês, ao Brasil, em março de 1978, a Beija-Flor se exibiu na recepção dada pelo prefeito do Rio de Janeiro, Marcos Tamoyo, no Palácio da Cidade. A foto de Charles tentando sambar com a destaque Pinah virou um ícone da época e do novo poder da corte nilopolitana.

A série de vitórias da Beija-Flor seria interrompida no carnaval de 1979.

Tinha chegado a vez da Mocidade Independente de Padre Miguel. A vez de o *capo* Castor de Andrade ganhar.

3

Castor

De cartola do Bangu a contraventor preso pelo AI-5

Dizem que a fala era mansa. Mas o temperamento, quem conheceu não esquece, podia ser explosivo.

Em 26 de novembro de 1966, ele estava à beira do gramado no Maracanã, em um jogo decisivo para o seu time, o Bangu, quando, aos 27 minutos do segundo tempo, o árbitro marcou um pênalti a favor do adversário, o América, em uma entrada dura de Cabrita em Edu.

Ensandecido, Castor de Andrade invadiu o campo com uma mão na cintura, tirou o revólver e correu em direção ao juiz Idovan Silva. Na confusão, foi contido pelo ponta-esquerda Cabralzinho e retirado de campo pelo major Hélio Vieira, chefe do policiamento do estádio, que recolheu a arma. Apesar da ameaça ao juiz, Castor, então vice-presidente do Bangu, não seria impedido de continuar assistindo ao jogo ao lado do técnico Alfredo Gonzalez.

Pênalti convertido, Bangu e América empatavam em 2 a 2.

"Mas aos 42 minutos", relata a crônica da partida publicada no jornal *O Globo*,[1] "possivelmente na marcação mais infeliz de toda a sua carreira de bom juiz que foi nos certames juvenis, Idovan marcou um pênalti de Luciano em Paulo Borges, em um lance limpo, em que o zagueiro americano não teve a mínima má intenção".

Um pênalti pelo outro? Quem poderá dizer?[2] Cabralzinho cobrou. Chutou forte, sem dar chance ao goleiro Ari. Placar final: Bangu 3 x 2 América.

O Bangu seria o campeão carioca de 1966, derrotando o Flamengo na final por 3 a 0. Na festa da vitória, Castor puxou o coro "Um, dois, três, se não corre é de seis..."

Um ano depois, em dezembro de 1967, em um outro momento de descontrole, invadiu armado, ao lado de seguranças, um estúdio de TV para interpelar furiosamente João Saldanha, em plena transmissão de uma mesa-redonda, porque o jornalista sugerira que o goleiro Manga, do Botafogo, teria sido subornado para entregar o jogo ao Bangu (o Botafogo ganhara por 2 a 1). No estúdio, a turma do "deixa disso" entrou em ação para esfriar os ânimos. Dias depois, no jantar da vitória do Botafogo, no Mourisco, Saldanha, ainda de cabeça quente, partiu para cima de Manga, que correu apavorado ao vê-lo com uma arma. Castor aproveitaria o imbróglio para, em uma entrevista, se defender atacando: "Depois dizem que sou eu o marginal do futebol..."[3]

Esse era Castor Gonçalves de Andrade Silva, o Castor de Andrade, nas páginas esportivas de jornais dos anos 1960. Um dirigente um tanto destemperado, que arrumava polêmicas e confusões ao mesmo tempo que se sentava à mesa no Itamaraty, em almoço com a cúpula do futebol, travava amizade com João Havelange ou chefiava a delegação da Confederação Brasileira de Desportos (CBD) à Taça Rio Branco, no Uruguai, em 1967.

Nas ruas de Bangu, no entanto, já reinava o herdeiro das bancas de bicho de Eusébio Gonçalves de Andrade, o Seu Zizinho (à época, presidente do Bangu Atlético Clube). A jogatina entrara na vida da família na primeira metade do século pelo lado materno: Eurídice, mãe de Carmen Medeiros da Silva e avó de Castor, já escrevia jogo do bicho. Depois do casamento com Carmen, Eusébio, que era maquinista de trem, entrou no negócio. Castor nasceu em 12 de dezembro de 1926, estudou no Colégio São Bento e no Colégio Pedro II e se formou advogado em 1962 pela Faculdade Nacional de Direito. "Primeiro controlei o jogo, depois fui fazer faculdade. Meu pai nunca teve gosto pelo jogo (...). A mania dele era gado. (...) foi cuidar dos bois e abandonou as bancas de Bangu. Minha mãe me chamou, porque eu era o filho mais velho, e mandou eu tomar conta, antes que a família perdesse o controle. Eu estava com 20 e poucos anos, não entendia nada de jogo."[4]

Aprendeu depressa. Diplomado, não se dedicaria ao Direito, pois concentrou suas ambições no jogo. E elas não tinham limites.

Em 13 de outubro de 1968, o corpo de Denilson Claudio Brás, o Zé Pequeno, um sobrinho de Natalino José do Nascimento, o Natal da Portela, sequestrado em Honório Gurgel, foi achado crivado de balas em Itaguaí. Natal não se calaria. Apontou Castor e pelo menos outros dois bicheiros, Milton da Cartola e Nelson Carlitos, como mandantes.[5] Denilson já estivera preso por dez anos, condenado pelo assassinato de três empregados de Castor, dos quais tomara os pontos de bicho. "Meu sobrinho foi morto por ordem do seu Castor", acusaria Natal: "Ele andou assaltando alguns pontos de bicho do seu Castor. Era olheiro nos lugares onde eu bancava o jogo."[6]

Castor negou envolvimento no crime, em depoimento na Delegacia de Homicídios de Niterói. Disse que "teve em sua família contraventores", mas que isso não queria dizer que "vivia da contravenção", e acrescentou que era a primeira vez que entrava em uma delegacia. Afirmou ainda ter relações de amizade com Natal, que conhecera como diretor de futebol do Madureira.[7]

Deixou a delegacia como se nada tivesse acontecido, como se fosse apenas um mal-entendido. Afinal, era um cartola do futebol carioca.

Mas algo estava para acontecer.

Logo depois que o governo militar baixou o AI-5, em 13 de dezembro daquele ano, o secretário de Segurança Pública da Guanabara, general Luís de França Oliveira, deu início a uma ofensiva mirando a contravenção, na mais dura campanha contra o jogo do bicho desde os tempos do general Alcides Gonçalves Etchegoyen, chefe de Polícia do Distrito Federal no Estado Novo. Banqueiros do jogo foram presos acusados de enriquecimento ilícito entre meados de dezembro de 1968 e os primeiros meses de 1969. Entre eles, Castor, Natal, Newton Camelo, Elídio Gomes de Oliveira, José Caruzzo Escafura, o Piruinha, e Mário Stabile. Detidos inicialmente no Dops seriam transferidos depois de alguns dias para a Ilha Grande, no litoral sul do estado do Rio, onde ficava a Penitenciária Cândido Mendes.

Castor foi preso em 16 de dezembro. No dia 27, desembarcava na Ilha.

A prisão de Castor na Ilha Grande: oito quartos e empregados

Castor não perderia a pose. Por conta do diploma de advogado, tinha direito a prisão especial. Mas não ficou em uma cela. O bicheiro-advogado foi abrigado em uma casa fora dos paredões da penitenciária, enquanto os outros presos do AI-5 permaneceram em cubículos de dois por quatro metros, com capacidade cada um para duas pessoas. Já a "cela" de Castor na Ilha Grande era mobiliada, tinha oito quartos, empregados e quintal.

"Estava confinado na Ilha, mas me deram uma casa enorme, de oito quartos, que reformei toda. Contratei quatro empregados, além de um mordomo, e promovia apresentações de escolas de samba, tinha salão de jogos, telefone, cinema, ficou tão bacana que passou a ser chamada de 'Casa de Visitas'. Quando tinha uma visita importante na Ilha, como não havia lugar para hospedá-lo, o diretor levava-o para a minha casa", contou Castor, anos depois, ao *Pasquim*.[8]

Um preso político que estava na ilha na mesma época se recorda: "Ninguém quase o via. Até a comida era diferenciada. A qualquer hora, visitas chegavam de lancha. Diariamente, ele saía para passear com o temido Zaqueu, o chefe dos inspetores."

O bicheiro mantinha pouco contato com outros presos e não era obrigado a usar uniforme. Como os demais, entretanto, tinha duas horas do dia destinadas ao banho de mar. A certeza da impunidade e de que a repressão ao bicho duraria pouco era tamanha que Castor tentou organizar um time de futebol entre os colegas na cadeia. Vivia ali como se fosse uma colônia de férias, não uma prisão. A sua maior queixa era o ataque sem tréguas dos borrachudos; os mosquitos não o deixavam em paz. Para matar o tempo, os bicheiros jogavam dominó e damas. Castor chegaria a compor uma música, "A ilha", em parceria com Carlos Imperial, preso pelo AI-5 por dar mau exemplo à sociedade.

Enquanto o contraventor vivia a prisão na Ilha Grande como um período de descanso — recebendo esporadicamente a visita da mulher, Vilma, e dos dois filhos, Paulo e Carmen Lúcia —, o advogado de Castor, Wilson Lopes dos Santos, entrava com um pedido de *habeas corpus* na Justiça. Em fevereiro de 1969, o pedido seria negado pela 2ª Câmara do Tribunal de Justiça da

Guanabara, por considerar que o bicheiro se enquadrava na Lei de Segurança Nacional e que a decisão escapava da competência daquela corte. No recurso que impetraria em seguida no Supremo Tribunal Federal (STF), o advogado argumentou que a acusação contra Castor — de enriquecimento ilícito por explorar jogos de azar — não estava prevista nos casos listados no AI-5.

No início de abril, o ministro Temístocles Cavalcanti, relator do recurso de *habeas corpus* no STF, determinou a volta do caso ao Tribunal de Justiça da Guanabara para a análise de novas informações sobre a prisão de Castor encaminhadas pelo secretário de Segurança Pública. O general Luís de França Oliveira afirmava que ele "praticou a corrupção e a deturpação dos costumes — corrupção esta que alcançou vários campos da administração pública, inclusive a própria polícia, formando um cinto de impunidade em torno dos distribuidores da propina". Segundo o secretário, embora Castor tivesse declarado que deixara a contravenção depois de se formar em Direito, a sua folha de antecedentes provava que ele continuava explorando o jogo do bicho.[9] No dia 10 de abril, a 2ª Câmara Criminal concederia o *habeas corpus* por unanimidade.

Tinham se passado quatro meses desde a detenção no Dops.

Mas a história do bicheiro de Bangu com o AI-5 não acabara aí.

No dia 16 de abril, Castor deixou a Ilha Grande e embarcou em um helicóptero do governo do estado. Acreditava estar livre. Não estava. Ao descer no pequeno aeroporto de Manguinhos, em frente ao castelo da Fundação Oswaldo Cruz, foi preso novamente, por seis agentes do Cenimar, acusado de contrabando.[10] Teve ali, é bem verdade, um momento de dúvida quanto às intenções do regime militar contra a jogatina: era para valer? Não ia parar? Solto da Ilha Grande, o bicheiro experimentaria então o isolamento total em uma cela na Ilha das Flores, na baía de Guanabara. No primeiro momento, seus advogados pareciam perdidos, sem saber até para onde fora levado. Ao localizá-lo, entraram com novo pedido de *habeas corpus* no Superior Tribunal Militar (STM), alegando que nada havia contra Castor e que sua prisão era ilegal.[11]

Na Ilha das Flores, estava só. Era vizinho de cela de um preso político, cujo nome nunca saberia, que conseguiu quebrar a incomunicabilidade mandando-lhe um bilhete pela tomada da parede: "Meu prezado amigo Castor de Andrade, nesse dia memorável, em que inauguramos a telecomunicação via tomada entre Subversópolis e Corruptópolis, quero parabenizá-lo." Nos anos 1980, o bicheiro ainda carregava o bilhete no bolso.

Castor seria solto no início de maio de 1969.[12] Mas ainda estavam de olho nele. E não apenas pela jogatina. Para o governo militar, que apostava no triunfo da indústria nacional e agia para protegê-la, a muamba era uma ameaça.

Sou muambeiro?

O ponto alto das comemorações do 11º aniversário do golpe militar, naquele 31 de março de 1975, foi a sessão solene no Senado, convocada pelo partido governista, a Arena, que contou com a presença do presidente Ernesto Geisel. "Nós prosseguiremos pelo mesmo caminho, sem desfalecimento e com tenacidade, na certeza de que assim estamos construindo o glorioso futuro do nosso país e assegurando, para muito mais breve do que se possa imaginar, o bem-estar do nosso povo", pregou o general-presidente.

Nos quartéis, as ordens do dia alertavam para o risco ainda presente da infiltração comunista. No Rio, porém, as autoridades pareciam mais preocupadas com a infiltração de óleo cru vazado do navio-petroleiro *Tark Ibn Ziyad* nas águas da baía de

Guanabara. Técnicos da Petrobras, ajudados pela Capitania dos Portos e pelo Instituto de Engenharia Sanitária, esforçavam-se para debelar as manchas pretas que tomavam a orla marítima. Era o preço do progresso acelerado.

Para o regime que construía "o glorioso futuro", portanto, não havia tempo a perder com as ocorrências banais da rotina das cidades. Na noite daquela segunda-feira, enquanto os generais se recolhiam depois de uma exaustiva agenda de festejos, um obscuro contraventor carioca, Daniel Guedes, o Pinguim, de 43 anos, era fuzilado em um galpão da rua Frei Bento, 190, Oswaldo Cruz, bairro vizinho a Madureira, subúrbio do Rio. Na delegacia, parentes da vítima disseram que Pinguim, alvejado pelas costas, fora morto por um de seus comparsas, Itamar Silva, o Turiba. Especulou-se que teriam brigado, mais cedo, durante uma festa de batizado em Rocha Miranda. As filhas de ambos, amigas e adolescentes, teriam chegado tarde, Turiba irritou-se com as meninas e agrediu a sua filha. Em seguida, virou-se para a filha do amigo e a ameaçou: "Você aí, já sabe: não perde por esperar."[13]

Uma versão perfeita para abafar o caso. Jamais para solucioná-lo. O batizado aconteceu, as jovens chegaram tarde e, de fato, houve uma discussão na festa. Mas acreditar que este fora o motivo para Turiba fuzilar Pinguim, usando a carga total de dois revólveres, equivale a esperar de Geisel, no discurso da manhã, um emocionado elogio a Fidel Castro.

Como muitos ex-detentos, Pinguim e Turiba engrossavam as fileiras da contravenção. O local do crime era um depósito de talonários de Castor de Andrade. Mas o assassino e sua vítima representavam mais do que simples apontadores de esquina. Ambos estavam envolvidos em um obscuro investimento de Castor na Bahia. Oficialmente, o banqueiro montara uma indústria pesqueira em Porto Seguro, até então fora do roteiro turístico nacional. Apareceu na cidade como benfeitor. No primeiro encontro com os pescadores, no cinema local, tirou do bolso um maço de notas e deu a cada um 200 cruzeiros.

A Marinha, que seis anos antes o encarcerara no quartel da Ilha das Flores por contrabando, não engoliu a história. Desconfiava de que o mar, para o bicheiro, continuasse representando mais do que a oferta de peixes. Agentes monitoravam suas atividades, produzindo relatórios a respeito,[14] desde pelo menos meados de 1968, o que explicou a prisão em 1969.

Em um desses relatórios, de 29 de julho de 1968, o Comando do 1º Distrito Naval afirmou que os donos do contrabando em Itaguaí, a 69 quilômetros do Rio, eram Castor e a empresa Imperial Volks, "que possui uma ilha perto de Itacuruçá", onde o desembarque acontecia à noite. "Em Ponta Negra — próximo de Maricá —, estado do Rio, há intenso contrabando; o transporte é feito à noite por uma frota de kombis de Maricá; o contrabando é de um intermediário do 'Zica' da Praça Mauá", diz o documento. Os agentes não detalham como Castor agia, suas conexões ou o que era contrabandeado, mas revelam o interesse do regime em mantê-lo sob vigilância, assim como outros bicheiros.

No ofício 270/69, da delegacia de Itaguaí, datado de 8 de abril de 1969, que relata investigações feitas entre Coroa Grande e Itacuruçá, foram descritos como elementos-chave do contrabando naquele litoral Pedro Garez, o Pierre, da Imperial Volks, Abraham Medina, da Rei da Voz, e Alfredo Monteverde, do Ponto Frio. Sobre Castor, o documento informa que "comanda extensa rede de contrabandistas no eixo Itaguaí-Parati, contando com a colaboração de pessoas influentes na esfera federal". Não há explicações sobre as pessoas influentes. As informações eram as mesmas de um relatório do Departamento de Polícia Política e Social (DPPS), de 24 de abril, com a inclusão de uma última linha: "Quanto a contrabando em Ponta Negra/RJ, não foi possível comprovar."

Um documento do Dops, datado de 4 de abril de 1972, especulava sobre a origem do contrabando. Afirmou, citando dados reservados de 23 de setembro de 1969, que Castor era "receptador de contrabando", "o qual é feito através da firma Navegação e Comércio Motonave S.A., cujos navios são abastecidos de contrabando no porto livre de Nova Palmira (Uruguai), quando vão à Argentina carregar trigo para o Banco do Brasil, com autorização da Comissão da Marinha Mercante". O documento também faz referência à prisão de Castor na Ilha Grande, registrando que não se dera em decorrência de contrabando, mas por sua atividade de bicheiro.

Todo este histórico produziria, em 1975, um alerta da Superintendência de Desenvolvimento da Pesca (Sudepe) ao 2º Distrito Naval (Salvador) tão logo descoberta a presença de Castor em Porto Seguro. Acionada, a agência local do Centro de Informações da Marinha (Cenimar) passou a investigar se o negócio recém-aberto, a Empresa Pesqueira Porto Seguro, um frigorífico abastecido por barcos próprios, seria uma fachada para camuflar um novo ponto de entrada de contrabando e drogas no país.

É provável que Pinguim e Turiba mal soubessem usar uma vara de pesca. Baixo e gorducho, o que lhe valera o apelido, Daniel Guedes, o Pinguim, aproximou-se de Castor quando ainda vendia limões pelas feiras do subúrbio. Reforçava a renda fazendo biscates para a rede do bicheiro. Durante bate-boca de rua, sacou arma, atirou no rival, mas acabou atingindo sem querer uma menina que passava. Preso, conheceria Turiba na cadeia. De volta à liberdade, retomou o negócio dos limões, até ser convidado por um feirante de peixes, Jamil Salomão Maruff, o Jamil Cheiroso,[15] pregoeiro na Praça XV, a tentar a sorte no ramo da pesca. Começaram por Araruama, na Região dos Lagos (RJ), mas não deu certo. Então, em busca de áreas mais fartas, foram parar no sul da Bahia, e levaram Turiba.

Entre 1973 e 1974, os 4 mil moradores de Porto Seguro acompanharam, um tanto espantados, o desembarque dos forasteiros. Na mesma época, o presidente Emílio Garrastazu Médici estivera na cidade para inaugurar o acesso de 62 quilômetros que ligava a região à rodovia BR-101. O negócio foi montado assim: enquanto Jamil juntou-se a Castor e Eusébio Andrade, pai do bicheiro, para fundar a empresa pesqueira, Pinguim e Turiba associaram-se a Manuel Nunes Areas, o Manola, para criar a Construtora Naval Porto Seguro, que logo requereu licença para a fabricação de vinte barcos de pesca.

A Marinha vigiava o negócio: "Diversas vezes, foi visto em Porto Seguro, à frente das obras de construção do frigorífico, Daniel Guedes, vulgo Pinguim", registrou um dos agentes. A Capitania dos Portos chegou a embargar as obras do frigorífico.

As investigações do Cenimar baiano sobre Castor seriam concluídas em abril de 1975.[16] Mesmo sem encontrar uísque e calças Lee escondidas nos porões dos pesqueiros, o dossiê alertou que, "tendo em vista os seus antecedentes, Castor de Andrade e outros elementos vão instalar uma empresa de pesca em Porto Seguro com a finalidade de acobertar atividades ilegais, a serem exercidas na região". O Cenimar convencera-se de que a costa baiana era "bastante propícia para a desova de contrabando, que poderia ser recolhido pelos barcos pesqueiros que estão sendo construídos em Porto Seguro e, posteriormente, desembarcado nas praias do litoral". O dossiê também advertia para a facilidade de transporte via aérea, dada a quantidade de pequenas pistas de pouso na região.

As suspeitas sobre o empreendimento ganhariam volume depois que o frigorífico começou a funcionar. Embora os administradores divulgassem uma produção mensal de 40 toneladas de pescado, a Porto Seguro operava com apenas cinco barcos, o maior deles, o *Alvorada III*, com capacidade para 3,5 toneladas. Em Itabuna, cidade da região, o frigorífico Auto-Mar, também com cinco barcos em atividade, não produzia mais do que 15 toneladas mensais.

Os negócios de Castor estavam longe de ser um programa de recuperação de ex-detentos. Os nomes de Pinguim e Turiba, que faziam periodicamente a rota Porto Seguro-Rio de Janeiro de carro, apareciam em investigações sobre tráfico de drogas. E eles, mesmo longe das grades, continuavam a interagir com os velhos comparsas. Um dos quais o detetive Sebastião Albano de Lima, integrante de uma quadrilha que traficava maconha e cocaína do Paraguai, executado em 1973 por integrantes de um esquadrão da morte. Turiba, que usava uma Kombi para fazer a rota entre Bahia e Rio, figuraria entre os suspeitos.

As desconfianças sobre os negócios de Castor em Porto Seguro desaguaram nas páginas da imprensa. Uma das reportagens, publicada por *O Estado de S. Paulo* em 1977, dizia: "Porto Seguro, entrada leste do entorpecente."[17] Sete anos depois, Castor — comparado pelos repórteres da *Playboy* a um quiabo, pelo comportamento escorregadio durante uma entrevista à revista — seria irônico ao ser confrontado com as denúncias:[18]

> *Playboy*: E por que a imprensa noticia sempre que o senhor é um poderoso traficante de cocaína através de seu frigorífico de Porto Seguro?
>
> *Castor*: Não, não é toda a imprensa. É apenas um jornal e um jornalista. Não vou dizer o seu nome, mas tenho certeza de que esse jornalista deve estar arrependido de ter feito essa leviandade contra mim. Só quero que ele continue a buscar a verdade, para ter remorsos da atitude incorreta que cometeu.

Playboy: O que ele escreveu?

Castor: O cara foi em Porto Seguro querendo ganhar o Prêmio Esso de Jornalismo, com sua capacidade criativa, imaginou que os navios saíam do Oriente Médio com morfina, cocaína. O tóxico era trazido para o frigorífico de Porto Seguro e colocado dentro da barriga do peixe, que era enviado para o Rio nos caminhões da empresa. Aí o viciado carioca falava com o traficante: "Eu quero aquele peixe..."

Playboy: Como o senhor prova que tudo isso é mentira?

Castor: É fácil. Se fosse verdade, eu, a Petrobras, a Marinha e o Ministério da Agricultura, estaríamos todos envolvidos e seríamos sócios no trato...

Playboy: Como assim?

Castor: A Petrobras porque o tóxico vinha nos navios dela; a Marinha porque fiscalizava a saída dos barcos e os pescadores; e o Ministério da Agricultura porque seus fiscais assistem ao desembarque dos pescados...

Do galpão de Oswaldo Cruz, local do fuzilamento de Pinguim, poderia ter surgido a pista que faltava. O assassinato foi um dos investigados pela comissão especial criada pela Secretaria de Segurança do Estado do Rio, em fins de 1976, para apurar crimes da contravenção. De acordo com a polícia, Pinguim pressionava Castor por ter sido deixado de fora da sociedade do frigorífico em Porto Seguro e de tudo o que supostamente escondia, e por isso fora executado.[19] Para a comissão, o mandante do crime havia sido Castor.[20] Mas a apuração pararia ali.

Itamar Silva, o Turiba, principal acusado do assassinato, chegou a ser indiciado, mas nada seria provado. Tentou crescer na contravenção, amealhou alguns pontos na Praça Onze e no Catumbi, mas a carreira não prosperaria. Em 1983, foi sequestrado na rua de Santana, no Centro; o corpo apareceu boiando no rio São Francisco, em Santa Cruz, Zona Oeste do Rio.[21]

Castor navegava em mar de almirante. Nunca se soube se o investimento em Porto Seguro — ou o que estivesse por trás do negócio — apresentou os resultados esperados.

Castor e o time escalado na repressão

Naqueles anos de chumbo, quando as Forças Armadas desencadearam uma guerra sangrenta contra as organizações da esquerda, militares recrutavam nas delegacias e quartéis da PM agentes para a repressão. Essa mesma aliança acabaria por ligar os porões do regime ao crime organizado. Enquanto os generais sustentavam na cúpula um discurso moralizador, alguns militares se deixavam seduzir pelo poder paralelo. Pelo menos dois policiais civis mergulhados na engrenagem da repressão política, o delegado Mauro Magalhães e o detetive Fernando Gargaglione, serviram à tropa de Castor na contravenção.

Magalhães está na lista de denunciados, por envolvimento na repressão, pelo projeto *Brasil: Nunca Mais*, publicado em 1985. Dez anos após o fim do regime militar, em 1994, os nomes de Gargaglione e Magalhães apareceriam na contabilidade apreendida na fortaleza de Castor, na rua Fonseca, 1.040, em Bangu, estourada em uma ação do serviço reservado da PM, do Batalhão de Operações Especiais (Bope) e do Ministério Público, a chamada Operação Mãos Limpas Tupiniquim, coordenada pelo procurador-geral de Justiça, Antônio Carlos Biscaia. Livros contábeis e disquetes de computador revelaram políticos, como o então governador Nilo Batista, advogados, jornalistas e policiais civis e militares, inclusive da cúpula da segurança, que receberiam propina da contravenção, em um escândalo de corrupção que chocou o país. Nilo afirmou que intermediara uma doação para a Associação Brasileira Interdisciplinar da Aids (Abia), em dificuldades financeiras, a pedido do sociólogo Herbert de Souza, o Betinho, no segundo semestre de 1990. Betinho inicialmente negou, mas depois admitiu o recebimento de US$ 40 mil, pediu desculpas e disse que foi um erro político concordar com a ajuda da contravenção.[22]

De acordo com a denúncia apresentada pelo procurador à Justiça, citando a contabilidade apreendida na fortaleza de Castor, Gargaglione, então lotado na 30ª DP (Marechal Hermes), recebera Cr$ 60 mil como "pp fixo" (natureza da propina, segundo o Ministério Público), em 3 de janeiro de 1994; Magalhães, entre 1º de dezembro de 1992 e 5 de julho de 1993, inicialmente lotado na 16ª DP (Barra da Tijuca) e depois na Polinter, obtivera dez pagamentos como "pp fixo", somando Cr$ 92 milhões. Em 1998, os dois seriam absolvidos na Justiça.[23]

Quem eram Magalhães e Gargaglione nos anos de chumbo?

Em 1964, logo depois do golpe militar, Mauro Fernando de Magalhães atuou nos interrogatórios de presos confinados no Estádio Caio Martins, em Niterói, como delegado de Ordem Política e Social. Em março de 1971, assumiu como titular da delegacia de Petrópolis, que serviu de base para a Casa da Morte.

O braço direito de Magalhães na delegacia de Petrópolis, segundo na hierarquia da unidade, era Luiz Cláudio de Azeredo Vianna, o Laurindo, torturador na Casa da Morte. O terceiro na linha de comando era o inspetor Joel Crespo, com quem Magalhães trabalhara na delegacia de Duque de Caxias, na Baixada Fluminense, em 1969, comparsa de Capitão Guimarães no achaque a contrabandistas. Luiz Cláudio e Joel, como já revelado, também eram ligados ao bicheiro Anísio, de Nilópolis (onde Magalhães também fora delegado, entre o final de 1964 e 1965). Ao deixar a delegacia de Caxias, em novembro de 1969, Magalhães foi substituído pelo delegado Péricles Gonçalves, outro nome ligado ao jogo e a Anísio, e que, mais tarde, eleito deputado federal, seria defensor da legalização do bicho. Essa rede e suas ramificações se estenderiam pelas próximas décadas e daria suporte à contravenção.

Embora Luiz Cláudio fosse o único policial da delegacia de Petrópolis vinculado diretamente ao Centro de Informações do Exército (CIE), uma fonte militar afirma que todos sabiam o que acontecia na Casa da Morte. Magalhães assumiu o posto um mês depois do desaparecimento do militante de esquerda Carlos Alberto Soares de Freitas, o Beto, provavelmente a primeira vítima daquele centro de tortura.

Um documento mantido no acervo do Arquivo Nacional, datado de dezembro de 1971, reforça a atuação do delegado junto às masmorras da ditadura. De acordo com ele, Magalhães enviou para o Exército uma suposta carteira de identidade falsa, que alegava pertencer ao advogado goiano Paulo de Tarso Celestino. Paulo, dirigente da Ação Libertadora Nacional (ALN), desaparecera em julho. Magalhães informou ao Exército que recebera o documento das mãos de uma prostituta de Juiz de Fora. No entanto, a única sobrevivente da Casa da Morte, a militante Inês Etienne Romeu, relataria ter ouvido dos seus carcereiros que Paulo fora morto sob tortura, em Petrópolis.

Nessa época, Magalhães já mantinha relações com Castor de Andrade. Relatório do Dops, sob o título "Irregularidades na Segurança", datado de 27 de junho de 1972, registra que Castor era responsável por um ponto de bicho estourado pela Delegacia de Costumes, em Magé, quando foram presos em flagrante dois bicheiros, Humberto Pedro Brum e Olímpio Duarte da Cruz. No item 2.3, o documento informa:

> Quanto à participação do delegado Mauro Magalhães, apuramos que o mesmo conheceu o banqueiro em epígrafe quando funcionou como advogado, em 1970, numa questão cível, mas agora nada solicitou ao delegado de Costumes ou a seus delegados adjuntos ou a outros policiais, qualquer medida em favor dos contraventores acima mencionados.

Magalhães admitiria, em 2013, que a delegacia de Petrópolis fora frequentada por agentes da repressão, mas negou que tivesse conhecimento da Casa da Morte ou de torturas. Ele também afirmou que não mantinha relações com o jogo do bicho. Disse conhecer, desde os anos 1960, Anísio e Capitão Guimarães, por ter comandado delegacias na Baixada Fluminense. Sobre a presença de seu nome na lista da fortaleza de Castor, argumentou que fora inocentado na Justiça e que era vítima de perseguição do Ministério Público. Negou também ter dado regalias aos bicheiros presos na Polinter, em 1993, quando dirigia a unidade. Segundo denúncia, obras na carceragem foram pagas por Castor. De acordo com Magalhães, os recursos para as reformas eram públicos.[24] Além da obra, os bicheiros, ao contrário de outros presos, podiam usar livremente um celular, autorizados pelo delegado.[25] Dias depois da denúncia, a juíza Denise Frossard determinou a apreensão do telefone.

O detetive Fernando Próspero Gargaglione de Pinho, por sua vez, apoiou centros da repressão na ocultação de corpos e assistiu a tortura de presos políticos. Em depoimento à Comissão Estadual da Verdade (CEV) do Rio de Janeiro, em 18 de fevereiro de 2014, o coronel reformado Paulo Malhães disse que a ligação do policial com os porões da ditadura era o então tenente Armando Avólio Filho, do Pelotão de Investigações Criminais (PIC) da Polícia do Exército: "Para mim ele [Gargaglione] não era confiável. Mas para outras pessoas ele poderia ser confiável. Ele tinha um aparelho de graça, que podia não ter o nome de aparelho ainda, porque não se conhecia isso, que era, lá o comando dele, o destacamento lá em cima do Alto [da Boa Vista, onde estava sediado o Setor de Diligências Reservadas da Polícia Civil, no início dos anos 1970]."

Ao explicar o que Gargaglione fazia lá, Malhães sentenciou: "Fazia o que se faz em aparelho. O que se faz em aparelho? Prende preso, interroga." A CEV então questionou: "Mas o interesse dele era financeiro, sempre. Não era ideológico." O coronel respondeu: "Não, mas não era... Não era nem financeiro, era ele ter cartaz na polícia." Disse também que Gargaglione era "corrupto, fanfarrão" e que integrara o Esquadrão da Morte.

O Alto da Boa Vista fora o primeiro lugar de ocultação do corpo do ex-deputado Rubens Paiva, em janeiro de 1971. Logo depois, foi desenterrado e levado para a praia do Recreio dos Bandeirantes, então uma área quase deserta, de onde seria removido em 1973. Ao ser perguntado sobre se Gargaglione estaria envolvido na ocultação do corpo no Alto da Boa Vista, Malhães declarou não saber. Mas, perguntado sobre Avólio, afirmou: "Faria, tranquilamente. É um piroca doido."

O nome de Gargaglione aparece, na década de 1980, associado ao possível local da ocultação do corpo de Paiva no Recreio. Em 1980, dois repórteres do *Jornal do Brasil*, Fritz Utzeri e Heraldo Dias, investigando o caso,[26] procuravam agentes que tinham trabalhado na unidade da Polícia Civil no Alto da Boa Vista e chegaram a Gargaglione. De início "arredio e ameaçador", como Utzeri o descreveria mais tarde, o detetive os levou a um trecho da praia onde, segundo apontava, o corpo fora enterrado. Uma escavadeira revirou a areia a pedido dos repórteres, mas nada foi achado.

Informantes deram, então, uma pista: o recolhimento de ossadas, achadas na área por acaso, em 1973. Foi nessa direção que os jornalistas caminharam. Com base nos registros na delegacia da Barra da Tijuca, descobriram que as ossadas, enviadas ao IML, não foram identificadas e tinham sido enterradas como sendo de indigentes no Cemitério da Cacuia, na Ilha do Governador. O que indicava a possibilidade de uma delas ser a de Rubens Paiva eram duas obturações a ouro nos molares de um dos crânios, particularidade que coincidia com a arcada do deputado.

Heraldo Dias relatou o episódio e citou Gargaglione na reportagem "Cacuia tem há 12 anos ossada que seria de Paiva", publicada em 7 de fevereiro de 1987 em *O Globo*, onde passara a trabalhar. Fritz Utzeri, em "Rubens Paiva foi enterrado no Recreio", artigo publicado no *Jornal do Brasil*, em 12 de agosto de 1995, revelou que, nos encontros com Gargaglione e na escavação na praia, ele e Dias tiveram o apoio do capitão reformado (pelo AI-5) Sérgio Ribeiro Miranda de Carvalho, o Sérgio Macaco, do Para-Sar. Utzeri contou ainda que, com autorização da Santa Casa, as ossadas foram desenterradas, mas o crânio com as obturações não foi achado e "alguns ossos viravam pó ao contato com o ar". No cemitério, os dois repórteres estavam acompanhados pelo então presidente da seccional Rio da Ordem dos Advogados do Brasil, Nilo Batista.

No verão de 1987, a polícia escavou as areias da praia do Recreio, no mesmo trecho onde os repórteres estiveram em 1980, depois que o então secretário de Polícia Civil, o mesmo Nilo Batista, recebeu uma carta anônima com informações sobre a morte do ex-deputado. Após a carta, um telefonema, também anônimo, deu mais detalhes sobre onde o corpo teria sido enterrado. As buscas no Recreio começaram com pás e picaretas em 22 de janeiro, sob a responsabilidade do Departamento de Investigações Especiais e em sigilo. No dia 26, uma escavadeira passou a ser utilizada, atraindo a atenção de moradores, mas a investigação só se tornaria pública no *Jornal do Brasil* de 6 de fevereiro.[27]

No dia seguinte, Heraldo Dias publicou em *O Globo* a reportagem sobre as duas ossadas achadas na praia em 2 de novembro de 1973 e enterradas no Cemitério da Cacuia em 15 de julho de 1974. No texto, diz que "o mesmo informante que levou dois repórteres ao local de enterro" de Rubens Paiva no Recreio, em 1980, ajudava a polícia na nova busca. "Trata-se do detetive Fernando Gargaglione, que se apresentou na ocasião como 'um dos coveiros do deputado'. Ele hoje insiste na possibilidade de o corpo ainda estar lá."

Gargaglione também é citado na edição do *Jornal do Brasil* do mesmo dia. De acordo com o jornal, as operações para o transporte de corpos, em carros roubados ou de placas frias, eram chamadas Saudade. "Para dar proteção à Operação Saudade, o então secretário de Segurança Pública da Guanabara, general Antônio Faustino da Costa, criou o Serviço de Diligências Reservadas, no Alto da Boa Vista, acabando com um Setor de Vigilância. Como chefe do SDR, foi designado o detetive (hoje inspetor) Fernando Gargaglione."[28]

Depois das buscas sem sucesso, o buraco na praia do Recreio foi tapado.

Em entrevista ao jornal *O Dia* em 2001,[29] Gargaglione admitiu ter atuado nos subterrâneos do regime, colaborando com núcleos de repressão do Exército no Rio — o DOI-Codi, o Dops e o Quartel da Vila Militar —, e citou o nome de Rubens Paiva como uma das vítimas que tiveram seus corpos ocultados por policiais civis. Segundo relatou, ele e outros policiais participaram de operações e de

ESTADO DO RIO DE JANEIRO

SECRETARIA DE SEGURANÇA PUBLICA

DEPARTAMENTO DE POLICIA POLITICA E SOCIAL

SERVIÇO DE CADASTRO E DOCUMENTAÇÃO

INFORMES S/N - 117

RJ/117

GUERRA ENTRE CONTRAVENTORES DO JOGO DO BICHO

No dia 28 de actumbro de 1967, no municipio de Olinda/
RJ., às 13,30 horas, o conhecido banqueiro de bicho "ARTHUR" tuve
os seus pontes do bicho, arrochado pelo também contraventor "ANIS
ANIZIO" sob ameaça de uma pistola "45" e tendo como auxiliar o //
marginal e contraventor "JACOB GORILA", que portava uma pistola 7,
65, (7,65), Mais tardé, o vereador conhecido por "PAVAÕZINHO"
arranjou para "JACOB" pagar ao "ARTHUR" a importância de NCr 30.000
(Trinta mil cruzeiros novos) cm parcelas pela retonada dos pontes
de bicho cm Olinda/RJ.

Relatório do Departamento de Polícia Política e Social, da Secretaria de Segurança do Rio, descreve Anísio, armado, "arrochando" o ponto de outro bicheiro, identificado como Arthur. De acordo com o documento, Anísio foi auxiliado por Jacob Gorila. Embora o documento não indique, Jacob Gorila era o irmão mais velho de Anísio.

MINISTÉRIO DO EXÉRCITO   VILA MILITAR, GB, *12* AGO 69
I EXÉRCITO - 1ª D I
Q G = 2ª S E Ç Ã O

1. ASSUNTO: ANIZ ABRAHÃO DAVID - BANQUEIRO DO "JÔGO DE BICHO"
2. ORIGEM : AG U
3. CLASSIFICAÇÃO: A-1 (DADA NA ORIGEM)
4. DIFUSÃO: SSP/RJ
5. DIFUSÃO ORIGEM: 1ª D I
6. ANEXO: -
7. REFERÊNCIA: INFO N. 27/69, DE 07 AGO 69, DO 1º GO-155

INFORMAÇÃO N. 662/69

ESTA AGÊNCIA TEM RECEBIDO CONSTANTES E SUCESSIVOS INFORMES DE QUE O / BANQUEIRO DO JÔGO DE BICHO" ANIZ ABRAHÃO DAVID, VULGO "ANÍSIO" CONTINUA / BANCANDO O JÔGO PROIBIDO NA BAIXADA FLUMINENSE. O MARGINADO QUE RESIDE NA AV GEN MENA BARRETO N. 551 - NILÓPOLIS - É PRIMO DO DEPUTADO ESTADUAL/RJ JORGE SESSIM DAVID. ÊSTE SEGUNDO CONSTA, DÁ COBERTURA ÀS ATIVIDADES ILÍCITAS DE SEU FAMILIAR.

ESTA AGÊNCIA TEM ALERTADO, PESSOALMENTE, AO DELEGADO DE POLÍCIA DE NILÓPOLIS SÔBRE OS FATOS CITADOS ACIMA, ASSIM COMO AS LIGAÇÕES DO CONTRAVENTOR COM POLICIAIS QUE TRABALHAM SOB SUAS ORDENS.

RESSENTE O MUNICÍPIO DE NILÓPOLIS DA FALTA DE AÇÕES ENÉRGICAS PARA REPRIMIR A CONTRAVENÇÃO.

****
*****
*

A 2ª Seção do I Exército registra o papel do então deputado Jorge David na proteção das "atividades ilícitas" de Anísio na Baixada. No documento, o Exército reclama da falta de ações para coibir o jogo na região.

CONFIDENCIAL

GRAU DE SIGILO

MINISTÉRIO DA MARINHA
2ªDN
ÓRGÃO

INFORMAÇÃO/~~~~~~~~~~~~~~~~~~~~~~~~~ N.º 0152 DATA 29 / 04 / 75

AVALIAÇÃO: XX

ORIGEM: XX

ASSUNTO: DENÚNCIAS CONTRA CASTOR DE ANDRADE

PAÍS/ÁREA: BAHIA

REFERÊNCIA: XX

DISSEMINAÇÃO: 6ªRM/COMCOS/ASV-SNI/1ºDN/CENIMAR/CP-BA/2ªDN-Arq.

DISSEMINAÇÃO ANTERIOR: XX

* (O Destinatário é responsável pela manutenção do sigilo deste Documento. Art. 62 — Dec. 60.417/67 — RSAS)

1. Esta Agência expediu PB à Delegacia da CP-BA em Ilhéus a fim de que fossem verificadas diversas denúncias formuladas contra CASTOR DE ANDRADE, conhecido contraventor do jogo de bicho no Rio de Janeiro, que estaria montando uma fábrica de pescado e uma frota de barcos, no sul do Estado da Bahia, atividades estas que iriam acobertar outras atividades a serem exercidas ilegalmente (contrabando, etc).

Sobre o assunto em questão foram obtidos os seguintes dados:

a) em NOVA VIÇOSA/BA, situada quase na fronteira com o Estado / do ESPIRITO SANTO, não foi constatada a presença de CASTOR DE ANDRADE, ou de elementos do seu grupo, exercendo qualquer atividade na cidade. (Informação Nº 0035 de 19/02/75, para o 1ºDN, CENIMAR);

b) está sendo construído um frigorífico em PORTO SEGURO/BA, pela "Empresa Pesqueira Porto Seguro Ltda". Pela xerocópia do contrato da Firma (Anexo A) verifica-se que CASTOR DE ANDRADE, JAIME SALOMÃO MARUFF e EUZEBIO GONÇALVES DE ANDRADE SILVA (pai de CASTOR) são sócios. As obras do frigorífico foram embargadas pela Marinha até que seja regularizada a concessão do terreno. Não se conseguiu apurar se a Empresa tem vínculo / com contrabando na região, embora sejam feitos comentários, no local, denunciando tal fato;

S.S.P. — D.G.I.E. — RJ.
DARO — S.I. ED.
~~5955~~ 57

CONFIDENCIAL
GRAU DE SIGILO

Ao investigar a empresa pesqueira de Castor de Andrade em Porto Seguro (BA), agentes do Centro de Informações da Marinha (Cenimar) concluíram que o negócio servia para encobrir atividades ilegais como contrabando.

2. Conclusões desta Agência

Tendo em vista os seus antecedentes, CASTOR DE ANDRADE e outros elementos vão instalar uma Empresa de Pesca em PORTO SEGURO com a finalidade de acobertar atividades ilegais, a serem exercidas na região. A costa é bastante propícia para a "desova" de contrabando, que poderia ser recolhido pelos barcos pesqueiros que estão sendo construídos em PORTO SEGURO e posteriormente desembarcado nas praias do litoral. Daí, com / facilidade, o material poderia ser transportado para outros locais, por via aérea, aproveitando os inúmeros campos de pouso existentes, ou por via rodoviária, aproveitando a BR-101.

CONFIDENCIAL

VA2 5?3. 110. ? 1/1

Ficha 007/CISA

MINISTÉRIO DA AERONÁUTICA

Em 05 MAR 76

1 — ASSUNTO .... MARIEL MARISCOTE DE MATOS

2 — ORIGEM .... DESIPE

3 — CLASSIFICAÇÃO .... Sem classificação na origem

4 — DIFUSÃO .... CISA/RJ

5 — CLASSIFICAÇÃO ANTERIOR .... - - - - - |III COMAR - PMERJ - DGIE/RJ

6 — DIFUSÃO ANTERIOR .... II EX - CIM - SNI/ARJ - SNI/ASP - 1ª DN - I Ex

7 — REFERÊNCIA: ...... INFORME Nº 008/1ª DN, de 17 Fev 76.

NUMERAÇÃO	
M Aer	P N I

INFORME N. 012/A2/IV COMAR

Esta Seção retransmite o seguinte Informe:

"Segundo consta, MARIEL MARISCOTE DE MATOS, no planejamento e execução de sua fuga do Instituto Penal Cândido Mendes, Ilha Grande, contou com o apoio de militares, Capitão Brito, Capitão Guimarães, e Major Crespo, sabendo-se que o segundo é amigo pessoal de Mariel, com quem participou durante vários anos, de diligências policiais. Consta, ainda, que os mencionados militares estão respondendo a IPM, por envolvimento em contrabando, sendo ligados a Castor de Andrade e Euclides Nascimento". ///
///

O DESTINATÁRIO É RESPONSÁVEL
PELA MANUTENÇÃO DO SIGILO DESTE
DOCUMENTO (Art. 62 ...
...

CONFIDENCIAL

De acordo com documento do Ministério da Aeronáutica, a comunidade de informações acusa os capitães Brito e Guimarães e o major Crespo de participarem do planejamento e execução da fuga de Mariel Maryscotte de Mattos do presídio da Ilha Grande (RJ). O informe relaciona os três militares ao contrabando e ao bicheiro Castor de Andrade.

02/05

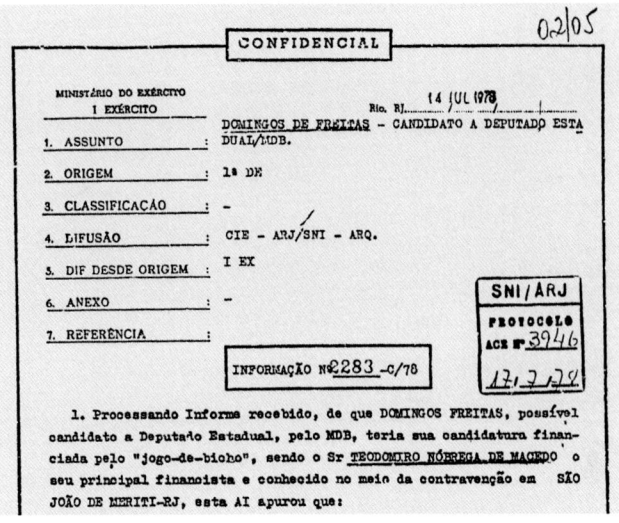

CONFIDENCIAL

MINISTÉRIO DO EXÉRCITO	Rio. RJ. 14 JUL 1978
I EXÉRCITO	
1. ASSUNTO :	DOMINGOS DE FREITAS - CANDIDATO A DEPUTADO ESTADUAL/MDB.
2. ORIGEM :	1ª DE
3. CLASSIFICAÇÃO :	-
4. DIFUSÃO :	CIE - ARJ/SNI - ARQ.
5. DIF DESDE ORIGEM :	I EX
6. ANEXO :	-
7. REFERÊNCIA :	

SNI/ARJ
PROTOCOLO
ACE Nº 3946
17.7.78

INFORMAÇÃO Nº 2283 -C/78

1. Processando Informe recebido, de que DOMINGOS FREITAS, possível candidato a Deputado Estadual, pelo MDB, teria sua candidatura financiada pelo "jogo-de-bicho", sendo o Sr TEODOMIRO NÓBREGA DE MACEDO o seu principal financista e conhecido no meio da contravenção em SÃO JOÃO DE MERITI-RJ, esta AI apurou que:

b. ANTECEDENTES

- É conhecido no submundo da marginalidade como "PEQUENINO", é o responsável pelo "jogo-de-bicho" e pela rede de tráfico de tóxicos nas regiões de SÃO JOÃO DE MERITI, PAVUNA e ILHA DO GOVERNADOR. Participou' da morte de AMÉRICO VIEIRA DA ROCHA, vulgo "CANDONGA".

4. Complementando os dados acima, esta AI informa que THEODOMIRO NÓ-BREGA DE MACEDO, RUTH NÓBREGA DE MACEDO e EURICO GUIMARÃES NEVES traba-lham para ANIZ ABRAÃO DAVID que, além dos elementos acima, utiliza como "cobertura" para seus negócios ilícitos, políticos como o Deputado Esta dual JORGE DAVID, SIMÃO SESSIM, DOMINGOS DE FREITAS (possivelmente can-didato), bem como vários policiais corruptos. ANIZ ABRAÃO DAVID conta ' também com a cobertura policial do seu cunhado LUIZ CLÁUDIO DE AZEREDO VIANNA (Delegado de Polícia), atualmente titular da Delegacia de ALCÂN-TARA-RJ, assim como do seu compadre SÉRGIO RODRIGUES (também Delegado ' de Polícia, ex-titular do DPI-NITERÓI-RJ.

Comenta-se no meio policial e entre os comparsas de ANIZ, que o Dr SÉRGIO RODRIGUES seria indicado para ocupar um alto cargo, no próxi-mo governo do estado do RIO DE JANEIRO.

-o0o0o0o0o0o0o0o0o0o0o0o0o0o0o0o0o0o-

Documento produzido pela 1ª Divisão do Exército informa que o delegado de polícia Luiz Cláudio de Azeredo Vianna dava cobertura para Anísio. Torturador na Casa da Morte, o policial foi peça-chave na ascensão do bicheiro na Baixada.

CONFIDENCIAL

SERVIÇO NACIONAL DE INFORMAÇÕES
AGÊNCIA RIO DE JANEIRO
INFORMAÇÃO Nº 010/ 117 /ARJ/ 81

DATA : 24 FEV 81.
ASSUNTO : AILTON GUIMARÃES JORGE – Cap 1 E.
REFERÊNCIA :
ÁREA :
PAÍS :
DIFUSÃO ANT. :
DIFUSÃO : 1 Ex/2ª Seção e AC/SNI (para conhecimento). 27 02,81
ANEXO :

SNI/ARJ
PROTOCOLO
N° 4352

---

4. Em 1981, dedica seu tempo integral à contravenção, dirigindo o chama
do "Jogo do Bicho" na cidade de NITERÓI/RJ e Municípios vizinhos. Man
tém estreitas ligações com toda a alta cúpula da contravenção. De seu
escritório central, situado na rua Meriz e Barros, 513/204 - NITERÓI/
RJ - Telefones nºs 710-6133, 710-9178 e 718-3136, controla os diversos "pontos de jogo", distribui para as "bancas" os resultados diários
e coordena toda a arrecadação do dinheiro nos respectivos "pontos de

LEITURA PRECÁRIA   CONFIDENCIAL

GRÁFICA 0240

(Continuação da INFAO Nº 010/117/ARJ/81, de 24 Fev .... fls 02)

jogo", além de efetuar os contatos para o pagamento das propinas à
polícia. Sua residência é utilizada também para apoiar o esquema de
contravenção.

-oOo-

A Agência Rio do SNI sustenta neste relatório que Capitão
Guimarães dedicava seu tempo à contravenção, dirigindo o jogo em
Niterói e coordenando o pagamento de propinas à polícia.

Relatório do SNI defende
a legalização do jogo do
bicho: "Se o mal existe e se
é tolerado, embora ilegal, é
preferível legalizá-lo (...)."

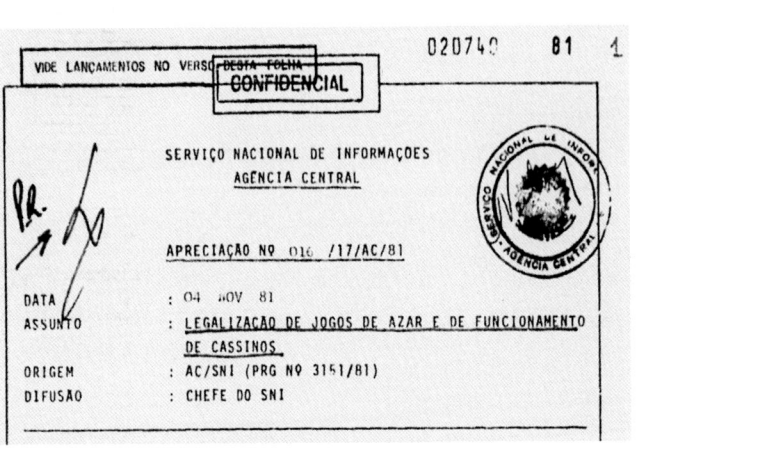

6. Na análise dos argumentos contra e a favor da legalização dos jogos de azar, estes pesam mais, levando à conclusão de que a regulamentação é necessária e se faz urgente, como meio de tornar lícito o que existe e sobrevive ao arrepio da lei. Reconhecer, por lei, essa situação, é apenas, sancionar o que de fato já é uma vibrante e evidente realidade, pois se o mal existe e se é tolerado, embora ilegal, é preferível legalizá-lo a permitir sua propalação, com visível afronta à ordem legal.

Por outro lado, a imprensa tem explorado, sensacionalisticamente o envolvimento de autoridades policiais e civis, em crimes praticados por "bicheiros", não só atacando-as quanto à omissão na repressão da contravenção, como também na sua conivência em relação à prática do jogo, desgastando, com isto, a imagem da Administração Pública e do Poder Judiciário, colocando-os como órgãos incompetentes para a solução do problema.

Consultada pelo governo, a Agência Central do SNI aponta como medida para salvar a metalúrgica de Castor de Andrade e Ozório Paes Lopes da Costa, sogro de um dos filhos do presidente Figueiredo, a incorporação da empresa por um grupo econômico forte. Isso acabaria por acontecer: o Grupo Coroa-Brastel adquiriu a metalúrgica, mas foi à falência depois de um grande escândalo financeiro no governo Figueiredo.

● BL SNI

SERVIÇO NACIONAL DE INFORMAÇÕES

AGÊNCIA CENTRAL

TRANSMETAL INDÚSTRIA E COMÉRCIO L

1. A empresa TRANSMETAL INDÚSTRIA E COMÉRCIO LTDA, mencio-nada na carta anexa ao Memorando nº 309/02/CH/GAB/SNI, de 11.03.82, se encontra registrada na Junta Comercial do Estado do RIO DE JA NEIRO.

4. O exame da proposta formulada por OZÓRIO PAIS   LOPES DA COSTA, em sua carta ao Ministro-Chefe da SEPLAN/PR, indica   um elevado grau de risco para os órgãos financeiros citados no corpo da missiva. Dificilmente, tal proposta poderá ser aceita pelos mesmos.

A solução mais imediata e plausível seria a incorpora-ção da empresa por um grupo economicamente forte que pudesse sanear sua situação econômico-financeira e implementar sua linha de produ-ção.

Ficha 001/CISA

MINISTÉRIO DA AERONAUTICA

III COMAR

Em 2 9 AGO 1983

1 — ASSUNTO .... MATANÇA ENVOLVENDO CONTRAVENTORES DO JOGO DO BI-
CHO - CASTOR DE ANDRADE E OUTROS.

2 — ORIGEM PM-2/PMERJ

3 — CLASSIFICAÇÃO .... + + +

4 — DIFUSÃO .... RECISA (P/ CONHEC)

5 — CLASSIFICAÇÃO ANTERIOR A-2

6 — DIFUSÃO ANTERIOR .... I EX - I DN - III COMAR - ARJ/SNI - P.../RJ

NUMERAÇÃO	
M Aer	P N I

INFORME Nº 085/83-I/A2-III COMAR

Esta AI retransmite o INFE datado na origem de 19 AGO 83:
"Na propriedade, intitulada SANTO ANTÔNIO DE BARRA, em BAR
RA DE SANTA TEREZA, no município de BOM JARDIM/RJ pertencente a
EUSÉBIO DE ANDRADE SILVA "ZIZINHO", pai de CASTOR GONÇALVES DE
ANDRADE SILVA e de JOÃO GONÇALVES DE ANDRADE SILVA - "banqueiros
do jogo do bicho", nas áreas de BANGU, REALENGO, SENADOR CAMARÁ e
proximidades - estariam ocorrendo treinamentos de tiros visando o
aperfeiçoamento dos familiares de "ZIZINHO" e dos guardas-costas
da família.

Nos treinamentos estariam sendo utilizadas armas de grossos calibres, tipo METRALHADORAS e PASAM e inclusive GRANADAS.

Os mencionados elementos estariam se preparando face a
previsão do surgimento de novas matanças visando a "apropriação
de pontos do jogo do bicho sob o domínio da família de CASTOR DE
ANDRADE."

-.-.-.-.-.-.-.-.-.-.-.-.-.-

-.-.-.-.-.-.-.-.-.-.-.-.-

-.-.-.-.-.-.-.-.-.-.-.-.-

Relatório da P2 (seção de informações da Polícia Militar) afirma que uma
propriedade da família de Castor de Andrade no município de Bom Jardim
(RJ) era usada para treinamento de tiros por seus seguranças, razão pela
qual os policiais alertavam para o risco de uma "matança" no bicho.

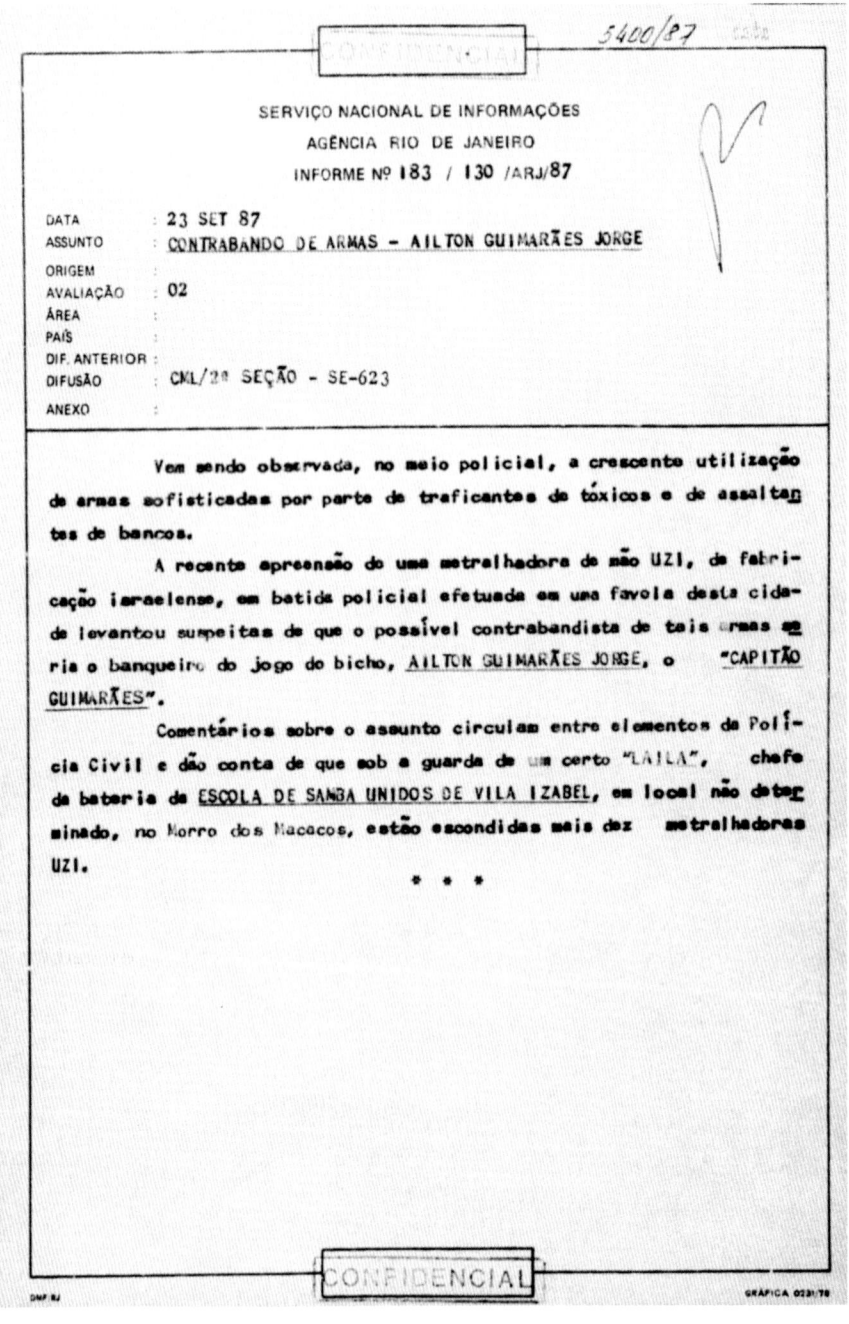

5400/87

SERVIÇO NACIONAL DE INFORMAÇÕES

AGÊNCIA RIO DE JANEIRO

INFORME Nº 183 / 130 /ARJ/87

DATA   : 23 SET 87
ASSUNTO   : CONTRABANDO DE ARMAS - AILTON GUIMARÃES JORGE
ORIGEM   :
AVALIAÇÃO   : 02
ÁREA   :
PAÍS   :
DIF. ANTERIOR   :
DIFUSÃO   : CML/2ª SEÇÃO - SE-623
ANEXO   :

Vem sendo observada, no meio policial, a crescente utilização de armas sofisticadas por parte de traficantes de tóxicos e de assaltantes de bancos.

A recente apreensão de uma metralhadora de mão UZI, de fabricação israelense, em batida policial efetuada em uma favela desta cidade levantou suspeitas de que o possível contrabandista de tais armas seria o banqueiro do jogo do bicho, AILTON GUIMARÃES JORGE, o "CAPITÃO GUIMARÃES".

Comentários sobre o assunto circulam entre elementos da Polícia Civil e dão conta de que sob a guarda de um certo "LAILA", chefe da bateria da ESCOLA DE SAMBA UNIDOS DE VILA IZABEL, em local não determinado, no Morro dos Macacos, estão escondidas mais dez metralhadoras UZI.

* * *

Informe do SNI registra o possível envolvimento de Capitão Guimarães com o contrabando de armas para traficantes. O documento cita a escola de samba Unidos de Vila Isabel, da qual Guimarães foi presidente nos carnavais de 1984 a 1987. O documento refere-se também a um chefe de bateria nominado Laila, que teria sob sua guarda, no Morro dos Macacos, dez metralhadoras.

Casa da Morte, aparelho clandestino montado pelo Centro de Informações do Exército (CIE), em Petrópolis, no qual militantes de esquerda foram torturados e assassinados nos anos 1970. Pelo menos três dos torturadores – Paulo Malhães, Luiz Cláudio de Azeredo Vianna e Antônio Waneir Pinheiro Lima – se aliaram ao jogo do bicho.

O bicheiro Ângelo Maria Longa, o Tio Patinhas, um dos chefões da contravenção na década de 1970, foi quem abriu as portas do jogo para Capitão Guimarães.

O presidente eleito João Figueiredo acompanha o discurso do médico e deputado Jorge David, primo de Anísio, em Nilópolis, na Baixada Fluminense, em novembro de 1978, durante encerramento da campanha eleitoral para senadores e deputados federais e estaduais. David é apontado como informante do Exército na perseguição a inimigos do regime na região.

Capitão Guimarães, torturador nos porões da ditadura, discursa em nome dos bicheiros, dando apoio a Darcy Ribeiro (PDT), ex-exilado político e candidato ao governo do estado do Rio, na campanha eleitoral de 1986. Sentado ao lado de Darcy (centro), o candidato a senador Marcello Alencar.

O governador do Rio Moreira Franco (PMDB) abraça o bicheiro Carlinhos Maracanã, tendo ao lado Anísio, depois de receber os contraventores no Palácio Guanabara, em 1991. Moreira, que cedera um terreno para as escolas de samba, comparou a ida dos bicheiros ao palácio à condecoração dos Beatles pela rainha da Inglaterra.

Castor de Andrade à mesa com o presidente da Fifa, João Havelange (à direita), e o então genro do dirigente esportivo, Ricardo Teixeira (ao centro), na festa de casamento da filha do bicheiro, no Hotel Intercontinental, em novembro de 1986. O *capo* era visto com desenvoltura nas rodas sociais e em círculos do poder.

Castor de Andrade, preso na Ilha
Grande (RJ) depois da decretação
do AI-5, em 1968, em ação dos
militares contra o jogo do bicho.
Por ser advogado, o bicheiro ficou
em uma casa com oito quartos,
em vez de uma cela. Ao fundo, o
produtor artístico Carlos Imperial.

Marco Antônio Povoleri, torturador
da Polícia do Exército (PE) na Vila
Militar, abandonou a farda depois
de se envolver com contrabando.
Tornou-se braço direito de Capitão
Guimarães na guerra por tomada
de pontos e na ascensão do
bicheiro à cúpula da contravenção.

Ao lado do advogado, Anísio deixa o prédio da Academia de Polícia do Rio. Às vésperas do carnaval de 1977, o bicheiro ficou 24 horas na cadeia para depor a uma comissão que investigava crimes de homicídio envolvendo os contraventores, entre os quais o assassinato de China Cabeça Branca.

Na réplica de um Bugatti, Anísio comemora o bicampeonato da Beija-Flor no carnaval de 1977. O clã se aproveitou das vitórias da escola de samba para consolidar seu poder na Baixada.

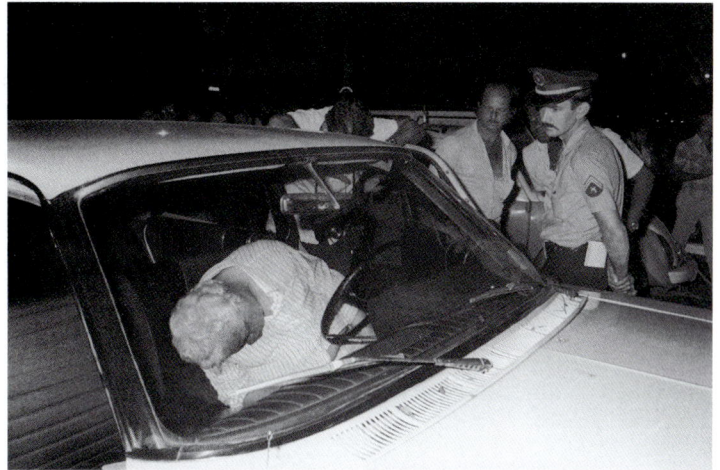

O corpo do bicheiro China Cabeça Branca, assassinado com um único tiro quando estava parado em um sinal de trânsito no Rio. Pouco antes, ele cairia em desgraça ao denunciar a manipulação dos resultados do jogo do bicho.

Os bicheiros Capitão Guimarães, Anísio, Miro, Maninho, Luizinho Drumond, Haroldo Saens Peña, Zinho e Turcão, durante a leitura da sentença de condenação por formação de quadrilha em 1993. A sentença da juíza Denise Frossard foi o mais duro golpe na contravenção desde a criação do jogo.

Luiz Cláudio de Azeredo Vianna, codinome Laurindo nos porões da tortura no regime militar, aparentado de Anísio, dava proteção ao bicheiro na tomada de pontos na Baixada Fluminense.

Paulo Malhães, ao depor à Comissão Nacional da Verdade, no Arquivo Nacional, Rio de Janeiro, em março de 2014, admitiu ter assassinado e desaparecido com os corpos de militantes de esquerda, incluindo o do ex-deputado Rubens Paiva. Com o fim da ditadura, passou a atuar sob as ordens do bicheiro Anísio.

interrogatórios. Ao ser questionado pelo jornal sobre se eram interrogatórios ou sessões de tortura, respondeu: "Olha, filho, bateu-se muito nesse Rio. Bateu-se com vontade. Alguns interrogavam, mas tinha um grupo que já chegava botando o cara no pau de arara. Vi muita gente roxa de porrada. Fizeram muita barbaridade."

A respeito da participação de policiais na morte de presos políticos, afirmou: "Muita gente botou a mão na massa. Era comum um coronel fazer uma cagada e pedir para a gente limpar. Com o Rubens Paiva foi assim, também foi com o Stuart Angel. Eles batiam, exageravam, chamavam a gente e diziam: 'Olha, é preciso enterrar esse aí.' Às vezes nem se sabia quem era. O cara já estava em um saco. Era pegar e levar. Mas isso só era feito com o cadáver caro. O simples, a gente levava para o IML e o legista dava um jeito de dizer que não tinha marca de pancada e seguia o caminho natural (risos). Se um de nós matou? Não sei. Que enterrou, eu sei que muita gente enterrou."[30]

Era esse exatamente o mesmo Gargaglione ligado ao bicheiro Castor de Andrade.

Curiosamente, ele começou sua relação com o jogo do bicho do lado contrário, o da repressão, pois integrara uma das turmas montadas no final dos anos 1960 pelo então secretário de Segurança da Guanabara, general Luís de França Oliveira, para combater a jogatina. Em outubro de 1968, por exemplo, Gargaglione liderou um grupo de policiais que estourou um escritório de Carlinhos Maracanã, na rua Cícero, 105, sala 301, na Pavuna. O escritório, da Imobiliária Portelense, servia para controlar pontos de jogos do bicho. Carlinhos Maracanã não estava no local, mas alguns jogadores do Madureira, com salários atrasados, sim.[31] Em março de 1971, as turmas, lotadas no gabinete do secretário de Segurança, foram extintas e seus chefes — entre eles Gargaglione — retornaram às funções normais.[32]

De volta à rotina das ruas, o detetive teria papel destacado na caçada ao assaltante Lúcio Flávio Vilar Lírio, o Lúcio Flávio, que fugira da penitenciária Lemos de Brito em agosto de 1972. Gargaglione chamava sua equipe no Setor de Diligências Reservadas, o do Alto da Boa Vista, de "os meninos de aço".[33] Foi em uma ação desses meninos que morreriam o irmão de Lúcio Flávio, Nijini Renato Vilar Lírio, e Liece de Paula Pinto. Os detetives relataram que as mortes ocorreram depois de perseguição e confronto, que começaram na rua Góis Monteiro, em Botafogo, e terminaram na avenida Princesa Isabel, em Copacabana. Lúcio Flávio não acreditava na versão e jurara se vingar.[34] Ele escapou da prisão 27 dias depois da morte do irmão. Foi caçado na cidade e no interior. Para a polícia, era uma questão de honra. Seria preso em um sítio, em São José do Sobrado, no Espírito Santo, em 1º de dezembro.

Um fato ligava Gargaglione a Castor na mesma época da fuga de Lúcio Flávio, mas passaria despercebido. Um dos "meninos de aço" do detetive, identificado como Beto, foi flagrado servindo de porteiro a um cassino clandestino, no Méier. O dono do empreendimento: Castor. Beto tentou impedir uma operação policial, chefiada pelo delegado Agnaldo Amado, de entrar. Levou voz de prisão, mas escapou. Perto do cassino, viam-se estacionados três carros da polícia, cujos ocupantes estavam todos no salão de jogos do bicheiro. Mas o que levava um dos "meninos de aço" de Gargaglione a dar plantão como leão de chácara de um cassino de Castor?[35]

A ação em grupos de extermínio e a experiência nas masmorras do regime haviam aproximado Gargaglione de Castor. O bicheiro se servia de policiais para garantir uma rede de proteção a seus territórios, ser informado antecipadamente de operações e eliminar desafetos ou quem caísse em desgraça em seus negócios. Agenciar membros da repressão como Gargaglione fortalecia essa rede.

Geisel desiste de caçar bicheiros

A repressão do regime militar ao jogo do bicho, iniciada com o AI-5, em 1968, duraria menos de dez anos. Foi com a criação da Comissão Geral de Investigações (CGI) que a luta contra a contravenção entrou oficialmente no cotidiano do regime, paralelamente à guerra contra a esquerda. Inicialmente, as investigações sobre corrupção levadas a cabo pela CGI dedicavam-se ao exercício de funções públicas e podiam resultar no confisco de bens fruto de enriquecimento ilícito. Respondiam, assim, ao ideário moralizante que os militares diziam defender com o golpe de 1964.

Em janeiro de 1969, o Ato Complementar 42 ampliaria as atribuições da CGI. A partir de então, a Comissão — presidida pelo ministro da Justiça e que, na prática, funcionava como um tribunal de exceção — estava autorizada a fazer investigações para combater os jogos de azar, a exploração da prostituição e o tráfico de drogas. Qualquer cidadão, e não apenas servidores públicos, poderia ser alvo de investigação da CGI. Ainda que o presidente da Comissão fosse o ministro da Justiça, as operações eram conduzidas por militares e articulavam os instrumentos de arapongagem do governo, como o Serviço Nacional de Informações (SNI).

Com os aparelhos policiais estaduais mais vulneráveis à corrupção pelo jogo, governadores viram na Comissão Geral de Investigações uma opção para o combate mais eficaz à contravenção, explica o historiador Diego Knack, que estuda os documentos da CGI.

Um relatório de 1974 diz que, até aquela data, a CGI tinha recebido cerca de 2 mil processos sobre o jogo do bicho, enviados por governos estaduais. Mas esse número não significa que efetivamente os casos foram investigados. Apesar de autorizada a abrir as investigações, esperava-se por uma orientação do ministro da Justiça sobre como conduzi-las. Como, porém, essa orientação não vinha, processos acabavam arquivados.

Em 1976, a pá de cal seria jogada. O ministro da Justiça, Armando Falcão, sob orientação do presidente Ernesto Geisel, determinou que o combate ao bicho era atribuição das polícias estaduais, e não da CGI. O ofício G/8201-B, de 16 de dezembro de 1976, de Falcão para o vice-presidente da Comissão, general Luiz Serff Sellmann, selava essa decisão. O documento era uma resposta a uma consulta da Secretaria de Segurança do Estado do Rio sobre receber ajuda da CGI na repressão ao bicho. A negativa registra o momento em que essa atribuição foi abandonada pela Comissão. Falcão informava ao general que conversara com o presidente e que, "dada a natureza essencialmente policial da espécie, não convém colocar a Comissão Geral de Investigações no combate à erradicação do chamado jogo do bicho", cumprindo "não dar andamento aos processos existentes".

Um dos problemas apontados era que "não interessa atingir os miseráveis, aqueles que vendem o jogo, mas sim os banqueiros, os donos das chamadas 'fortalezas'. Esses são resguardados e protegidos." Na análise do professor Knack, tudo indica que Geisel tomara a decisão já tendo em vista o projeto de abertura política e de extinção de órgãos de natureza excepcional, como a CGI.

Na década de 1970, em que o regime se debateu entre combater o jogo ou deixar a tarefa às polícias estaduais, bicheiros como Castor de Andrade — ainda em meio a guerras sangrentas por territórios — moviam-se para mudar a forma como eram vistos. Queriam ser aceitos pela sociedade, recebidos por personalidades e respeitados como empresários e boa gente. Escolheram as escolas de samba, cujo desfile apaixonava mais a classe média e atraía turistas internacionais, para ajudá-los a varrer para baixo do tapete a podridão da corrupção e dos crimes que cometiam. Muita gente acreditou que esse enredo dava samba.

Brasil, Brasil, avante, meu Brasil

Não existia mais quente. Esse suor, que pingava no asfalto e no couro dos instrumentos, era o dos ritmistas da Mocidade Independente de Padre Miguel, integrantes de uma bateria ilustre desde os anos 1960 pela ousada paradinha, comandada por José Pereira da Silva, o Mestre André. Fundada em 1955, a partir de um pequeno time de futebol, o Independente Futebol Clube, a Mocidade reunia uma comunidade de bambas da Vila Vintém. A marcação do surdo de terceira, por exemplo, é uma invenção de Sebastião Esteves, o Tião Miquimba, um de seus integrantes. A Mocidade era uma escola sem dono; pertencia a seus sambistas. No início dos anos 1970 já tinha história, embora, com poucos recursos, lutasse para se manter no Grupo 1.

Em 1970, com o enredo "Meu pé de laranja lima", baseado no romance de José Mauro de Vasconcelos, alcançou o quarto lugar, sua melhor colocação até então — classificada à frente do Império Serrano, uma das grandes da época, que amargaria um oitavo lugar. Mas esse foi só um suspiro. Em 1971, com o desfile "Rapsódia de saudade", a Mocidade ficou em penúltimo lugar, seguida em último por sua vizinha, a Unidos de Padre Miguel. As duas deveriam ser rebaixadas, mas o regulamento foi mudado e nenhuma escola caiu.

Há diferentes versões para a chegada de Castor de Andrade à Mocidade. A mais difundida atribui a Olímpio Correia, o Gaúcho, ex-presidente da escola, o convite ao bicheiro. Outra conta que

Castor se aproximou da Mocidade devido a Ivanoy Ferreira da Silva, destaque da agremiação, que conhecia a mulher do bicheiro, Vilma, frequentadora de seu salão de cabeleireiro. Depois, Ivanoy passou a desfilar no Império Serrano, mas logo voltaria à Mocidade.

Castor, dono das bancas de bicho em Bangu e bairros vizinhos, vira na Mocidade Independente mais um instrumento para ampliar a influência que tinha em seu território de jogo e ganhar reconhecimento fora dele.

"Bicheiro tinha dinheiro, mas não tinha prestígio", diz um sambista: "Com as escolas, eles investiam para limpar os nomes deles, para aparecer bem. Castor abriu a mão para botar dinheiro, mas aí a Mocidade virou a escola do doutor Castor. Os bicheiros entravam de forma truculenta. Na Mocidade tinha até um quartinho com palmatória,[36] do pessoal da segurança do Castor."

Ainda que pudesse ter ajudado a escola antes, o bicheiro se instalaria de fato na Mocidade depois do carnaval de 1973. A agremiação ficara na sétima colocação, a situação não era boa. Como Castor não queria ser presidente, indicou um homem de sua confiança para o lugar: o policial Osman Pereira Leite.[37]

Para o carnaval de 1974, a história seria diferente. Agora com o dinheiro do bicho, a Mocidade contratou o carnavalesco Arlindo Rodrigues, um campeão no Salgueiro[38] dos anos 1960, conhecido pelos enredos claros, figurinos cheios de detalhes e alegorias com belo acabamento. O desfile também marcaria a volta de Mestre André ao comando da bateria, da qual estivera afastado em 1972 e 1973.

Dos seis carnavais seguintes ao de 1973, Arlindo assinaria cinco: "A festa do divino", de 1974, com o qual a Mocidade conquistou o quinto lugar; "O mundo fantástico do uirapuru", de

1975, terceiro lugar; "Mãe Menininha do Gantois", de 1976, sexto lugar; "Brasiliana", de 1978, quarto lugar; e "O descobrimento do Brasil", de 1979, quando a agremiação de Padre Miguel foi pela primeira vez campeã do carnaval carioca.

Castor, assim como os outros bicheiros que tomaram para si escolas de samba nos anos 1970 e 1980, estava jogando.[39] E quem joga quer ganhar. Não foi simples. Em 1974, às vésperas do primeiro desfile patrocinado pelo bicheiro, um incêndio na Vila Hípica, que servia de ateliê, destruiu parte das fantasias, incluindo "300 baianas, 150 fantasias de carregadores de alegorias, centenas de vestimentas de 12 alas — cada qual com 35 a sessenta figurantes —, além de Cr$ 40 mil em lamê, oito máquinas de costura e vários metros de fazenda em geral", segundo noticiou o *Jornal do Brasil*. Ainda de acordo com o jornal, o "presidente de honra da Mocidade, advogado Castor de Andrade, conseguiu a liberação do campo de futebol do Bangu Atlético Clube para que ali se desenvolvam, em ritmo acelerado, os trabalhos finais, e para onde, ainda hoje, será transportado todo o material necessário. Guardas de segurança serão contratados para que se evitem novos transtornos".

Os seguranças tinham uma explicação. Para Osman, o incêndio fora criminoso:[40] "Eu sei quem são os interessados em derrubar a Mocidade Independente. Estão com medo da gente, porque antes o nosso carnaval não passava dos Cr$ 100 mil e este ano o nosso desfile já está orçado em meio milhão. Eles estão com medo de dar Padre Miguel 'na cabeça'. É assim que eles sabem ganhar carnaval. É com sujeira e atos criminosos como este. Se eu pego o responsável por isso, mato-o sem nenhum remorso. Mas não faz mal, pois vamos trabalhar 24 horas por dia e nem que eu tenha que desfilar sozinho com a bandeira da escola, Padre Miguel vai até a avenida Antônio Carlos."[41]

O desejo de vitória da Mocidade parecia um fato conhecido, pelo menos por parte do mundo do samba. Luiz Fernando do Carmo, o Laíla, então no Salgueiro, descreveu assim o que poderia se passar naquele carnaval de 1974: "Todo ano eu gosto de fazer um lembrete ao presidente da Riotur, o coronel Aníbal Uzeda. É no sentido que ele tome cuidado com os sambistas que se propõem a auxiliá-lo na organização do carnaval. Estes sambistas formam uma espécie de máfia, são os gaviões do samba e, no fundo, estão ali apenas para defender os interesses das escolas que representam. São terríveis."

E, diante da afirmação do representante da Riotur de que não havia riscos, Laíla acrescentou: "É... Mas eu já soube, por exemplo, que esse ano estão trabalhando para a vitória da Portela ou da Mocidade Independente de Padre Miguel. E isso eu já avisei ao coronel..."[42]

A Mocidade de Castor não ganhou em 1974. Uma nota 4, em fantasia, tirou-a do páreo. O vencedor foi o Salgueiro, de Laíla, Joãosinho Trinta e do bicheiro Osmar Valença, com "O Rei de França na ilha da assombração".

Castor não desistiria. Mas o rastro de corrupção policial e crimes da contravenção respingava na sua tentativa de criar uma imagem de bom bicheiro e mecenas do carnaval.

Em 1977, os dias anteriores ao carnaval foram tensos. A comissão especial da Secretaria de Segurança que apurava crimes ligados ao jogo,[43] como o assassinato do bicheiro Euclides Pannar, o China Cabeça Branca, detivera Anísio. A lista dos contraventores que a polícia queria interrogar era grande. Entre outros, aparecia o nome de "Osman Pereira Leite, presidente da Mocidade Independente de Padre Miguel e afilhado de Castor de Andrade, de Bangu".[44]

O delegado Newton Costa chegou a declarar sobre a prisão de Anísio: "Não temos nada contra o samba, mas a verdade é que quase todas as escolas estão entregues aos contraventores, e temos de ouvi-los. Por isso acabamos criando problemas como esses." [45]

Na noite do desfile, a tensão cresceu e dominou a concentração da Mocidade: Osman recebera a informação de que seria detido ao final da apresentação da escola pela comissão especial, acusado de ligações com Castor. "Estão me perseguindo por quê? Não tenho nada a ver com Castor nem com a contravenção. Sou um pai de família, com dois filhos para criar, e não posso ter a vida estragada por uma injustiça dessa." [46]

Dois dias depois as coisas mudariam um pouco. Osman não fora preso, mas a Mocidade havia feito um desfile cheio de problemas, que ele atribuía à desorganização da Riotur e à sabotagem de um grupo de oposição. Diante do que afirmou: "Vou botar o Castor de Andrade como presidente da escola e eu ficarei como vice-presidente. Ele cuidará de toda a parte administrativa e financeira. Eu, ao contrário do que vem acontecendo, estarei liberado para me preocupar apenas com a organização do carnaval." [47]

A comissão da Secretaria de Segurança queria os depoimentos de Castor e Osman. O contraventor tinha sido acusado de mandar sequestrar e assassinar, em abril de 1973, o bicheiro Vicente Paula da Silva, seu funcionário, cujo corpo fora encontrado na rodovia Rio-Magé com perfurações a bala, a mão esquerda cortada. O motivo do crime: Vicente teria brigado com Castor e o chamado de ladrão em público. Para o contraventor, algo imperdoável. Dois policiais ligados a Castor foram apontados como suspeitos do crime: Sebastião José da Silva, o Tião Tripa, [48] e Osman. [49]

Não era a primeira vez que os nomes de Osman e Castor apareciam juntos em páginas policiais.

Dez anos antes desse crime, em dezembro de 1963, policiais de vigilância foram apontados como responsáveis por mortes cometidas a mando do bicheiro. Vilma Maria da Conceição, que sobrevivera a sete tiros, denunciou que os assassinos de seu marido, Pedro Viana de Melo, cujo corpo, segundo relatou, havia sido jogado no rio Guandu, eram guardas da Polícia de Vigilância, entre outros um de nome Osman Pereira Leite. Segundo Vilma, os policiais eram lotados no posto policial de Padre Miguel e agiram "a soldo do banqueiro de bicho e advogado conhecido como Castor".[50] O objetivo deles, de acordo com a viúva, era descobrir onde estava Joel Marinho de Oliveira, o Joinha. Torturado, Pedro acabou contando.

Adenir Meneses, a mulher de Joinha (cujo corpo seria encontrado em um terreno baldio em Nilópolis), afirmou que Osman era um dos que comandavam o grupo que estivera na sua casa, em Bangu, e sequestrara o seu companheiro. Segundo Adenir, Castor tinha botado a cabeça de Joinha a prêmio porque ele assaltara pontos do bicheiro. Os guardas negaram os crimes, dizendo que as acusações eram de "mulheres de bandidos".[51] Além de Joinha, teriam sido executados pelo mesmo motivo, a mando de Castor, Almir Rangel (achado estrangulado sob uma ponte em Senador Camará), Acir Leão Correia, o Chu (morto a tiros e jogado no rio das Tintas, em Nilópolis), Jorge Salomão, o Bilica (estrangulado e crivado de balas, o corpo encontrado em Nilópolis), e Edvaldo José Severino, o Dico (também achado em Nilópolis).[52] No dia 5 de janeiro, ao deixar o hospital onde estivera internada, Vilma voltou atrás nas acusações. Dois dias depois, em uma acareação, disse não os reconhecer.[53]

Os crimes não seriam esclarecidos, como muitos atribuídos ao bicho.

Na década seguinte, era como um dos homens fortes de Castor que Osman presidia a Mocidade. Tão ambicioso quanto o banqueiro, o afilhado não media esforços para se impor. Queria ganhar no bicho e no carnaval.

A vitória da Mocidade em 1979, com um desfile rico e monumental — baianas com fantasias em branco e prata levando pequenas caravelas na cabeça, enormes esculturas de elefantes representando o caminho para as Índias, tudo de grandioso, no estilo do carnavalesco Arlindo Rodrigues —, foi embalada pelo samba-enredo "O descobrimento do Brasil", dos compositores Toco e Djalma Cril, com versos ufanistas, próximos do espírito de exaltação nacionalista propagandeado pelo regime.[54]

> A musa do poeta
> E a lira do compositor
> Estão aqui de novo
> Convocando o povo
> Para entoar um poema de amor
> Brasil, Brasil, avante, meu Brasil
> Vem participar do festival
> Que a Mocidade Independente
> Apresenta neste Carnaval
>
> De peito aberto é que eu falo
> Ao mundo inteiro
> Eu me orgulho de ser brasileiro
>
> Partiu de Portugal com destino às Índias
> Cabral comandando as caravelas
> Ia fazer a transação
> Com o cravo e a canela
> Mas de repente o mar
> Transformou-se em calmaria
> Mas deus Netuno apareceu
> Dando aquele toque de magia
> E uma nova terra Cabral descobria

Vera Cruz, Santa Cruz
Aquele navegante descobriu
E depois se transformou
Nesse gigante que hoje se chama Brasil

Com a conquista, que também representava a derrota da Beija-
-Flor de Anísio depois de três campeonatos consecutivos, Castor
começava a consolidar seu poder no carnaval. Entronizado como
mais um bicheiro-mecenas, declarou: "Olha, não há preço que
justifique o sacrifício de uma escola de samba. O dinheiro, a meu
ver, não significa nada diante do sacrifício de todos, passistas,
ritmistas, porta-bandeira, mestre-sala, todos enfim. O trabalho
de Arlindo Rodrigues, de Osman, do mais simples operário de
construção da quadra."[55]
Para Castor, tudo tinha preço.

O gigante Brasil e a conexão italiana

No Brasil gigante de Castor, ter um negócio baseado apenas nas
apostas feitas nas esquinas era pouco. Ambicioso, botou em prática
um projeto desenvolvimentista próprio. E a conexão com a máfia
italiana seria a oportunidade cobiçada. Essa aproximação começara
a se desenhar quando o *capo* Antonino Salamone, fugindo da polícia
italiana, desembarcou no Rio, no começo da década de 1960, como
relatou o juiz Wálter Maierovitch, titular da Secretaria Nacional
Antidrogas no governo Fernando Henrique Cardoso. Para proteger
Salamone, Castor o empregou na Tecelagem Bangu. Pura fachada,
no entanto. O mafioso se estabeleceu, na verdade, em São Paulo.

Aproveitando-se de ligações pessoais, construídas com o regime militar ao longo dos anos 1970, Castor conseguiria influenciar

o governo a dar a cidadania brasileira ao foragido, benefício concedido pelo então ministro da Justiça do governo Geisel, Armando Falcão. "Ele jamais poderia ter obtido a cidadania porque cumpria pena quando fugiu para o Brasil. Havia um mandado de prisão internacional. Os seus processos já tinham transitado em julgado", afirmou Maierovitch, que estudou os métodos de organizações criminosas.

Salamone saberia reconhecer o apoio recebido. Ele foi um dos elos de Castor com a máfia, quando, já nos anos 1980, as máquinas de jogos de azar chegaram e se espalharam pelo país. A conexão italiana, eletrônica e globalizada, sepultava de vez os tempos do bicho primitivo de Natal da Portela.

4

Guimarães II

A nova tropa do Capitão

O rosto era quadrado e duro. Tinha um olhar sem expressão, cabelo cortado baixo e um inseparável cachimbo. O que se via no cabo mineiro Marco Antônio Povoleri era uma massa de músculos, tórax e braços abrutalhados. No momento mais duro da repressão aos inimigos do regime, encarnou o terror das masmorras da 1ª Companhia Independente da Polícia do Exército, na Vila Militar. Ex-leão de chácara em inferninhos de Juiz de Fora, fora campeão de luta livre nos quartéis.

Mas quem então enfrentava a estupidez do gigante era a malta de pequenos contraventores de Niterói e arredores. Ele os ameaçava dizendo que Capitão Guimarães queria os pontos. E pagava determinada quantia (apontando o gordo indicador para uma lista de nomes de bicheiros ao lado de valores). Mandava-os pensar bem antes da resposta, para não deixar o patrão chateado.

A oferta fazia um frio escalar a barriga do modesto contraventor, que sabia não haver escolha: ou vendia a banca a preço de banana, ou arcava com as consequências. Ninguém, afinal, queria o mesmo destino de Agostinho Lopes da Silva Filho, o bicheiro Guto, primeira vítima da nova ordem que se estabelecera nas ruas.

Povoleri era um cão fiel de Guimarães desde que ambos, na segunda metade dos anos 1960, tomaram parte da repressão sangrenta contra a esquerda armada, iniciada no Rio pela Vila Militar. O estouro do aparelho da Vanguarda Popular Revolucionária (VPR) na Vila Kosmos, subúrbio do Rio, em 1969, firmara um pacto entre os dois. Internados no hospital da Vila Militar, baleados por Eremias Delizoicov, oficial e subordinado tiveram tempo de se conhecer melhor e pensar no futuro. Seria justo perder a vida pelos comandantes e pela pátria?

Uma década depois, a dupla havia mudado de trincheira. A guerra ideológica dera lugar à disputa pelo poder paralelo. O inimigo interno deixara de ser um "garoto subversivo", como Eremias. Nas esquinas de Niterói, os dois passaram a enquadrar um bando de homens iletrados, toscos, camisas abertas, cordões ornando o peito, dentes de ouro e outras referências à zoologia contraventora. Na nova tropa, Guimarães iniciava a escalada rumo ao topo da hierarquia e Povoleri, o brutamontes, respondia pela chefia de operações.

Os pequenos esperavam uma reação dos padrinhos, mas nada aconteceria. A vista grossa para a investida de Guimarães não se explicava apenas pelo medo — se bem que motivo não faltava: policiais que o conheceram nas delegacias e que viviam da mesada do bicho alertavam que o Capitão era "corajoso e violento". A cúpula, porém, mostrava-se empolgada com o novato.

Por ser oficial de Intendência e conhecer de administração, logística e contabilidade, Guimarães enchera os olhos dos velhos.

Até então imperavam a desorganização e o improviso. A divisão territorial era feita na base do "daqui para lá, é meu; daqui para cá, seu". O dono do ponto era o corretor, que trabalhava para o chefão que pagasse a maior comissão pelas apostas repassadas à "descarga". Desavenças eram resolvidas a bala.

Com a chegada de Guimarães, o jogo adotaria procedimentos empresariais e se informatizaria. A cúpula ganhou contornos de estado-maior. Remonta a essa época a adoção do sistema de atas nas reuniões, em lugar da palavra dada, e o mapeamento dos pontos. "Antes, você podia dormir com 50 pontos e acordar sem nenhum. Reuni os banqueiros daqui e loteamos Niterói", gabava-se o ex-militar. A divisão formal, iniciada na cidade, espalhou-se pelo Grande Rio, enquadrando os nanicos e reduzindo a luta pelo território.

Os serviços de inteligência do regime informavam que Guimarães conhecera Ângelo Maria Longa, o chefão Tio Patinhas, o padrinho que lhe abriria as portas do bicho. Desde o fim do governo Médici, teve início um processo de transferência de integrantes da repressão para a burocracia militar. No caso de Guimarães, havia o agravante de estar em desgraça após ser flagrado no esquema de extorsão a contrabandistas.

O coronel Paulo Malhães, o bárbaro Doutor Pablo do Centro de Informações do Exército (CIE), acompanhou a evolução de Guimarães nas fileiras do crime organizado. Em depoimento à Comissão Estadual da Verdade do Rio (CEV-Rio), em fevereiro de 2014, revelou que Capitão "saiu matando" para consolidar-se em Niterói como o novo *capo* da contravenção.

"Isso [a trajetória de Guimarães] eu conheço as histórias de trás para a frente, de frente para trás", afirmou. "E o senhor conhece muita gente que, como o Guimarães, pulou de lado, largou da farda para ir para o bicho e se deu bem nisto?", questionou a CEV-RJ. "Os auxiliares dele todos largaram e hoje estão bem", respondeu Malhães. "Não tem um que parece que está mal, lá em Juiz de Fora, o que era sargento, corpulento, gordo, forte, negro [na verdade, o ex-cabo Povoleri]?", indagou a CEV-RJ. "Ele [Guimarães] é esperto. Ele arrepiou Tio Patinhas, que era o maior contrabandista da época. A gente chama de arrepio, né? Quando você rouba um contrabando, você está arrepiando. Foi o cara [Patinhas] que ele mais arrepiou. Tio Patinhas procurou-o e chegou a um acordo: dava uma grana para ele, por mês, e ele não arrepiava mais. Arrepiava só os outros, e ele concordou. Quando saiu do Exército, expulso, ele foi ao Tio Patinhas, que lhe deu emprego: 'Você vai ali para Niterói, tem um ponto de bicho lá, este ponto de bicho fica sendo seu.' Ele topou. Só que ele foi esperto. Saiu matando os bicheiros todos do lado, foi tomando os pontos de bicho e, hoje, é dono de Niterói", completou Malhães.

Desde os primeiros movimentos de Guimarães no submundo do crime, os órgãos de informações acompanharam os passos do ex-oficial. Jamais o incomodaram, mas não o queriam fora de controle. Em 1981, ano em que Capitão se desligou do Exército, a guerrilha de esquerda estava extinta — dali para a frente ocorreriam apenas quatro das 434 mortes e desaparecimentos contados pela Comissão Nacional da Verdade (CNV). Os porões estavam agora ocupados em lutar contra a própria extinção. Não aceitavam perder *status*. Não abriam mão de agir acima da lei. E Guimarães, com o encolhimento dos espaços de poder, era um quadro valioso demais para ser desprezado.

Sem o pau de arara, restava-lhes a arapongagem na caça aos comunistas. Muitos torturadores seriam reciclados em cursos de criptografia, fotografia e interceptação. O aparato de vigilância começava na invasão de privacidade, pelos "jacarés" usados nos grampos telefônicos, e terminava nas ruas, com os apontadores do bicho transformados em espiões da rede do SNI.

No primeiro mês de vida civil, Guimarães já caíra nos radares desta rede. Em março de 1981, o nome do ex-oficial apareceu no Informe 017-117-ARJ-81, da Agência Rio do SNI, denominada "Procedimento irregular de autoridades (federais, estaduais e municipais)": "Presentemente, dedica-se em tempo integral à contravenção do jogo do bicho na cidade de Niterói e municípios vizinhos. Mantém estreitas ligações com a alta cúpula da contravenção, coordenando a arrecadação de todo o produto do jogo e realizando os contatos necessários ao pagamento de propina à polícia."

Em abril seguinte, a explosão de uma bomba no estacionamento do Riocentro, durante um show em homenagem ao Dia do Trabalho, denunciaria a conspiração terrorista tramada dentro dos quartéis. A bilheteria, que arrecadava recursos para organizações de esquerda ligadas ao processo de abertura política, mobilizara a ira dos agentes do SNI, quase todos egressos dos porões, e do Destacamento de Operações de Informações (DOI) do I Exército, o centro de torturas da rua Barão de Mesquita, na Tijuca. Juntos, planejaram um atentado contra os 20 mil jovens presentes ao espetáculo.

O plano só não previa que a bomba fosse explodir no colo de um dos executores, o sargento Guilherme Pereira do Rosário, do DOI, matando-o na hora e ferindo gravemente o capitão Wilson Luiz Alves Machado, ao seu lado.

Perdigão, o feroz aliado

Por quase vinte anos, o Exército sustentou que Rosário e Machado tinham sido vítimas de um grupo radical terrorista. A farsa só caiu em 1999, em novo inquérito sobre o caso, quando os militares reconheceram o protagonismo da dupla. Desta investigação sairia das sombras o nome do líder do atentado.[1] Da carceragem do DOI da rua Barão de Mesquita ao escritório do CIE no Palácio Duque de Caxias (RJ), do DOI-II de São Paulo à Casa da Morte, poucos foram tão temidos. Violento, colérico, impiedoso, secreto: é difícil achar um único adjetivo que defina Freddie Perdigão Pereira (1936-1996), o coronel que sintetizou a transformação das antigas masmorras do regime em *bunkers* de conspiração.

Desde os anos 1970, Perdigão já flertava com a contravenção. Vendia-lhe proteção, seguindo o velho estilo na Polícia Civil. Com a bomba do Riocentro, que arruinara sua reputação nas Forças Armadas, enfiou-se definitivamente na tropa do amigo Guimarães. Nos anos seguintes, o Doutor Roberto, codinome que usava na Casa da Morte, daria apoio armado para o bicho firmar-se como a mais bem estruturada organização criminosa da história do país.

O Puma, marca do automóvel do capitão Machado que explodiu no Riocentro, era na época um carro icônico. Representava poder, arrojo e espírito esportivo. Guimarães tinha o seu. Um informe do SNI, produzido em 1981, registrou que o ex-oficial mantinha na garagem um Puma GTB 1980, bege. A frota do bicheiro, sinal escancarado de riqueza instantânea, ostentava ainda dois Miuras, um branco e um prata, do mesmo ano, e uma Brasília branca, de 1979. Na época, ele morava na rua Domingos Ferreira (número 192, apartamento 301), em Copacabana, com a mulher, Maria Helena, e dois filhos, Ailton Júnior e Danielle. Montara escritório na rua Mariz e Barros (513, sala 204), em Niterói, de onde comandava pontos de jogo, distribuía os resultados, controlava a arrecadação e pagava propina à polícia.

Perdigão, ao contrário, era avesso a exibicionismos. Uma vez, convidado para almoçar na fazenda do médico-torturador Amilcar Lobo, em Vassouras, causou constrangimento ao proibir a mulher do anfitrião de fotografá-lo.

Da carreira iniciada em 1959, como aspirante no 9º Regimento de Cavalaria Blindado, em São Gabriel (RS), até o fim do governo Geisel (1979), ele passara doze anos nos porões. De fevereiro a junho de 1968, enquanto os estudantes incendiavam as ruas do Rio, Perdiga, como era chamado pelos colegas, aprendia técnicas de interrogatório e estouro de aparelhos subversivos no Centro de Estudos de Pessoal (CEP) do forte do Leme, no Rio. Em boletim reservado, o então comandante da unidade, coronel Otávio Pereira da Costa, escreveu que o aluno poderia "produzir ainda mais do que realmente já produz, na medida em que se mostre emocionalmente amadurecido".

No auge da repressão, Perdigão produzia violência. A ex--guerrilheira Inês Etienne Romeu assim o descreveu: "Doutor Roberto, um dos mais brutais torturadores, arrastou-me pelo chão, segurando pelos cabelos. Depois, tentou me estrangular e só me largou quando perdi os sentidos. Esbofetearam-me e deram--me pancadas na cabeça. Colocavam-me completamente nua, de madrugada, no cimento molhado, quando a temperatura estava baixíssima. Petrópolis é intensamente fria na época que estive lá (de 8 de maio a 12 de agosto de 1971)."

Roberto não foi o único codinome de Perdigão.[2] O oficial também aparece como Doutor Nagib em duas listas do projeto *Brasil: Nunca Mais*, atuando, entre 1970 e 1971, no DOI do I Exército. Em uma destas relações, a de "Elementos Envolvidos Diretamente em Torturas", seu nome é denunciado pela canadense Tânia Chao. Na outra, "Membros dos Órgãos da Repressão", pelo estudante Sérgio Ubiratã Manes.

A crueldade de Perdigão ainda tirava o sono de Valdemar Martins de Oliveira, ex-paraquedista do Exército, mais de quatro décadas depois. Ele denunciou o oficial como autor dos disparos que mataram o casal de estudantes Catarina Helena e João Antônio Abi-Eçab, ligados à Ação Libertadora Nacional (ALN), em novembro de 1968, no Rio. Oliveira contou, em depoimento à Comissão da Verdade de São Paulo, que fora recrutado pelo próprio Perdigão em 1968, quando ingressou no 27º Batalhão de Infantaria Paraquedista, no Rio. "Eu vi. Estou dizendo que vi: ele [Perdigão] se abaixou, quase de joelhos, e atirou na cabeça dos dois", disse, afirmando lembrar-se até da arma usada, um Colt 45.

Mas os tempos de selvageria haviam terminado. Perdigão, recém-chegado de Marabá, onde cumprira, em 1979, um compulsório estágio na 23ª Brigada de Infantaria de Selva, não queria mais sair do Rio. Estava lotado na agência local do SNI, no prédio do Ministério da Fazenda no Centro da cidade, quando lhe chegou a vez de comandar, condição necessária para ser candidato ao generalato. Na relação de unidades disponíveis, só existiam postos fora do Rio. O lugar mais próximo era Pirassununga (SP), e havia também uma vaga em Alegrete. Perdigão, contudo, preferiu passar à reserva. "Fui contratado [pelo regime de CLT] para continuar no SNI. Como eu tinha a alternativa de exercer as mesmas atividades, trabalhar do mesmo jeito, a passagem para a reserva representou apenas um papel escrito. Fiquei na Agência Rio [na Seção de Operações] até 1987, quando começaram as mudanças na política. Então resolveram, com certa razão, que eu e outros não éramos mais necessários. Daí, saímos todos"[3], explicou na única entrevista de sua vida.

Produzida em 1978, sua monografia de conclusão do curso da Escola de Comando e Estado-Maior do Exército (Eceme) traduz algum ressentimento. No trabalho, "O Destacamento de Operações de Informações (DOI) no Exército Brasileiro. Histórico papel de combate à subversão: situação atual e perspectivas", de 36 páginas, Perdigão afirma que o terrorismo no Brasil foi praticamente aniquilado, "fruto principalmente do trabalho anônimo e incansável dos DOI". Sem mais inimigos para enfrentar "no combate aberto", segundo o major, o destacamento teria mudado a sua forma de atuar: "Agora, praticamente inexistem turmas de busca e apreensão, destinadas exclusivamente ao estouro dos aparelhos e enfrentamento, substituídas pela seção de investigação."

Perdigão, porém, manteve no trabalho acadêmico uma porta aberta para a violência clandestina: "Os componentes da seção de investigações são altamente capacitados a executar operações sigilosas e, com o mesmo desembaraço e eficiência, executam ações violentas, se for o caso." Ações nas quais não havia acatamento à disciplina e à hierarquia militar.

Favorecidos pela Lei da Anistia, antigos inimigos estavam de volta e outros surgiam em 1981. No Rio, Leonel Brizola pavimentava a candidatura ao governo do estado. Em São Paulo, o metalúrgico Luiz Inácio Lula da Silva começava a estruturar a Central Única dos Trabalhadores (CUT), forjada nas greves do ABC. Para agentes da repressão, era hora de garantir a sobrevivência. Perdigão, que acumulava os proventos de coronel aposentado com o salário do SNI, tinha clareza de que a nova conjuntura preparava-lhe um pé no traseiro. Tentou detê-lo, inicialmente, explodindo bombas pelas ruas, mas o "acidente de trabalho" no Riocentro abortaria a estratégia.

As salas refrigeradas do SNI o entediavam. Mesmo afastado oficialmente de unidades operacionais, continuava frequentando a masmorra do DOI da rua Barão de Mesquita, de onde levava antigos comandados, cabos e sargentos, para um chope no restaurante Garota da Tijuca,[4] na vizinha praça Varnhagen. A conversa, pontuada por palavrões contra o ex-presidente Ernesto Geisel, "um traidor filho da puta", servia muitas vezes para acertar os detalhes do próximo atentado contra a abertura política.

Dias depois da bomba do Riocentro, o chefe da Agência Central do SNI, general Newton Cruz, esteve secretamente no Rio para um encontro com dois desses agentes (um tenente da PM e um sargento do Exército, cujos nomes jamais revelou). A ordem expressa era parar com as explosões. Cruz, anos mais tarde, contou que a reunião, regada a "uisquinho", teria acontecido, serena, na suíte de um hotel da Zona Sul. Quem conheceu o temperamento irascível de Nini, apelido do general, custa a acreditar em tal cena com subordinados. Generais dificilmente se dirigiam diretamente a sargentos, muito menos se deslocavam da capital para atendê-los. É mais plausível imaginá-lo colérico.

A reação de Nini jogou água no chope do Garota da Tijuca. Perdigão, isolado e proscrito, resolveu seguir os passos de outros colegas em situação parecida. O amigo Guimarães[5] o recrutou para a contravenção, confiando-lhe missões vitais para a expansão dos negócios. Na mesma época, o coronel assinou a ficha de inscrição da Irmandade Santa Cruz dos Militares. A ordem católica, fundada no século XVII para servir de sepulcro dos militares, transformara-se em porto seguro dos ex-agentes da repressão. Escondidos na velha igreja da rua Primeiro de Março, Centro do Rio, entre entalhes do Mestre Valentim, ali mantiveram a unidade e preservaram os segredos mais protegidos do regime.

Aos 45 anos, magro, estatura mediana, Perdigão revelava a vaidade na tintura usada para banir os fios brancos da cabeça. Mancava discretamente, desde 1970, quando ferido na perna em troca de tiros com guerrilheiros. A bala atingira a veia femoral e quase o matara. Ganhou a Medalha do Pacificador com Palma pelo episódio, mas nunca se recuperaria do ferimento, obrigado a ir periodicamente a um hospital para a retirada de material necrosado.[6] Suas poucas amizades forjaram-se na repressão.

Foi a desenvoltura no apertar do gatilho e sumir com as vítimas sem fazer perguntas que garantiu ao então delegado Cláudio Guerra, implacável matador do Espírito Santo entre os anos 1970 e 1980, um lugar ao lado de Perdigão. Esta amizade, confessaria anos depois o ex-policial, o teria levado a incinerar corpos de vítimas da Casa da Morte nos fornos da usina de açúcar Cambahyba, em Campos dos Goytacazes (RJ). Em depoimento à Comissão Nacional da Verdade, Guerra envolveu o militar em um esquema de apoio financeiro do jogo do bicho à repressão política, entre 1973 e 1980, no Espírito Santo. A propina era paga pelos bicheiros, na presença de Perdigão, no gabinete de um pro-curador da República, espécie de "subseção do SNI" no estado, como descreveu.

Da venda de proteção, Perdigão evoluiria para o envolvimento direto. Em 1987, quando a sociedade pressionava o governo Sarney por uma faxina no lixo autoritário, Perdigão foi afastado do SNI. No mesmo ano, Capitão Guimarães assumia a presidência da Liga Independente das Escolas de Samba (Liesa). Sob o poder de bicheiros como Aniz Abraão David, Castor de Andrade, Luiz Drumond e Guimarães, o desfile virara um espetáculo caro, com gastos elevados para as escolas, mas também receitas cada vez mais gordas, além de uma porta à lavagem de dinheiro sujo.[7]

A Liga fora criada com um objetivo claro: privatizar o carnaval carioca e deixar na mão dos bicheiros das principais escolas a "gestão" da maior parte dos recursos oriundos da venda de in-gressos e dos direitos de transmissão de imagem e publicidade, esvaziando o poder público e enfraquecendo as pequenas agremiações. Com o dinheiro entrando sem filtros na entidade, tocariam o negócio do samba como o do bicho. Poucos decidiriam sobre o destino da festa e o uso dos recursos. Chamaram a isso de profissionalização dos desfiles. Mas o nome poderia ser negócios entre amigos. Empresas ligadas aos *capi*, fabricantes de material para fantasias e alegorias, passaram a representar um mercado lucrativo, muitas vezes entre parentes e amigos. Na divisão do bolo, Perdigão ganharia a sua fatia.

Um galpão da Irmandade, na travessa Capitão Barrão, n° 10, em São Cristóvão, abrigou na época uma loja de espelhos, componente de fantasias de carnaval, montada pelo coronel com o aval do amigo bicheiro. O negócio, relatado pelo coronel Paulo Malhães pouco antes de sua morte em 2014, foi confirmado por uma pessoa próxima da família. Esta mesma fonte contou que, além do galpão, Perdigão assumira a chefia da segurança de empresas de ônibus ligadas aos bicheiros da Baixada Fluminense. A oportunidade de montar essas equipes, que flertavam com os grupos de extermínio da região, promissora para egressos da repressão, também foi aproveitada por Paulo Malhães, pelo delegado Luiz Cláudio de Azeredo Vianna, o Laurindo, e pelo ex-soldado Antônio Waneir Pinheiro Lima, o Camarão, três dos torturadores da Casa da Morte.

A aliança bicho-repressão perdera o recato. Ailton Guimarães Jorge já reinava no jogo como Capitão Guimarães quando cruzou os portões do Colégio Militar do Rio, em março de 1989, de braços dados com Perdigão, nas comemorações do centenário da escola. O coronel também frequentava festas de bicheiros, como Antonio Petrus Kalil, o Turcão.

A lealdade demonstrada por Perdigão o encorajou a dar um passo mais ousado. Com o consentimento de Guimarães, abriu uma mesa de jogos de azar em Cabo Frio, onde tinha um apartamento, no Condomínio do Forte, diz uma fonte militar. A esta altura, revelou Cláudio Guerra, o coronel já respondia pelo comando de toda a tropa de guarda-costas da cúpula da contravenção: "O que sei é que Perdigão foi chefe de segurança da cúpula do bicho aí no Rio, cargo que foi repassado para mim."

No mundo dos negócios subterrâneos, contudo, a sobrevivência não depende apenas de valentia ou de homens armados. É preciso malandragem para esconder os lucros suspeitos e ter um negócio limpo. No Cadastro Nacional de Informações Sociais (CNIS), consta que Perdigão passou a contribuir como empresário em 1º de outubro de 1986. Seu nome aparece como proprietário de três empresas: Minimercado Campestre (fundado em 1994), Montper Importação e Exportação (1995) e Acelera na Curva Veículos (1996).

Os sócios de Perdigão no mercado, montado na rua Mariz e Barros, na Tijuca, eram seus dois genros. Para um deles, Mário Mantuano Filho, comerciante da área de alimentos, o coronel conseguira uma boca no regime que definhava. Mário foi servidor vinculado à Presidência da República (a mesma lotação dos quadros do SNI) entre 1982 e 1984. A Montper nunca existiu no endereço fornecido à Junta Comercial, na rua Prado Júnior, em Copacabana. Um dos sócios, que tem medo de se identificar, contou que Perdigão juntara-se ao português João Monteiro, do ramo de cosmética, para importar o xampu Pantene. "O negócio não prosperou porque Perdigão adoeceu. Ele era um sujeito educado, mas sabíamos que estava metido com grupos de extermínio", lembra-se.

Foi nos fundos do minimercado Campestre que Perdigão deu a única entrevista da vida a Luiz Fernando Fortunato, engenheiro e filho de coronel, que a publicou no livro *A direita explosiva no Brasil*, na qual ele descreve sua relação de amizade com integrantes de organizações extremistas anticomunistas.[8] Na mesma época, o coronel da reserva José Ribamar Zamith, ex-comandante da 1ª Companhia Independente da Polícia do Exército (Vila Militar), encontrou-o, aborrecido, na porta da loja. Ao aproximar-se, foi recebido com uma saraivada de ofensas a Guimarães, com quem acabara de romper a amizade.

Uma desavença financeira com Aniz Abraão David, o Anísio, teria sido o motivo. Perdigão não perdoou o ex-colega de tropa por ter ficado ao lado do bicheiro de Nilópolis. Não conseguiu entender que Guimarães era agora general de outra força, não mais do Exército. Tampouco conseguiu se reinventar fora das sombras. Os negócios ruíram e a família, cansada da vida errante e violenta do velho oficial, afastou-se. No dia 22 de dezembro de 1996, aos 60 anos, o Doutor Roberto da tortura morria de aneurisma.

Guimarães não foi visto no enterro, no Cemitério do Caju. Bem antes, já havia sepultado a longa folha de serviços prestados pelo coronel.

A irmandade do Careca

No amanhecer de 13 de outubro de 1982, o jornalista Alexandre von Baumgarten, dono da revista *O Cruzeiro*, que comprara em 1979, saiu da Praça XV para pescar com a mulher, Jeanette Hansen, na traineira *Mirimi*, do arrais Manoel Augusto Valente Pires. Rumariam para a região das Ilhas Cagarras, onde passariam o dia. Não retornaram. Foi o filho do arrais, Antônio Augusto Pastor Pires, estranhando a demora, que alertou as autoridades marítimas sobre o desaparecimento da embarcação.

O corpo de Baumgarten foi achado no mar mais de dez dias depois, em 25 de outubro, na praia do Recreio, em adiantado estado de decomposição. Começava a vir a público ali uma trama que envolvia dívidas, reportagens favoráveis ao regime militar, negociatas com o Serviço Nacional de Informações (SNI) e um crime de queima de arquivo. Tudo isso em plena abertura política.

As pistas mais concretas sobre os mandantes do crime haviam sido deixadas pela própria vítima: "Nesta data (28 de janeiro de 1981), é certo que a minha extinção física já tenha sido decidida pelo Serviço Nacional de Informações. A minha única dúvida é se essa decisão foi tomada em nível do ministro-chefe do SNI, general Octavio Aguiar de Medeiros, ou se ficou no nível do chefe da agência central, general Newton Cruz."

Este é o primeiro parágrafo de um dos documentos do dossiê, repleto de acusações a membros do SNI, preparado por Baumgarten quase dois anos antes de morrer. Se uma das dez cópias feitas pelo jornalista não tivesse chegado às mãos da imprensa, o caso provavelmente teria crescido a pilha de crimes esquecidos que entope os arquivos da polícia. O corpo de Baumgarten, apesar de exibir três perfurações a bala, duas na cabeça e uma no abdome, fora enterrado como afogado. A divulgação do dossiê, cuja cópia foi entregue à revista *Veja*,[9] não deixou outra saída às autoridades a não ser investigar o crime.

Baumgarten era um antigo colaborador dos serviços de informação do Exército. Apoiado pelos militares, comprara a revista *O Cruzeiro* para defender teses favoráveis ao regime. Pelos serviços prestados, conseguiria que o SNI lhe fornecesse cartas destinadas a empresários, nas quais pedia publicidade. Porém, quando o negócio fez água, começou a pressionar os amigos do Exército em busca de socorro financeiro. Morreu sem recebê-lo.

Até ali, a sorte estava do lado do coronel Ari de Aguiar Freire. No ano anterior, escapara ileso da ira dos generais pelo vexame do Riocentro, embora respondesse pela chefia de Operações da

Agência Rio do SNI, tendo como comandado o incontrolável coronel Perdigão. Aguiar ou Careca, como os colegas da comunidade de informações o chamavam, era elegante, sofisticado, usava ternos bem cortados e frequentava bons restaurantes no Centro, muitos deles geridos por inquilinos de imóveis da Irmandade.

Dois grupos lutavam por hegemonia na comunidade de informações. De um lado, a turma de operações, da política do "prendo e arrebento", em franco declínio. Do outro, os integrantes da área de Informações do SNI, chamada de turma da caneta, voltada às operações de inteligência, que ganhara mais espaço com a abertura política. Era o time de Aguiar. E o regime entendeu que a culpa pelo fiasco que matara o sargento Guilherme no Riocentro não era dele.

Na morte de Baumgarten, porém, Careca não teve escapatória. No dossiê, o jornalista o acusava de participação no planejamento de seu assassinato. Aguiar ficara finalmente exposto. O estrago foi grande. Além de envolvê-lo em sua própria morte, Baumgarten o associava à contravenção: "O cel. Aguiar tem um escritório bastante bem montado. Quase todos os convites para cargos de confiança da Secretaria de Segurança Pública, gestão Waldir Muniz [ex-chefe de Aguiar no SNI, em 1980], foram articulados lá em nome do general. Há quem diga que o remanejamento das caixinhas do jogo de bicho, lenocínio, tóxicos e parte do Detran foram ali articulados."

O escritório "bastante bem montado" a que se refere o jornalista funcionou na avenida Churchill, no Centro, em cima de uma agência do Banerj. Na agonia do regime, era a hora de partir para o butim. Aguiar, indagado pela Polícia, alegou na época que no local funcionava o escritório de engenharia do filho dele, Alexis Tadeu. Porém, quem dava expediente ali era o ex-sargento cartógrafo Geraldo Costa Araújo.[10] Fora do Exército desde 1968, ele agia como operador do balcão de negócios de Careca, no qual a mercadoria mais valiosa era a informação. Na clientela, além de bicheiros em busca de blindagem, despontavam empresários e outros interessados em benesses do estado.

Baumgarten também envolveu Careca em negócios de contrabando e o acusou de, mensalmente, arrecadar dinheiro com Climério Veloso, dono da rede de supermercados Casas da Banha, "além de ter extorquido a Vasp na época de Flávio Musa, e tomado um carro Fiat de José Papa Junior para amaciar um inquérito na Polícia Federal".[11]

A cartilha dos serviços secretos recomenda, para casos de exposição pública, a remoção imediata. Com o escândalo causado pela morte do jornalista, Aguiar deixou o SNI e foi nomeado assessor da delegação brasileira junto à Organização Internacional do Trabalho (OIT), em Genebra, na Suíça. Instalou-se em um sobrado com amplo jardim, em frente a um parque, no bairro de Champel. Na OIT, era um desconhecido, nunca visto em reuniões de trabalho como delegado brasileiro. Outro agente obrigado a arrumar as malas foi o coronel Ari Pereira de Carvalho, o Arizinho, figura proeminente da ditadura, que teve de partir às pressas para a embaixada brasileira na Argentina, implicado pelo dossiê de Baumgarten na trama para matar o jornalista.

Ex-simpatizante do golpe de 1964, o coronel da reserva do Exército Dickson Grael, demitido da chefia da segurança do Riocentro dias antes da explosão, reforçaria, quatro anos depois, as suspeitas sobre Careca, a quem então acusou de fazer parte da Operação Dragão, que teria sido concebida no SNI para sequestrar e matar Baumgarten. Em depoimento[12] prestado em 24 de junho de 1985, Grael disse que "uma fonte incumbiu um intermediário" de contar-lhe que a operação fora executada pelos coronéis Ari, Aguiar e Manhães (provavelmente referindo-se a Malhães), pelo

Capitão Guimarães e pelo sargento Roberto Fábio, um agente do SNI em Brasília encarregado da execução.

Se Grael estivesse certo, suspeita jamais explorada pela Polícia, viria pela primeira vez à tona a violenta parceria entre a repressão militar, dos coronéis Aguiar e Malhães, e o jogo do bicho de Capitão Guimarães. Mas os investigadores, liderados pelo delegado Ivan Vasques e sua gravata borboleta, preferiram seguir outras pistas. Sobre a Operação Dragão, limitaram-se a datilografar negativas a cada depoimento colhido dos suspeitos. Trazido de volta ao Brasil a contragosto, Aguiar, no máximo, admitiu que conhecera Baumgarten, a quem definiu como um "homem que fabricava inimigos com facilidade".

Guimarães, ouvido pelo delegado, negou o envolvimento no crime e disse desconhecer os outros citados. "Existem muitos outros Guimarães no Exército, instituição da qual me desliguei em 1981 por uma opção de vida. Acho que envolveram o meu nome porque sou muito conhecido por dar apoio às artes populares", disse aos jornalistas ao fim do depoimento.[13] A opção de vida, garantiu, não fora a contravenção: "Minha relação com o jogo do bicho é apenas de estudioso. Me interesso pelo assunto, e sobre isso posso dar até palestra para vocês."

Capitão contou ainda que, flagrado no comando de uma quadrilha que extorquia contrabandistas nos anos 1970, tinha sido aconselhado a se afastar da tropa. Só não disse que o oficial encarregado de dar-lhe a má notícia fora Aguiar, o Careca, que já havia servido com Guimarães, em 1969, na Polícia do Exército. No mesmo depoimento, prestado no dia 5 de julho de 1985, declarou-se agente financeiro autônomo ("inscrição nº 1147544.00 da Secretaria Municipal de Fazenda, IFP 3635295", ditou), separado consensualmente, morador da rua Bolívar (número 14, apartamento 601), em Copacabana.

O regime sabia que Guimarães mentia, mas nada fez para desmascará-lo. Em 1988, quando o caso ainda estava em andamento, um informe do SNI registrou que ele era formado em Letras e em Administração, "sendo secretário da cúpula do jogo do bicho aos 47 anos".

Quase dez anos depois de encontrado o corpo de Baumgarten, a única prova consistente obtida pela polícia para levar o caso aos tribunais foi o polêmico testemunho do bailarino Claudio Werner Polila, o Jiló, que declarou ter presenciado, na Praça XV (RJ), o sequestro do jornalista, de sua mulher, Jeanette Hansen, e do barqueiro Manoel Valente por ninguém menos que o chefe da Agência Central do SNI, o general Newton Cruz. Em 1º de julho de 1992, Cruz e o ex-agente do SNI Mozart Gouveia Belo da Silva seriam absolvidos, no julgamento no 1º Tribunal do Júri, por sete votos a zero, das acusações de sequestro, assassinato e ocultação do cadáver de Baumgarten. Os jurados consideraram que não havia provas suficientes para a condenação. O caso morria ali.

Aguiar, o irmão

Ari de Aguiar Freire, que atravessara a maior parte da carreira nas sombras, para lá voltara após o fim do regime. Sobre a sua trajetória, sabe-se apenas que ocupou a chefia da Seção de Planejamento e Cooperação do II Exército na época da morte do jornalista Vladimir Herzog.[14] No governo Sarney (1985-1990), equilibrava-se entre a OIT, na Suíça, e o comando da Irmandade Santa Cruz dos Militares, em que se juntara a pelo menos 12 ex-agentes da repressão. Um deles era Ari Pereira de Carvalho. O outro, Perdigão. Entre os irmãos egressos do SNI, havia até um protestante, fato totalmente contrário aos estatutos da entidade.

A situação de Aguiar e Ari representou a primeira crise enfrentada pelo general Ivan de Souza Mendes, nomeado por Sarney ministro-chefe do SNI. O serviço de contrainformações do órgão descobrira que a Irmandade era reduto da linha-dura, com oficiais ocupando cargos de direção. Mendes então deu um ultimato ao grupo: ou deixavam a Irmandade ou seriam demitidos. Para um país em transição para a democracia, o desmonte do aparelho repressivo era considerado um dos principais pontos da agenda política. E teria de começar pela Seção de Operações, encarregada de tarefas que, no jargão do serviço, eram chamadas de "trabalho sujo", como grampo telefônico, quebra de sigilos sem autorização judicial e investigações clandestinas.

Era o fim da linha para Careca. Na Irmandade, porém, a vida seguiria sem problemas. No escritório nos fundos do prédio histórico, recebia desde o ex-presidente João Figueiredo, a quem levava para um uísque semanal no Rio Minho, restaurante próximo, a aliados como Capitão Guimarães e Castor de Andrade, ambos vistos nos corredores da instituição.

A tropa do SNI migraria para a Irmandade,[15] capitaneada por Aguiar, atrás de proteção. E, uma vez lá, manteria a mesma hierarquia e disciplina dos tempos do serviço. Integravam as suas fileiras, por exemplo, os então capitães João Luiz de Souza Fernandes e Celso Lauria, ex-CIE, envolvidos na morte de Chael Charles Schreier, militante da VAR-Palmares que caíra sob tortura, na Vila Militar, em novembro de 1969.

Longe da atmosfera cheirando a incenso e madeira velha da Irmandade, alguns irmãos divertiam-se e conspiravam no Angu do Gomes, restaurante da Praça Mauá apontado pelo ex-delegado Cláudio Guerra como ponto de encontro de agentes da comunidade de informações, policiais da Scuderie Le Cocq, bicheiros, artistas e prostitutas. Em *Memórias de uma guerra suja,*

Guerra revelou que o restaurante, inaugurado em 1977 pelo português Basílio Pinto Moreira e por João Gomes, era associado a uma sauna e serviu de fachada para as atividades do grupo: "Essa relação mascarou vários crimes e ações violentas contra a redemocratização do Brasil."

Entre um trago e outro, os comensais, garantiu o ex-delegado, planejavam assassinatos comuns, com motivações políticas, e discutiam atentados a bomba que tinham por objetivo incriminar a esquerda e dificultar ou impedir a redemocratização: "O Angu do Gomes fazia parte de um complicado esquema que arrecadava fundos para as nossas atividades. Ali aconteceram vários encontros da nossa Irmandade, manipulados habilmente pelo coronel Freddie Perdigão. Ali conspiramos contra Geisel, Golbery e Figueiredo."[16]

O fim do "homem de ouro"

Nove tiros. Assim acabou, na tarde de 8 de outubro de 1981, a ambição do ex-policial Mariel Maryscotte de Mattos de ascender à cúpula do jogo do bicho. Foi no Centro do Rio, na rua Alcântara Machado. Ele estacionava o carro na frente da fortaleza do bicheiro Raul Corrêa de Mello, o Raul Capitão, quando foi alvejado pelas balas. Uma guerra era travada nas ruas da cidade. De um lado, os que apoiavam a entrada de Mariel no bicho; do outro, os que não aceitavam a ingerência do ex-"homem de ouro" da polícia nos negócios da jogatina, como Capitão Guimarães. Mariel era apontado por esse grupo como responsável pelo desaparecimento do bicheiro José Batista da Costa, o China da Saúde, dono de alguns pontos no Centro e na Rocinha, em 1º de setembro daquele ano.

Ao ser assassinado, Mariel ia ao encontro de dois sócios, Marcos Aurélio Corrêa de Mello, o Marquinho, filho de Raul Capitão, e Wilson Cardoso de Castro, o Wilson Chuchu, filho do bicheiro Manuel Nunes Areas, o Manola. Cobiçava seguir a trilha do amigo Guimarães rumo ao topo do crime organizado. Os três forçavam, muitas vezes com violência, a entrada nos negócios do bicho. Além das bancas de China da Saúde, outro alvo do trio Mariel, Wilson Chuchu e Marquinho eram as bancas do bicheiro Jorge Elefante, em Niterói. Negociaram a compra dos pontos, chegaram a acertar preço, mas Jorge Elefante foi convencido por Capitão Guimarães — cujo território já abrangia grandes áreas de Niterói e São Gonçalo — a não vender, o que azedaria mais as relações.

Mariel e Guimarães eram amigos desde 1968, quando o Capitão servia na PE da Vila Militar e foi encarregado de levantar o roubo do carro de um parente do comandante. Mariel, que trabalhava na Delegacia de Roubos e Furtos de Automóveis, o ajudou na investigação. Depois, ambos se cruzariam muitas vezes nos porões do regime. Ex-paraquedista, Mariel circulava com desenvoltura pelos quartéis. Informalmente, prestava serviços para o Destacamento de Operações de Informações, o centro de torturas da rua Barão de Mesquita (DOI-I), na Tijuca, onde Guimarães servira em 1972.

O policial e o militar eram parecidos na ambição. No auge do poder, deslumbraram-se com a vida criminosa. Não demorou muito para que ambos esquentassem o banco dos réus. Guimarães, acusado de assaltar contrabandistas, conseguiu escapar da pena de prisão. A farda, em pleno regime, pesaria na anulação do seu processo. Mas o amigo Mariel, apontado como chefe de uma quadrilha de falsificadores de cheques de viagem e como assassino do ladrão de carros Odair Andrade Lima, o Jonas, encontrado morto no Aterro do Flamengo, sob um cartaz do Esquadrão da Morte, recebeu penas que somariam trinta anos de prisão.

Era o fim da linha para o Ringo de Copacabana, o policial justiceiro que conquistara a Zona Sul em perseguições implacáveis aos bandidos da região. O velho amigo, contudo, não o deixaria na mão. Preso no complexo da Frei Caneca, Mariel foi transferido para a Ilha Grande, onde passaria a receber regalias. Circulava como homem livre, supostamente trabalhando na lavoura. Na noite do dia 1º de fevereiro de 1976, um domingo, recebeu autorização para jantar na casa de outro colono, policial que também cumpria pena da Ilha. Não mais voltou.

As condições da fuga do ex-policial nunca foram oficialmente esclarecidas. Do caso, a polícia conseguiu saber apenas que Mariel escapara a bordo de um "iate de contrabandistas". Porém, órgãos de repressão, duas semanas depois, já haviam levantado os nomes dos suspeitos. E um deles era Guimarães. Além dele, Luiz Fernandes Brito, capitão do Exército e agente da repressão, e o major Wilson Crespo de Oliveira, da PM. Brito era amigo de Guimarães e parceiro nas turmas de busca do DOI-I. Oficial de Infantaria, na época com 41 anos, passou pelo curso de Informações categoria B do Centro de Estudos de Pessoal (CEP), no Leme, e acabou afastado da tropa pela extorsão. Voltou em 1981, mas deixou a farda, a exemplo de Guimarães, e foi cursar Engenharia.

Meses depois da fuga, Mariel seria recapturado em Marília, interior de São Paulo. Cumpriu uma temporada na cadeia, onde escrevia e pintava quadros, até receber liberdade provisória. Cursava jornalismo na Sociedade Universitária Augusto Motta (Suam) e prometera mudar de vida. Ganhá-la como detetive particular. O diretor da Suam na época, Arapuan Medeiros da Motta,[17] ex--capitão do Exército, disse que Mariel havia se matriculado em julho de 1980, transferido das Faculdades Simonsen, e cursava o segundo ano básico. Arapuan contou também que conhecia Guimarães, que chegara a dar aula de português na faculdade por seis meses, em 1976, quando ainda na ativa.

O apetite de Mariel pela grandeza, contudo, jamais o abandonara. Mesmo preso, continuou recebendo pagamentos regulares da contravenção, como taxa de proteção. O policial queria mais. Seus olhos cresceram para Niterói. Cobiçava uma fatia dos pontos de bicho da cidade, repetindo assim a trajetória do amigo Capitão. Em depoimento ao processo julgado por Denise Frossard, a juíza que condenou a cúpula da contravenção em 1993, o sargento reformado da PM Ilson Fernandes disse que Mariel e Guimarães frequentavam um campo de futebol no Barreto, bairro de Niterói, com outros policiais ligados ao bicho.

Até as vésperas do crime, os dois trocavam paparicos. Longe do amigo, porém, Guimarães tramava contra a ambição do policial. E, com o aval da cúpula, conseguiu melar o negócio já acertado por Mariel, convencendo Jorge Elefante a desistir da venda dos pontos e a devolver parte do dinheiro pago. A testemunha Ilson Fernandes contou que, dias antes de morrer, Mariel, inconformado com o cancelamento, teve um bate-boca com Lucimar, policial e capanga de Guimarães. "Tal desavença, segundo os comentários ouvidos pelo declarante, se prendia à compra de pontos de bicho da seção de Niterói, negócio que teria sido desfeito", relataram os promotores nas alegações finais da acusação, no processo de 1993.

O assassinato do motoboy Wesley Maia, em setembro de 1981, deterioraria de vez a amizade. Wesley era o coletor da arrecadação dos pontos de Guimarães, em Niterói. Apareceu morto a facadas, com queimaduras e ao lado de um par de luvas, em Piratininga. O crime tinha a assinatura do ex-"homem de ouro".

Para conter Mariel, seria preciso mais do que um não.

Dois dias antes da emboscada na rua Alcântara Machado, Guimarães teve uma reunião com doze seguranças, incluindo o fiel ex-cabo Marco Antônio Povoleri e o policial civil Sérgio Iris José de Almeida, o Serginho de Niterói, lotado na 75ª Delegacia de Polícia. Faixa preta em judô, Serginho fora apontado no início do ano como um dos principais sequestradores do pintor de paredes Misaque José Marques e do jóquei Luiz Carlos Jatobá, em Piratininga, mas nada ficaria provado.

O principal acusado da morte de Mariel seria o detetive Francisco Queiroz Ribeiro, o Chiquinho, gerente de China da Saúde. Chiquinho sumiu em 20 de janeiro de 1983. Seu carro foi encontrado metralhado, mas o corpo nunca apareceria. A matança não parou. Wilson Chuchu morreria quatro anos depois de Mariel, na tarde de 1º de outubro de 1985, na rua Visconde de Canárias, no Leblon, com um tiro na cabeça. Marquinho, como já relatado, foi assassinado com seis tiros, na madrugada de 28 de maio de 1988, na rua José Linhares, no Leblon, quando chegava em casa. Da memória do caso, restaram apenas especulações e as negativas de praxe.

"A contravenção nada tem com a morte de Mariel e isso será provado pela polícia, com a nossa ajuda. Quem matou Mariel foi talvez a ambição dele. Ele queria tudo e quase nada. Não sabia o que queria, na verdade. Era um megalomaníaco. Escreva no seu jornal tudo o que você quiser, pode até dizer que mandei matar Mariel. Mas tudo isso não vai passar de uma grande fantasia sua. Era amigo de Mariel, irmão dele, companheiro nas horas difíceis. Várias vezes dei guarida a ele quando fugia da cadeia. Eu o aconselhava frequentemente a não se meter em encrencas, não aceitar 'contratos' [para matar pessoas]. Ele ouvia tudo, acatava minhas repreensões, mas não fazia nada do que eu dizia. Dei-lhe ajuda na faculdade, pedi a professores amigos meus para abonar as faltas dele. E agora eu sou acusado de matá-lo. Ora, isso é quase uma brincadeira. Qual seria o meu lucro em mandar matar ou mesmo em matar Mariel? Em que ele poderia me prejudicar? Em nada. Éramos amigos", alegou na época Guimarães.[18]

A ambição desmedida foi também o argumento do ex-delegado Cláudio Guerra, em seu livro de memórias,[19] para explicar a morte de Mariel: "A sua execução foi uma queima de arquivo determinada por Perdigão. Não participei dessa operação, mas sei como ocorreu. Ao que parece houve uma votação igual à que selou o destino do delegado Fleury. Os executores de Mariel eram policiais civis e militares das Forças Armadas. A exemplo de Fleury, Maryscotte serviu muito ao SNI de Perdigão, e acabou tendo o mesmo destino do delegado."

Mariel, contou Guerra, fora muito usado pelos militares, que manipulavam várias forças clandestinas, uma delas a Scuderie Le Cocq: "Estranhei muito o assassinato de Maryscotte, mas me lembro de que ele estava fazendo as mesmas coisas que provocaram a eliminação de Fleury. Era ambicioso, estava mexendo com drogas e fazendo o que chamávamos de 'clínica geral'. Não eliminava pessoas somente a pedido do governo, mas também por outros motivos, aceitando encomendas, desempenhando-se em função de seus negócios particulares. O regime militar, depois de inteirar-se da situação, resolveu tirá-lo de circulação."

Livre da ameaça, consolidado em Niterói e São Gonçalo, Guimarães iniciaria a marcha para o norte. Em pouco tempo, tomaria o Espírito Santo.

Matança no Espírito Santo

"Você sabe quem comanda esse grupo de extermínio?" Um silêncio absoluto tomou conta do cartório da Polícia Federal em Vitória. Os olhares se voltaram para uma jovem de 20 anos, morena, rosto oval e cabelos cheios. Os lábios, bem desenhados, estavam trêmulos. As sobrancelhas, arqueadas e um tanto espessas, acentuavam a expressão nervosa. Os óculos escuros não ofereciam a mínima garantia de anonimato. A jovem olhou ao redor, deteve-se por alguns segundos no delegado e respondeu ao interrogador: "O Capitão Guimarães comanda o grupo de extermínio que atua aqui, no Espírito Santo."

Depois do depoimento, tomado no dia 16 de setembro de 1989, a estudante capixaba Agneis da Silva Araújo jamais seria vista novamente no Le Chat Noir, famoso inferninho da praia do Canto, na capital do estado, onde se transformava toda noite em Geovana, uma das estrelas do selecionado plantel de mulheres da casa. Presa dias antes na Operação Marselha, uma estrondosa mobilização dos federais para desbaratar o crime organizado no Espírito Santo, Agneis oferecia à equipe do delegado Carlos Mandim, responsável pelo inquérito, a prova que faltava para trancafiar o chefão.

A estudante era ex-namorada do investigador Romualdo Eustáquio Luís Farias, o Japonês. Encantado pela beleza da jovem, ele quis impressioná-la revelando em detalhes o seu papel na quadrilha de Guimarães. "O que mais ouvi falar ao lado de Romualdo foi de crimes e mais crimes. Era muita violência, mas eu estava apaixonada por ele." A frieza do bando era tanta que uma das execuções, em maio daquele ano, chegara a ser gravada, contou Agneis: "Ainda deu para ouvir o sangue saindo em golfadas da boca da vítima. E o mais impressionante é que um policial, amigo de Romualdo, comentou com ele que o serviço foi bem-feito."

A estratégia de Guimarães, que dera certo em Niterói, repetia-se então no Espírito Santo. Favorecido pela desorganização e pelo provincianismo da jogatina capixaba, ele se unira ao bicheiro José Carlos Gratz e à milícia do delegado Cláudio Guerra para unificar na marra e assumir as bancas locais. Em pouco tempo, todos os talonários de Vitória, cidade com pouco mais de 200 mil habitantes, passariam a exibir o carimbo do periquito com a farda verde-oliva, a marca do Capitão. Em seu livro, Guerra revelou que os bicheiros que não aderiram foram eliminados. Gente como Francisco Ferreira, o Chiquinho, Ronaldo Régis Barbosa e Luiz Siqueira, o Goiaba.

Na guerra pela unificação, a morte de Jonathas Bulamarques de Souza seria o caso mais grotesco. Dono de um pequeno cassino, ele ousara resistir ao assédio. No dia 5 de agosto de 1982, teria dito mais um não em almoço com Cláudio Guerra. Ao voltar para o carro, foi vítima de uma explosão que lhe amputou a perna esquerda, os dedos da mão esquerda e o deixou praticamente cego. Mesmo mutilado, jurou vingança. Não lhe deram chance, porém. Quatro meses depois, três homens mascarados invadiram sua casa em Vila Velha e o fuzilaram. Pelo crime, Guerra foi condenado a 42 anos de prisão — ficaria preso por dez anos até conseguir a liberdade.

Sem mais resistência, em junho de 1986, Capitão Guimarães decretava ser o novo comandante da contravenção no Espírito Santo, resultado da aliança entre o bicho carioca, a Scuderie Le Cocq e uma rede de políticos, juízes, advogados, empresários e policiais liderada por José Carlos Gratz. Anos depois, Gratz, já transformado em chefão do Espírito Santo, empolgar-se-ia com o mundo da política. Eleito deputado estadual em 1996, chegaria à presidência da Assembleia Legislativa capixaba.

Não demorou muito para que uma sucessão de casos de violência, escândalos de lavagem de dinheiro, extorsão e suposta ligação de políticos com o narcotráfico e o crime organizado fizesse o Espírito Santo ser chamado de "terra sem lei". As autoridades federais custaram a acordar. A primeira reação mais forte só ocorreria em setembro de 1989, com a Operação Marselha. A investida da Polícia Federal reforçaria uma velha suspeita sobre os chefões da contravenção: a conexão jogo-narcotráfico, apesar das reiteradas negativas.

Ao ser lançada, no dia 16 de setembro, a Operação Marselha tinha como alvo uma extensa cadeia que envolvia a troca de carros roubados por cocaína nas fronteiras da Bolívia e da Colômbia. Sem dar um tiro, a PF apreendeu mais de trinta carros roubados. Contra Guerra, o principal dos 31 indiciados, pesaram as acusações de envolvimento com furto, roubo e receptação de carros; favorecimento a contraventores, estelionatários e traficantes (entre eles José Carlos dos Reis Encina, o Escadinha), cárcere privado e de ter sido mandante de uma série de homicídios.

Desde o ano anterior, a PF já sabia que Guerra conquistara um lugar de destaque no mundo do crime gabando-se de ser um importante agente da repressão. No Informe 377/88, guardado no Arquivo Nacional, a Superintendência da PF no Rio sustentava que, para facilitar o fornecimento de armas, inclusive de uso privativo das Forças Armadas, aos banqueiros do jogo do bicho, Guerra "faz-se passar por informante do Centro de Informações do Exército (CIE)". Porém, embora tenha comandado o Dops capixaba e afirme ter servido ao coronel Freddie Perdigão Pereira, um dos quadros mais ativos do CIE e torturador da Casa da Morte de Petrópolis, Guerra, oficialmente, nunca integrara o órgão. Era, no máximo, uma linha auxiliar para os trabalhos secundários.

Padrinho de um dos filhos de Guerra e comparsa de Guimarães, o brutamontes Marco Antônio Povoleri havia caído onze anos antes por um dos mesmos crimes que Guerra cometeria: em 7 de abril de 1978, fora preso sob a acusação de pertencer à quadrilha de José Carlos de Carvalho, o Carlinhos Gordo, responsável por 80% dos roubos de carros no Rio na época. Surpreendido quando chegava ao sítio de Carlinhos na estrada União e Indústria, 839, na Região Serrana, com cinco carros roubados, Povoleri acabaria condenado pela 20ª Vara Criminal da Capital, em fevereiro de 1992, a quatro anos e seis meses de prisão em regime fechado pelo artigo 155, parágrafo 4°, inciso IV do Código Penal ("subtrair para si ou outrem coisa alheia móvel com concurso de duas ou mais pessoas"). A polícia suspeitava de que os carros roubados eram levados para o Paraguai e a Bolívia e trocados, em parte, por cocaína, que a quadrilha revenderia no Brasil. Em 1986, o titular da Delegacia de Entorpecentes, Ronaldo Martins, ligaria Carlinhos Gordo e o chefe de outra quadrilha de roubo de automóveis, José Carlos Gregório, o Gordo, ao traficante José Carlos dos Reis Encina, o Escadinha.[20] Preso pela primeira vez em 1980 (fugiria da cadeia dois anos depois), Carlinhos Gordo se irritaria ao ser questionado sobre o envolvimento com o tráfico de drogas: "Isso é o fim do mundo, é pura invenção. Nunca me meti com isso, tóxico é a perdição da humanidade. Estão inventando muita coisa a meu respeito."[21]

A prisão do ex-cabo Povoleri como integrante da quadrilha de Carlinhos Gordo é um convite à reflexão. Sempre que provocados, os bicheiros fecham a cara e mostram indignação ante as suspeitas de envolvimento com o narcotráfico. Afinal, sustentam, não faria sentido algum, frente a tanto investimento na construção da popularidade, submetida a cada ano ao escrutínio das arquibancadas da Passarela do Samba, maculá-la com o negócio sujo das drogas. No caso de Guimarães, restaria acreditar que o velho parceiro Povoleri, seu fiel escudeiro desde os tempos da Vila Militar, com um histórico de provas de fidelidade ao amigo, lhe tivesse escondido tudo sobre Carlinhos Gordo.

No dia 12 de outubro de 1989, mais uma vez, Guimarães sentiria as algemas apertando-lhe os pulsos: "É o preço que a gente paga na vida. Dormi mocinho e acordei bandido."

Ele se preparava para experimentar a picanha malpassada de uma churrascaria de São Francisco, em Niterói, quando a equipe da PF deu-lhe voz de prisão. O corajoso depoimento da jovem Agneis, testemunha-chave da matança capixaba, armara uma arapuca para Capitão. O guarda-costas Povoleri, ao seu lado, após engolir apressado uma porção de frios, fechou a boca. Dois policiais civis, que dividiam a mesa com Guimarães, também permaneceram calados. Estavam todos presos, acusados de formação de quadrilha.

Horas antes, a PF havia capturado Guerra na casa de Capitão em Itaipu, Região Oceânica de Niterói. As prisões do bicheiro e do delegado eram o coroamento da Operação Marselha. O Inquérito 53/89 da PF, com 3 mil páginas, provocaria o indiciamento de treze policiais civis do Espírito Santo e do Rio de Janeiro. Pela euforia das autoridades, a máfia comandada por Guimarães parecia ter levado um golpe fatal. Porém, refeito do susto inicial, o bicheiro já sorria quando o camburão que o levaria à sede da PF chegou. Animara-o uma convicção: não demoraria muito para que dormisse bandido e acordasse mocinho novamente.

Exibindo a patente no carnaval

15 de novembro de 1984. Era noite de disputa de samba e a Unidos de Vila Isabel fervia. Não por causa do calor infernal, nem pela energia alvoroçada das torcidas dos concorrentes. Sentia-se a

tensão no ar como uma descarga de choque elétrico. Ela estava em cada músculo retesado e nos dentes travados dos capangas, chamados de seguranças, todos armados, que circulavam entre os sambistas. De um lado, os homens do bicheiro Waldemir Garcia, o Miro, presidente de honra da azul e branco, e de Waldemir Paes Garcia, o Maninho, seu filho; do outro, os de Ailton Guimarães Jorge, o Capitão Guimarães, presidente da escola. Para o caldeirão explodir, bastaria um gesto abrupto. Era tão brutal o mal-estar, e parecia tão inevitável o confronto entre os bicheiros, que o zum--zum-zum sobre a guerra que haveria na Vila correu como rastilho de pólvora pelas outras quadras. Foi ouvido na Mangueira, no Salgueiro, em Padre Miguel...

Fora dos quartéis desde 1981 e escalando rapidamente o poder na cúpula do bicho, Capitão Guimarães resolveu que precisava estar onde quer que o bicho estivesse, e isso incluía as escolas de samba. Em um arranjo formal na cúpula, feito para que Guimarães ocupasse espaço, ganhasse visibilidade e aprendesse as manhas da administração — de recursos e conflitos — de uma escola de samba, ele seria eleito presidente da Unidos de Vila Isabel em 1983. A azul e branco do bairro de Noel, no entanto, já tinha o seu bicheiro: Miro e a família — principalmente sua mulher, dona Maria Antônia, e seus filhos — eram da Vila desde sempre. Nos anos 1960, Miro chegara a ser presidente, entre 1966 e 1968. Ali, estava em casa.

Ao chegar à agremiação, Guimarães quis impor um estilo de administração e, inicialmente sem conflitos, dividiu o espaço controlado, havia anos, por Miro. Para se entranhar na escola, ser admitido e reconhecido, subiu o Morro dos Macacos, fez agrados à bateria e outros segmentos, foi apresentado a sambistas e não sambistas. Como parte de seu projeto de ascensão, queria deixar sua marca na escola. E, olhando os exemplos de Anísio na Beija-Flor e Castor na Mocidade Independente, sabia o que desejar: a vitória da Vila, jamais campeã. Para a disputa de 1985, contratou o carnavalesco Max Lopes, supercampeão do carnaval do ano anterior na Mangueira,[22] com o enredo "Yes, nós temos Braguinha", naquele que fora o primeiro desfile no Sambódromo. Max, formado no grupo do carnavalesco Fernando Pamplona, do Salgueiro dos anos 1960 e 1970, era detalhista e gostava de carros alegóricos grandes e ricamente decorados. Na Mangueira de 1984, tinha ajudado a escola a realizar um belo desfile, um desses acontecimentos que entram para a história do carnaval carioca. Levá-lo para a Vila mostrava a fome de vitória do Capitão.

Só que Guimarães queria mais. Queria a Vila toda. Nos primeiros tempos, a convivência com Miro fora cordial, pacífica. Mas, justamente nos preparativos para o carnaval de 1985, a parceria degringolaria. O motivo foi o samba-enredo. Miro não abria mão de decidir o samba que a Vila cantaria na avenida e exigia a escolha da composição de Pedrinho da Flor. Guimarães tinha outros planos já traçados: trouxera para a escola o compositor David Corrêa, autor de sambas populares e empolgantes, como "Skindô, Skindô", do Salgueiro em 1984, e "Das maravilhas do mar, fez-se o esplendor de uma noite", da Portela em 1982 (os dois em parceria com Jorge Macedo). Não fora um movimento apenas para reforçar a ala de compositores. Guimarães queria ver a Vila desfilar já em 1985 com um samba de David. E ponto. Não tinha discussão. Mas teve.

Miro não abria mão do poder de decidir, era o patrono, era quem batia o martelo. Por sua vez, Guimarães, presidente da escola, nem pensava em desistir. "Vai ter morte", corria de boca em boca. Maninho, nervoso, destemperado, reuniu seus seguranças, deixando claro que estavam armados e que seu pai não seria desrespeitado. Miro e Guimarães não se falavam. Parecia um beco sem saída. Quem convenceu Miro foi Elizabeth Nunes, então diretora do Salgueiro. Tendo ouvido no ensaio da vermelho e branco da Tijuca que o bicho pegaria na quadra da Vila, ela partiu para lá. Puxou Miro pela camisa, conversou muito e o convenceu: aquilo não valia a pena. E então convidou Miro a deixar a Vila e apadrinhar o Salgueiro. Ele relutou, relutou, mas acabou aceitando. Na noite de samba que quase virou noite de sangue, Miro rompeu com Guimarães.[23]

O samba de David Corrêa, Tião Grande e Jorge Macedo foi o escolhido. Quem duvidava da força do novo chefão calou-se. Guimarães se impusera. A Vila Isabel estava toda nas mãos do ex-militar da repressão. A escola que cantara, em 1980, os versos "A clemência e a ternura/ Puro amor na clausura/ A prisão sem tortura/ Inocência feliz" tinha agora um "dono" que compactuara com a prisão e a tortura do regime militar.

A Vila Isabel desfilou naquele ano de 1985 com o enredo "Parece que foi ontem", classificando-se em terceiro lugar. No ano seguinte, com "De alegria cantei, de alegria pulei, de três em três pelo mundo rodei" (outro samba de David Corrêa e Jorge Macedo), foi a 11ª colocada. Em 1987, Martinho da Vila, Ovídio Bessa e Azo compuseram "Raízes", um samba ousado, sem rimas, mas a escola, embora fosse uma das favoritas, ficou em quinto lugar. Com Capitão Guimarães na presidência, a Vila nunca seria campeã.

Por ironia, foi com uma presidente militante do PCB, Licia Maria Maciel Caniné, a Ruça, então mulher de Martinho, que a azul e branca se tornou campeã pela primeira vez, no ano seguinte. Com o histórico desfile "Kizomba, festa da raça", no centenário da Abolição, Ruça e a Vila deram na avenida uma resposta a quem não acreditava na sua força. Afinal, ela fora eleita presidente da escola depois do carnaval de 1987, sem o apoio dos bicheiros e de Guimarães.[24]

A agremiação, sem dinheiro, sem quadra, só com o apoio da comunidade de sambistas, suou para botar o carnaval de 1988 na rua. Mas o que se viu na Sapucaí — fantasias e alegorias feitas com materiais rústicos, simples, de forte efeito visual, e componentes possuídos pelo samba de Luiz Carlos da Vila, Rodolpho de Souza e Jonas[25] — calou quem apostava em um desfile desastroso. A Vila saiu da avenida campeã. O derrotado foi Guimarães.

A militante Ruça conhecia a história do Capitão na ditadura. Eles tinham estado e continuavam em lados opostos. Para deixar isso bem claro, ao passar por ele em ensaios na quadra, não deixava de chamá-lo de doutor Pablo, codinome que supunha ter sido o de Guimarães na repressão.[26]

Capitão, porém, não abriria mão da Vila. Nem do carnaval. Sabia que os dois significavam poder.[27]

SNI: Guimarães, contrabando de armas e traficantes do Morro dos Macacos

Um documento da Agência Rio de Janeiro do Serviço Nacional de Informações (SNI), que se encontra no acervo do Arquivo Nacional, registrou, na segunda metade da década de 1980, com a rubrica confidencial, o possível envolvimento de Capitão Guimarães com o contrabando de armas e traficantes de drogas do Morro dos Macacos, comunidade onde a Unidos de Vila Isabel fora fundada e onde moram muitos de seus sambistas. O Informe 183/130/ARJ/87, datado de 23 de setembro de 1987, tendo como assunto "Contrabando de armas — Ailton Guimarães Jorge", com difusão para o Comando Militar do Leste (CML)/2ª Seção — SE-623, diz o seguinte:

Vem sendo observada, no meio policial, a crescente utilização de armas sofisticadas por parte de traficantes de tóxicos e assaltantes de bancos.

A recente apreensão de uma metralhadora de mão UZI, de fabricação israelense, em batida policial efetuada em uma favela desta cidade, levantou suspeitas de que o possível contrabandista de tais armas seria o banqueiro do jogo do bicho Ailton Guimarães Jorge, o Capitão Guimarães.

Comentários sobre o assunto circulam entre elementos da Polícia Civil e dão conta que sob a guarda de um certo "Laila", chefe de bateria da Escola de Samba Unidos de Vila Izabel, em local não determinado, no Morro dos Macacos, estão escondidas mais dez metralhadoras UZI.

Guimarães presidiu a Vila nos carnavais de 1984, 1985, 1986 e 1987. Ele deixou a direção da escola em abril; em maio, assumiu a presidência da Liesa.

Não há no Arquivo um documento associado informando o nome completo de quem seria Laila. Na comunidade do samba, Laíla, com acento, é o apelido de Luiz Fernando Ribeiro do Carmo. No carnaval de 1986, era um dos diretores de harmonia da Unidos de Vila Isabel, ao lado de Jaburu e Sobrinho; a bateria estava a cargo de mestres Ernesto e Mug. Laíla fora contratado por Capitão Guimarães no primeiro semestre de 1985, embora, desde março do ano anterior, quando o sambista estava no Salgueiro, já se falasse no interesse do bicheiro em levá-lo para a agremiação. Como a escola não fez um bom desfile em 1986, ficando em 11º lugar, Laíla não continuaria no cargo em 1987, ano do informe do SNI.[28]

Nos carnavais de 1986, 1987 e 1988, Laíla trabalhou na escola de samba Arco-Íris, de Belém do Pará. Mas não se manteve distante do carnaval carioca, pois foi um dos produtores executivos do disco com as gravações dos sambas-enredos, em geral realizadas nos meses de outubro e novembro.

5

Anísio II

Misaque, Jatobá e o bom bicheiro

"Oh, Anísio, cadê o Jatobá?", gritou um folião. "Está com a mãe!", retrucou o bicheiro, do seu camarote na avenida.

No carnaval de 1981, Anísio não desfilou. Ao chegar à área de concentração das escolas na Marquês de Sapucaí, de short e camiseta, foi vaiado pelo público das arquibancadas, que gritava "Cadê o Jatobá? Cadê o Jatobá?" e "Assassino". Diante do risco de ver a Beija-Flor vaiada por sua causa, ele se refugiou no camarote. Mas nem ali se livraria da sombra que pairava sobre sua figura.

A própria escola parecia aturdida. Na concentração, um diretor dizia: "Nós não temos nada a ver com ele. O Anísio é o Anísio, e a Beija-Flor é a Beija-Flor."[1]

Tudo da boca para fora, claro.

Anísio era a Beija-Flor. Só que, fustigado pela denúncia de ser o mandante do sequestro e do desaparecimento do pintor de paredes

Misaque José Marques e do publicitário Luiz Carlos Jatobá, havia perdido o verniz do "bom bicheiro" com que fora pintado ao elevar a Beija-Flor ao panteão das grandes escolas de samba. Naquele verão de 1981 e nos meses seguintes, Anísio atolou em um lamaçal de acusações do qual não sabia como sair, apesar de jurar inocência.

Na linha de investigação que acabou prevalecendo, partiu-se da hipótese de que o sequestro, ocorrido na tarde de 9 de janeiro, em Piratininga, em Niterói, teria sido uma vingança levada a cabo por policiais a mando de Anísio. O motivo: o furto de joias e dinheiro da casa de praia do contraventor, na madrugada do dia 7. Entre as peças roubadas, estava um cordão de ouro com um medalhão, pelo qual o bicheiro tinha paixão e, segundo se dizia, teria oferecido uma recompensa a quem o recuperasse. Anísio negou envolvimento no desaparecimento de Misaque e Jatobá e afirmou que nunca prometera qualquer recompensa.

Entre os suspeitos do sequestro apareceram logo de início três nomes arregimentados pela contravenção na ditadura ou a ela ligados: Ariedisse Torres, Marco Antônio Povoleri e Paulo Crespo. A rede tecida nos sombrios anos 1970 não se desmanchava.

Torres — identificado, à época, apenas como sargento Torres, segurança de Anísio — e Povoleri, braço direito de Capitão Guimarães, tiveram fotografias antigas apresentadas a uma vendedora de milho verde e a um funcionário de um trailer que haviam visto o sequestro. Ela achou Povoleri parecido com um dos sequestradores,[2] mas depois, pessoalmente, as testemunhas não o reconheceriam.

Paulo Crespo, então lotado na delegacia de Angra dos Reis, surgiu no inquérito citado como motorista particular de Anísio. Um dos pontos que sustentavam a suspeita em torno de seu nome foi o fato de ter estado na casa do bicheiro em Piratininga logo depois do furto.

Anísio, insistindo que não tinha qualquer ligação com o sequestro, admitiu ser amigo de Torres: "Das pessoas que foram citadas pela imprensa como suspeitas do envolvimento no sequestro, só tenho vínculos com o sargento do Exército Torres, que é meu amigo e diretor da escola de samba Beija-Flor de Nilópolis, da qual sou presidente de honra", acrescentando que nunca mantivera relação de amizade com "esse tal de Capitão Guimarães" ou com o ex-cabo Povoleri.[3]

Mas ele conhecia, sim, Guimarães. E o Capitão já estava metido no jogo.[4] Só que Anísio não podia dizer isso. "O Povoleri eu não vejo há cinco ou seis anos. E o Capitão Guimarães há dois ou três", contabilizou. "Disseram que o Capitão Guimarães me deve Cr$ 1,5 milhão e que sou sócio dele. Desconheço a vida do Capitão Guimarães. Só sei que ele é capitão do Exército. Conheci o Capitão e o Povoleri porque eles trabalhavam na Vila Militar. Na época da revolução, a blitz da Vila Militar era em Nilópolis, Nova Iguaçu, São João de Meriti. E eles comandavam. Depois que eles saíram da Vila Militar nunca mais vi ninguém."[5]

Anísio e o caso não saíam das páginas policiais dos jornais. Duas razões apontavam para a sua participação: a primeira, o fato de o contraventor não ter registrado o furto na delegacia; a segunda, um almoço do bicheiro com um grupo de policiais — uma peixada no Restaurante Tibau, em Piratininga — dois dias antes do sequestro. Os policiais eram Edir Marins, o Bizoca, Andrelino Pinheiro, Orlando Borges, o Ceguinho, e Vitor Vidal Filho, o Vitor Macaco.

Para o Ministério Público, Anísio pedira a policiais que investigassem o furto e descobrissem os autores. O nome de Jatobá integraria uma lista, feita por policiais, de possíveis responsáveis pela invasão da casa do contraventor (a sua participação no episódio nunca foi provada). Misaque, na versão do furto, teria sido levado por ser amigo de Jatobá e por ter tentado impedir seu sequestro na praia.

O advogado de Misaque, Reinaldo da Rocha, jamais aceitou essa possibilidade: "O sequestro foi para sumir com a testemunha--chave."[6]

Outra linha de investigação apontava para queima de arquivo por causa de um "banho"[7] em uma transação com traficantes: Misaque fora testemunha do sequestro, em 27 de dezembro de 1980, em Copacabana, do construtor Júlio Gonçalves Martins Leitão, o Cabo Júlio, cujo corpo foi encontrado no dia seguinte, com onze tiros, na Barra da Tijuca. Júlio seria ex-cabo do Exército e teria, segundo as investigações, envolvimento com o tráfico, onde era conhecido como Júlio Mama. Levado por cinco homens que, de acordo com Misaque, se identificaram como policiais da Delegacia de Entorpecentes, teria se recusado a dividir os ganhos com organizações criminosas que atuavam na Zona Sul.

Misaque chegou a ser carregado com Júlio, com quem bebia em um bar na rua Figueiredo Magalhães, em Copacabana, mas foi libertado pouco depois. Na delegacia, disse ter condições de identificar os cinco sequestradores.

Com medo de morrer, Misaque foi, no dia 29 de dezembro, ao Palácio da Justiça. Queria falar com um juiz, relatar o sequestro como fizera aos jornais e pedir proteção. Não seria atendido, mas encaminhado à Procuradoria Geral de Justiça. De lá, um assessor telefonou para o delegado adjunto da Entorpecentes, Wladimir Reale, e pediu que acompanhasse Misaque à 16ª DP (Barra da Tijuca), onde corria a investigação sobre a morte de Cabo Júlio. Misaque foi informado de que um ofício dirigido ao delegado da 16ª, Petrônio Romano, tornava o titular responsável por sua segurança.[8] Onze dias depois de pedir proteção, ele e Jatobá foram sequestrados na praia de Piratininga.

A polícia chegou a colher indícios do envolvimento de Anísio nos dois casos.[9] Uma testemunha, garçom em Niterói, contara ter ouvido o bicheiro reclamar de Cabo Júlio, sinal de que ambos se conheciam, mas as investigações tomariam rumos diferentes.[10]

Anísio foi indiciado no dia 16 de janeiro pelo sequestro em Piratininga e proibido de deixar o país. Ao ser qualificado criminalmente, no dia 20, admitiu conhecer Paulo Crespo, mas negou que o policial fosse seu motorista: "Não mandei matar ninguém e não estou envolvido neste caso. Também não forneci lista alguma de policiais ou de amigos meus à polícia. Conheço Paulo Crespo como detetive de polícia. Se é da polícia, logicamente não pode trabalhar comigo. Ele não é e nunca foi meu motorista. Mas se fosse qual seria o problema?"[11]

O caso Misaque-Jatobá poderia ter exposto publicamente, pela primeira vez, a ligação de Anísio com personagens da repressão. À época, essa relação não foi notada. Nos jornais, Ariedisse Torres, por exemplo, era apenas "sargento Torres". O nome completo e seu histórico na máquina de tortura e morte do regime militar não sairiam das sombras antes de 1987, quando seria acusado, com outros agentes, do desaparecimento de Rubens Paiva. Guimarães e Povoleri se recolheram, e foram passando à margem da investigação. Para a cúpula da contravenção, isolá-los era proteger o negócio. Já havia problemas demais com a exposição de Anísio.

No mesmo dia 20, Paulo Crespo se apresentou à polícia. Também negou ser motorista de Anísio, apesar de a sua ligação com o bicheiro e o jogo ser conhecida por muitos na Baixada e fora dela. Alegou que, no dia do sequestro, estava em Cabo Frio, com a família. Como não foi reconhecido pelas testemunhas, acabaria não sendo denunciado.

O medo dava o tom em Niterói. Quem viu algo, negava; quem sabia, calava.

O carnaval, que caíra no começo de março naquele ano, exibia um Anísio irritado com o assédio da imprensa e com o indiciamento no caso Misaque-Jatobá. Nos cinco anos anteriores, a Beija-Flor tinha sido quatro vezes campeã (em 1976-77-78 e em 1980, empatada com Portela e Imperatriz Leopoldinense) e uma vez vice, em 1979. Com "A oitava das sete maravilhas do mundo", enredo de Joãosinho Trinta para 1981, a escola de Nilópolis sonhava se superar. O enredo comparava o carnaval do Brasil, "um monumento vivo e multicor", como dizia o samba, aos jardins suspensos da Babilônia, às pirâmides do Egito e até às muralhas da China, que nunca estiveram entre as sete maravilhas. A grandiosidade do desfile resplandecia e ofuscava.

Durante a apuração, sentado ao lado do bicheiro Luizinho Drumond, da Imperatriz Leopoldinense, Anísio era outro, diferente da noite de desfile: de camisa social listrada, sorria seguro, acompanhando as notas. Parecia satisfeito. A Beija-Flor seria vice, perdendo para a Imperatriz. Favorita do público, a verde e branco de Ramos levara à Sapucaí um enredo do carnavalesco Arlindo Rodrigues em homenagem ao compositor Lamartine Babo: "O teu cabelo não nega".[12] Colorida, leve, animada, a Imperatriz e seu samba levantaram a Sapucaí.

Se Anísio estava feliz com o resultado da apuração, essa felicidade não duraria muito. O caso Misaque-Jatobá estava longe de acabar. E o desfile da Beija-Flor passara. Na Quarta-Feira de Cinzas, já era objeto de memória e nunca seria peça de defesa em um tribunal. O crime, não. Seguia nas páginas policiais.

Em 11 de maio, Anísio e cinco policiais tiveram a prisão preventiva decretada pelo juiz da 2ª Vara Criminal de Niterói, Miguel Ângelo Barros. Ele só se apresentaria à justiça no dia 13. O bicheiro deixou o Fórum de Niterói com um sorriso no rosto, sem baixar os olhos, rumo ao xadrez da Polinter de Niterói. Disse que queria ser tratado como "um preso comum, nada de regalias". Mas quem falara em regalias? E por que se falaria? Anísio ficaria na cadeia até o dia 20, quando as prisões foram revogadas. Responderia ao processo em liberdade.

Os corpos de Misaque e Jatobá nunca foram encontrados. Em outubro de 1983, Anísio, denunciado como mandante do sequestro, foi absolvido. O juiz Paulo Lara aceitou a tese da defesa de que o motivo do desaparecimento não fora o furto à casa de Anísio, mas o fato de Misaque ter testemunhado o sequestro de Cabo Júlio.[13] Três dos policiais acusados de sequestrar Misaque e Jatobá foram condenados a seis anos de prisão (decisão reformada, em julho de 1985, para quatro anos): Edir Marins, Andrelino Pinheiro e Douglas Peixoto de Siqueira. Eles não chegariam a cumprir a pena porque o crime prescrevera. Também foram julgados, mas absolvidos, os policiais Vitor Vidal Filho, o Vitor Macaco, e Orlando Borges, o Ceguinho.

Torres, Povoleri e Paulinho não foram denunciados.

A mais grave acusação contra Anísio e Paulo Crespo apareceria dez anos mais tarde. Em carta deixada pela ex-mulher do bicheiro, Eliana Santos Müller de Campos, morta a tiros em 12 agosto de 1991, com o namorado Hercílio Cabral Ferreira, em Nilópolis, Paulinho é apontado como um dos assassinos de Misaque e Jatobá. E Anísio, diz a carta, "sabia de tudo".

A carta de Eliana: "Enrolei muita maconha para que ele e eu tivéssemos uma sobrevivência"

O assassinato de Eliana, de 44 anos, e de seu companheiro, de 27, chocou e silenciou Nilópolis. O crime acontecera na rua Rodrigues Alves, em frente à casa onde os dois moravam, na noite em que o casal comemorava com um churrasco o aniversário de Hercílio.

Eles tinham deixado a festa por um momento para levar o carro de Hercílio a um posto de gasolina próximo, onde costumavam guardá-lo. Estavam na calçada quando um amigo apareceu. Pararam para conversar. Foi quando um homem se aproximou e, sem dizer nada, deu dois tiros na cabeça de Hercílio; em seguida, disparou duas vezes contra Eliana, atingindo-a na cabeça e no peito. Ela morreu na hora. Ele foi levado a um hospital com vida, mas morreu no caminho. Um menor, de 17 anos, apelidado Pixinguinha, testemunhou tudo. Fora atingido por um tiro no olho esquerdo, caíra e se fingira de morto. Socorrido, sobreviveu; ajudou a polícia com os retratos-falados do amigo de Hercílio, que fugira, e do assassino. Depois, reconheceu o autor dos disparos.

Eliana e Anísio estavam separados havia cerca de cinco anos (legalmente desde 1989).[14]

Pouco antes de ser assassinada, ela formalizara duas denúncias de ameaça de morte na delegacia de Nilópolis contra o próprio pai, Dauro Freitas Müller de Campos, e o irmão, Raul Freitas Müller de Campos. Pai e filho eram empregados de Anísio no bicho. Hercílio também trabalhara para Anísio antes de começar o seu relacionamento com Eliana. Foi demitido por causa do romance.

Além dos dois registros de ameaças de morte (datados de 14 de dezembro de 1990 e 18 de janeiro de 1991), Eliana deixou a carta, de nove páginas, entregue à família de Hercílio para ser divulgada caso acontecesse "uma covardia" com o casal. A carta é de 15 de junho, dois meses antes do assassinato. Nela, Eliana acusa Anísio de ser o responsável pelo sequestro de Misaque e Jatobá, de envolvimento no assassinato do policial Mariel Maryscotte e de ter começado a vida como traficante. Relata ainda as ameaças que sofrera do pai e do irmão, além de detalhar um plano para o assassinato de Lael Máximo, gerente das bancas de bicho de Anísio em Paracambi.

A carta deixada pela ex-mulher do bicheiro foi publicada pelos jornais.[15] E caiu como uma bomba no coração da jogatina em Nilópolis:

Rio de Janeiro, 15/6/1991. Venho, por meio desta, fazer várias declarações e afirmações de minha vida caso, aconteça alguma covardia com relação à minha pessoa, Eliana Santos Müller de Campos, ex-Aniz Abrahão David, e também à pessoa de Hercílio Cabral Ferreira, meu atual marido.

1963. Eu tinha 16 anos.

Cheguei à cidade de Nilópolis, começando uma vida conjugal com Aniz Abrahão David; éramos humildes. Anísio, como é chamado por todos, não vivia uma vida muito tranquila, nem tampouco tão honrosa como ele próprio diz:

— Vendi muita bala no trem!

— Passei muita fome!

— Nunca fui um traficante!

— Nunca usei qualquer tipo de tóxico!

— Nunca matei ninguém!

Com 16 anos, enrolei muita maconha, para que ele e eu tivéssemos uma sobrevivência e vendíamos: todos na rua Odete Braga e em Nilópolis sabem de nosso passado. Falecido João Coelho, grande matador da cidade, sempre quis e fazia de tudo para dar um fim em Anísio. Naquela época, e como sempre, a política imperava e comandava; e Anísio tinha grandes garantias, como eu também; dois anos ficamos nessa vida. Foi aí que tivemos que sair de Nilópolis e ir para Piedade, morando na casa de um motorista chamado Gaguinho. Ficamos lá morando, na Rua Ana Quintão; logo em seguida, Anísio ficou trabalhando como guarda-costas da banca de bicho de Sapurito, outro e Seu Ângelo, que mais tarde veio a casar com uma irmã de criação de Anísio (Diná). Seu Ângelo era capitalista da banca, um dele. Foi então que, um dia, Anísio tomou no peito a frente do jogo do bicho.

Trabalhei muito, todo o tempo ao lado dele; nunca abri minha boca para falar o que sabia, pois as verdades deles não passavam de mentiras. Apesar das mentiras que viviam, me beneficiavam também, nunca aprovei certas coisas que faziam; minha vida foi melhorando, não era casada com ele, casei e peguei uma criança para criar, chama-se hoje Anísio Müller David, um ano depois, dei à luz um filho, chamado Anderson Müller David.

Tudo foi mudando; estou fazendo vários resumos, pois, se contasse minha vida toda, faria um livro, onde saberia bem narrar minha história. Tive meus momentos bons; sempre fui uma mulher de vida aberta, todos conheciam o meu gênio, mas também sabiam de minhas bondades; nunca atrasei ninguém e o que via, sempre guardei para mim. Meu relacionamento com o meu marido estava bem mal. Perante todos, nós éramos muito felizes, mas no fundo não era assim; eu achava que tinha que ficar sendo a mulher que sempre fui para ele, pois poderia ficar sendo falada e outras coisas mais.

Sempre fiquei ao lado dele, sempre sabendo que o mesmo estava errado; nunca concordando com as mudanças, criticava o poder do dinheiro, mal sabendo que o próprio dinheiro mais tarde (hoje) tentaria acabar comigo, como estão pretendendo fazer. Em 1980, resolvi mudar definitivamente de Nilópolis, pois houve um assalto em minha casa em Piratininga, causando-me sérios problemas.

As pessoas que foram sequestradas e mortas na verdade não foram os culpados. Misaque e Jatobá, como foram pessoas ligadas ao Cabo Júlio, por problemas de tóxicos, e não tinham vidas limpas, foram responsabilizados (apontados) por tudo que houve em minha casa.

Paulo Crespo, Maurício e Marinho de Teresópolis e Xuca de Ramos, amigo particular de Luizinho Drumond, pegaram Misaque e Jatobá na praia, levando em seguida para minha casa num carro preto, que pertencia a Paulinho Crespo: eu vi os dois na mala do carro e o mais moreno, Misaque, como depois eu soube, pediu-me um copo de água, eles disseram que não mereciam água... "Não precisa dar nada a ele, são ladrões e pilantras", Paulo Crespo falou. Não falei para ninguém o que vi, e só estou falando agora para mostrar que Anísio sabia de tudo que aconteceu, embora tenha dito o contrário.

Foram seis meses de sofrimento, a tudo me calei, mesmo não aprovando o que tinham feito.

Miriam Irineu Mesquita e seu irmão, vendedores de milho cozido na praia, assistiram a tudo e foram as principais testemunhas contra Anísio e os sequestradores. Foram procurados na época por advogados de Anísio, que ofereceram dinheiro aos dois para que não houvesse reconhecimento. Os policiais que foram reconhecidos foram Orlando Ceguinho, Bizoca, Marins e Vitor Macaco. Eles nada tiveram com o crime. Foram reconhecidos erradamente. Até hoje o crime ficou abafado, o dinheiro venceu.

Xuca, logo em seguida, morreu, menos um. Mariel também foi morto pela cúpula do jogo do bicho. Anísio sabe de tudo, pois na hora ele estava presente e um repórter o viu e ficou calado, pois foi bem pago.

As matanças continuaram e o poder do dinheiro aumentava cada dia mais. Os anos passavam e eu cansei disto tudo, embora nunca tenha sido uma mulher boba.

Separei-me, fui atingida por todos, levei flagrante forjado, porte de arma (as armas realmente eram minhas) e fui perseguida. Se disserem que eu sou viciada, é mentira; se disseram que eu já usei tóxico, é verdade. Foi com meu marido, Aniz Abrahão David, que aprendi o que era tóxico. Depois da minha separação, quase voltei à vida de 20 anos atrás, quando o conheci. Fiquei arrasada e sozinha, meu ex-marido deu-me na separação 320.000,00 (trezentos e vinte mil cruzados novos), tudo está em cartório, assinado pelo juiz, minha advogada chama-se Sandra Maria Cruz, também traiu-me, todos estavam na corrida do ouro. Paguei um preço muito alto por ser ex-mulher de Aniz Abrahão David.

Perdi meus filhos; tudo eles fizeram para que meus filhos me olhassem e me condenassem. Conhecer qualquer pessoa eu nunca poderia. Pensava eu: "Eles podem fazer comigo o que fizeram com muitos." Nunca pensei em vingança, mas eles são diferentes.

O motivo que está me levando a escrever esta carta chama-se Hercílio Cabral Ferreira, o homem com quem estou vivendo e que amo acima de qualquer coisa na vida.

Em setembro de 1990, meu pai, Dauro Freitas Müller de Campos, chamou-me para ficar em sua casa; comecei a trabalhar espiritualmente para sua mulher, Albertina Bouças Gabriel, e foi aí que o tormento e a maldade começaram.

Hercílio frequentava a mesma casa, como amigo da família. Tingo, como é chamada, sempre andou na garupa da moto de Hercílio, para que ele a levasse a qualquer lugar.

Hercílio trabalhava nas corridas em São João de Meriti, onde Dona Rutinha, sócia de Anísio, comandava o jogo do bicho. Eu e Hercílio começamos a ter um relacionamento mais forte do que eles pensavam; para que não ficasse chato, cheguei para Tingo e falei. Ela então respondeu-me: "Não tem nada a ver, por vocês eu morro." Três dias depois, todos na Rua Rodrigues Alves já sabiam; mais três dias, Seu Müller (meu pai), ligava para a apuração de bicho em São João, mandando parar Hercílio no trabalho.

Mesmo assim, ficamos juntos; eu tinha que pagar meu carro, não tínhamos dinheiro. Seu Müller devolveu o carnê atrasado, deixando-nos com mais problemas. A família do Hercílio nos deu a maior força e compreendeu que realmente era coisa séria.

Eu e Hercílio não tínhamos dinheiro, tampouco trabalho, todos viraram as costas para nós, pois ficaram com medo de nosso relacionamento atingir a poupança deles.

Carlito, filho de Tingo, quando eu estava na casa deles, chegou a propor-me que eu e Hercílio matássemos o senhor Lael, gerente da apuração de Paracambi. Eu chamaria Lael e Hercílio, Carlito e mais uma mulher qualquer, que Hercílio escolheria, matariam. E sumiríamos com o cadáver. Lael tem muitas joias, Carlito falou que tínhamos que apanhar todas as joias do mesmo, depois dividiríamos; Hercílio e eu não aceitamos esse jogo; Lael morrendo, Seu Müller ficaria no comando e ele (Carlito) passaria a comandar, como era o seu ideal. Tingo, Maria, Miltinho, Carlinhos de Japeri e outros sabiam desse plano. Seu Müller eu não tenho certeza, mas também acho que sim. Começou a caça contra nós. Desde dezembro sofremos pressões.

No dia 13 de dezembro de 1990, um canalha chamado Genilson pegou o carro de Seu Müller para sair; como eu queria falar com ele, chamei-o e ele se negou a falar comigo, pois tinha sido proibido por Seu Müller de falar conosco.

Logo em seguida, Seu Müler, armado, ameaçou Hercílio de morte, dizendo que ele abrisse o olho com ele, fez um escândalo na Rua Rodrigues Alves e eu disse as verdades que ele precisava ouvir, não calei. No dia 30 de dezembro de 90, meu irmão Raul Santos Müller de Campos também ameaçou Hercílio, dizendo ser Hercílio bola da vez e em voz alta, para que todos escutassem. Passou pela Rua Rodrigues Alves várias vezes em companhia de Ronaldão e Ribeiro, que trabalhavam na apuração de Lael.

Carlito, Garrinha, Carlinhos de Japeri e Bira (o Índio), irmão de Nando (PM), que trabalha no bicho, sabiam do plano contra Lael. Tudo isso foi planejado pelas pessoas citadas. Sempre fui uma pessoa que sabia de todos os furos e nunca falei, pois não achava justo para mim passar como X-9, traidora. Estou sendo traída por eles, prejudicada, e minha vida e a de Hercílio estão correndo riscos. Por essa razão, estou falando tudo que sei. Três dias depois, fomos à 57 DP, Nilópolis. Orientados por pessoas, fizemos a ocorrência. Detetive Gilmar tomou ciência. Foi marcada data intimando os dois e tudo ficou por isso mesmo e não compareceram em nossa frente na data marcada. Vários carros ficaram nos seguindo, dia e noite, durante dois meses, Hercílio também vendia roupas, os fregueses, amedrontados, sumiram, tudo ficou pior, sem dinheiro.

Em família

Dauro e Raul, pai e irmão de Eliana, eram próximos de Anísio, para quem trabalhavam no fechamento de apostas na central do bicheiro. Durante o casamento de Anísio e Eliana, Dauro tivera prestígio e poder. Era respeitado. A família unia tudo, e abrira as portas dos negócios para os Müller. A separação do casal esfriou o relacionamento com Anísio, embora Dauro e Raul não tivessem perdido os empregos.

Mulher de temperamento forte, anos depois da separação Eliana passou a namorar Hercílio, que era bem mais jovem. Ela circulava de moto com o rapaz pelas ruas de Nilópolis, o que irritava Anísio. Incomodado, o bicheiro teria exigido que a ex--mulher saísse da cidade, mas Eliana se recusou.

Demitido assim que o namoro começou, em fins de 1990, Hercílio passou a vender o que fosse para sobreviver. Nos últimos meses antes do assassinato, ele e Eliana chegaram a vender peixes em feiras de Nilópolis. Da primeira-dama da Beija-Flor, restara pouco: ela era agora uma mulher comum à procura de um trabalho que pagasse as contas. Percebendo a angústia e o constrangimento do irmão, Nelson Abraão David, então presidente da Beija-Flor, chamou Dauro e Raul e reiterou a ordem para que o casal deixasse Nilópolis. Se isso não ocorresse, o pai e o irmão da ex-mulher de Anísio seriam demitidos.

As duas denúncias de ameaças de morte contra Eliana e Hercílio, registradas na 57ª DP (Nilópolis), transformar-se-iam nas principais provas contra Dauro e Raul, razão pela qual a Justiça logo autorizou a prisão preventiva dos acusados. A partir daí, a rede local de proteção que funcionava para garantir a impunidade de Anísio passou a operar também a favor deles. As ordens de prisão custaram a sair do cartório judicial e a chegar à delegacia, graças a uma manobra do então escrivão João Carlos Viriato, que rubricara os documentos como se tivessem seguido para a polícia, sem jamais desengavetá-los. Mais tarde, Viriato assumiria o cargo de procurador-geral de Nilópolis, sob a gestão dos David-Sessim.

Descoberta a fraude, Dauro e Raul seriam presos na noite de 17 de agosto de 1991. Raul foi reconhecido como o autor dos disparos por Pixinguinha, o menor ferido na noite do assassinato. O jovem ficara cego do olho esquerdo.

Nesse momento, entra em cena o delegado Luiz Cláudio de Azeredo Vianna, o torturador Doutor Luizinho da Casa da Morte, amigo íntimo de Anísio. Ele procurou o Ministério Público depois de saber que o promotor havia pedido o desaforamento do caso, medida tomada para evitar que o julgamento acontecesse em Nilópolis e sofresse as pressões do poder local. O promotor espantou-se ao constatar que Luizinho carregava uma cópia de seu pedido, que fazia referência direta ao poder de Anísio na cidade.

Ao ser ouvido no inquérito policial sobre o crime em Nilópolis, Anísio — não incriminado pela ex-mulher na carta em que relata as ameaças que sofrera — disse que não podia acreditar que um pai e um irmão fizessem aquilo. "Mas, se o delegado tem certeza, deve tomar as medidas da lei. O fato de empregados meus estarem envolvidos em crimes não pode me incriminar." Anísio voltaria a negar participação no desaparecimento de Misaque e Jatobá e no assassinato de Mariel Maryscotte, denúncias que Eliana fizera na carta: "A Justiça já julgou o caso Misaque-Jatobá e, se eu soubesse que o Mariel seria morto naquele dia, naquele lugar, é claro que eu não estaria lá. Não sou tão bobo assim."[16]

De qualquer modo, quase foi preso. Em 16 de agosto, o secretário de Polícia Civil e Justiça, Nilo Batista, e o diretor-geral da Delegacia da Baixada, Hélio Luz, pediram a prisão temporária do bicheiro. "Não há condições de a polícia investigar nada em Nilópolis com Anísio fora da cadeia. Seu tráfico de influência é muito grande, inclusive na própria polícia. Queremos evitar possíveis subornos e intimidações de testemunhas", disse Luz.[17]

O delegado acrescentou haver indícios que incriminariam o contraventor como mandante dos crimes.[18] O delegado da 57ª DP, Ariobar Pontes, que logo no início da investigação havia inocentado Anísio, fora afastado e substituído por Othon Farinha, que admitia a possibilidade de envolvimento do bicheiro por omissão. Mas o pedido de prisão, apoiado pelo Ministério Público, foi negado pelo juiz Pedro Roberto Tonera, da 1ª Vara Criminal de Nilópolis.

A pressão para retirar o julgamento de Nilópolis era forte. No município, o duplo homicídio virara um assunto tabu. Melhor não falar sobre, melhor esquecer. Nas casas vizinhas e nas ruas próximas à Rodrigues Alves, o silêncio era de ouro. Mas a tragédia rondava a cidade.

Em 17 de setembro, um mês e cinco dias depois do assassinato de Eliana, Nelson Abraão David se suicidou com um tiro na cabeça, no banheiro de uma escola profissionalizante que funcionava na antiga quadra da Beija-Flor, agremiação que presidia. Nelson, que chegara a ser socorrido, deixou um bilhete: "Peço perdão aos meus amigos, à minha família, não consigo escrever nada..."

Era dia de aniversário de uma de suas filhas, que completava um ano de casada. Amigos disseram acreditar que Nelson fora vítima de depressão por causa de um regime a que se submetia.

Anísio perdeu o chão.

O suicídio de Nelson acontecera no momento em que o bicheiro se via pressionado pela repercussão da morte de Eliana. Sem evidências de seu envolvimento no caso, porém, Anísio não seria indiciado no inquérito.

O assassinato de Eliana e Hercílio acabou sendo julgado em Nilópolis mesmo. Luizinho, o amigo de Anísio que fizera carreira na repressão militar, foi presença constante nas sessões do tribunal, apoiando os acusados. Em 8 de dezembro de 1995, na 1ª Vara Criminal de Nilópolis, Dauro seria absolvido da acusação de ser o mandante; Raul, o ex-cunhado de Anísio, condenado a 24 anos de prisão pelo assassinato de Hercílio e pelo tiro no menor que vira o crime, mas não pela morte de Eliana.[19]

6

Castor II

Operação tramada no SNI salva Castor

A Passarela do Samba, recém-inaugurada, ainda cheirava a cimento fresco quando a comissão de frente da Mocidade Independente, vestida de pirata, entrou na avenida. Mais atrás, a modelo Monique Evans estreava como rainha de bateria. Era noite de 5 de março de 1984. Com "Mamãe, eu quero Manaus", enredo do carnavalesco Fernando Pinto sobre a história do contrabando desde Dom João VI, a escola vinha para disputar o título. Para o seu patrono, porém, uma vitória pessoal já fora garantida. A festa servia-lhe para uma desforra. Sem medo de investigações, prisões e processos, Castor de Andrade louvava publicamente os muambeiros do país — ele próprio já acusado de ser um. Com o samba[1] na voz de Aroldo Melodia, o bicheiro dava o seu troco:

Me leva mamãe
Me leva nessa viagem tão legal
Eu quero, mamãe eu quero
Mamãe eu quero Manaus
Muamba, Zona Franca e carnaval
Viajando país afora caminhei (caminhei)
Num mar negro de astúcia
Eu naveguei
Caí no mundo de aventuras
Meu Dom de muambeiro despertei

Tem muamba, cordão de ouro,
Chapéu, anel de bamba (bis)
Bagulho bom é no terreiro do meu samba

Meu bisavô é quem fazia
A cabeça do freguês (do freguês)
Coisas que vovó gostava
Tapete persa e azulejo português
E na banca do meu tio
Havia o puro uísque escocês
E o cheirinho da titia era francês

Paga um, leva dois, alô quem vai
Tô baseado na ideia do papai (bis)

Sou muambeiro
Meu tabuleiro tem tabaco e tem bebida
E no carnaval sou batuqueiro (bis)
Com a Mocidade na avenida

Bata molhada de suor, faixa na cabeça, onde se lia "salve a Mocidade", um crachá com as iniciais da Associação das Escolas de Samba em letras garrafais, óculos quadrados e um sorriso constante, Castor evoluía em uma orgulhosa "viagem tão legal" pela Sapucaí.[2] Em seus três camarotes com capacidade para cem convidados, artistas e jogadores de futebol dividiam o espaço com autoridades civis e militares — nos carnavais seguintes, revelou uma autoridade do governo estadual da época, haveria um camarote exclusivo para oficiais das Forças Armadas — e o direito a uma fartura de Moët & Chandon, uísque, canapés e outras iguarias.

Em Brasília, o governo militar definhava. Dois dias depois do desfile, Carlos Castello Branco, um dos mais respeitados colunistas políticos do país, alertava no *Jornal do Brasil*: "O surdo que silenciou na terça-feira começa a fazer um ruído que vem lá das profundezas. Ainda não dá para entender a música que ele está querendo tocar."[3] Castelinho sabia qual era a música. A metáfora do jornalista se referia à voz das ruas, um clamor crescente que semanas depois desaguaria nas praças do país uma sequência histórica de comícios pelas Diretas Já.

Entre a saída da prisão da Ilha das Flores, em 1969, e o apogeu na contravenção nos anos 1980, Castor atravessara o regime militar com fama de intocável. Jamais voltou a ser preso pelos militares, embora monitorassem suas atividades ilegais. Conseguira cumprir os dois planos que tinha em mente quando deixou a prisão: obter mais poder na contravenção e se aproximar de militares para expandir seus negócios. Os laços com agentes da repressão o ajudaram a manter-se a salvo, guardar seus territórios e amealhar mais dinheiro, poder e prestígio. De perseguido por vender "a ilusão do ganho fácil", como acusava, em 1968, o secretário de Segurança da Guanabara, general Luís de França

Oliveira, era então um protegido do regime. Não o separava dos militares qualquer diferença ideológica, nem mágoa por ter sido preso. O que importava para Castor eram a proteção e a escalada de seus negócios.

Desafiado por repórteres da revista *Playboy*, em entrevista para a edição de janeiro de 1984,[4] demonstrou que sepultara os rancores:

> *Playboy*: Dê uma nota para uma pessoa que já morreu. O presidente Costa e Silva. O presidente quando o senhor foi preso.
> *Castor*: Nota 10.

Com a ampliação de seu poder na contravenção e a consequente entronização na cúpula do bicho, Castor passara a ser visto por militares como um aliado. O bicheiro os paparicava. Chegou a frequentar a Irmandade Santa Cruz dos Militares, que abrigava, na igreja no Centro do Rio, agentes envolvidos na repressão política nos anos de chumbo. Em uma oportunidade, o bicheiro enviou flores para uma comemoração, provocando constrangimento entre alguns dos membros da Irmandade. A intimidade com o bicho abria portas. Mas expô-la assim publicamente não agradava a todos os militares.

Agradava seguramente ao coronel Freddie Perdigão Pereira, um dos mais bárbaros torturadores do regime, irmão na Santa Cruz e então agente do SNI no Rio. O ex-delegado Cláudio Guerra revelou, em *Memórias de uma guerra suja*, como entrou para as engrenagens do jogo do bicho na virada dos anos 1970 para os 1980, no momento em que se dava a desmontagem do aparelho repressivo. Foi Perdigão, garante Guerra, quem lhe abriu as portas da contravenção:

Fui apresentado a Castor de Andrade, que era o chefe dos bicheiros, o mais importante de todos. (...) A relação entre Castor e as Forças Armadas era tão próxima que ele tinha até uma credencial do Cenimar. Ele gostava de usá-la para dizer que era agente, oficial da reserva. Ele era atrevido. Mas existia, de fato, colaboração entre o SNI e o jogo. A partir daí, figurei como chefe de segurança de todos os bicheiros do Rio de Janeiro (...).[5]

Na avenida, entretanto, Castor não precisava de credencial alguma. O crachá pendurado no pescoço era muito mais uma peça de propaganda.

Da pista da Sapucaí, no desfile de 1984, Castor avistou um rosto conhecido no camarote de José Caruzzo Escafura, o Piruinha, outro *capo* da contravenção. Johnny, filho do presidente da República, João Figueiredo, saudava a passagem dos sambistas. Unia-o a Castor não apenas o apego ao samba. O sogro de Johnny, Ozório Paes Lopes da Costa, havia sido sócio do bicheiro na Metalúrgica Castor. Dois anos antes, esta parceria salvara-os da bancarrota. A empresa, que fornecia desde 1977 produtos de aço e metal, como camas, fogões e marmitas, ao Exército,[6] estava quebrada, mas Castor e Ozório não precisaram apagar as luzes. Uma operação arquitetada pelo SNI e apadrinhada pelo governo, como comprovam documentos descobertos no Arquivo Nacional, obrigou o Grupo Coroa-Brastel a adquiri-la antes que fechasse definitivamente as portas.

Publicamente, Castor minimizava os laços de amizade com a família do presidente. Embora garantisse que fora convidado, alegou que não quis comparecer ao casamento de Johnny com a filha do sócio, Rosana: "Para evitar especulação e não querer criar embaraço ao sogro dela com a minha presença. Minha senhora e os filhos foram."[7]

Pelo dinheiro público, o embaraço era válido. Em 1982, quando o negócio já fazia água, Ozório, sócio de Castor, escreveu uma carta ao ministro Delfim Netto, chefe da Secretaria de Planejamento da Presidência da República. Queria convencê-lo a abrir os cofres do Banco do Brasil, do BNDES e da Caixa Econômica à metalúrgica.[8] O sogro de Johnny culpava o governo federal pelo declínio. "A partir de 1978, em virtude da adoção pelo próprio governo de medidas de contenção de gastos, que motivaram mudanças de critérios nas concorrências abertas para o atendimento de tais encomendas, a empresa, tendo suas atividades voltadas prioritariamente para o atendimento de tais encomendas, passou a conviver com um processo de endividamento que, agora, tornou-se incontornável e não permite, apesar dos esforços desenvolvidos por seus administradores, a superação da crise que lhe atinge", justificou.

Antes de tomar uma decisão sobre o pedido, o governo quis saber o que o SNI pensava do caso. A carta de Ozório mobilizara a comunidade de informações. De março a julho de 1982, agentes de pelo menos cinco unidades (Agência Central e Agência Rio do SNI, assessorias de Segurança e Informações do Ministério da Indústria e do Comércio e do Banco Central e o Centro de Informações do Exército, o CIE) fizeram uma devassa na metalúrgica e em outras empresas ligadas aos sócios. Levantaram endereços, fornecedores, endividamento e outros dados.

Os agentes, que vasculharam tudo, talvez não precisassem ir tão longe para concluir o óbvio: a metalúrgica não reunia as mínimas condições para receber ajuda pública. "O exame da proposta formulada por Ozório Paes Lopes da Costa, em sua carta ao ministro-chefe da Seplan/PR, indica um elevado grau de risco para os órgãos financeiros citados no corpo da missiva. Dificilmente, tal proposta poderá ser aceita pelos mesmos", alerta um dos relatórios do SNI sobre o caso, datado de 14 de abril de 1982. Outro documento, a Informação 043/51/AC/82, de 25 de maio, acrescentou ainda que Castor era banqueiro do jogo do bicho, ligado a Aniz Abraão David, o Anísio da Beija-Flor, e a Ângelo Maria Longa, o Tio Patinhas, e respondia pelo crime de contravenção em processo instaurado na 24ª Vara Criminal do Rio de Janeiro.

Em condições normais, a conclusão do SNI encerraria a questão e guardaria a carta em alguma gaveta esquecida da comunidade de informações. Mas o autor do pedido era contraparente de Figueiredo, o presidente da República e ex-chefe do órgão. Impossível fechar as portas. Então, o dossiê de 14 de abril apresentou como "solução mais imediata e plausível" a incorporação da empresa "por um grupo economicamente forte que pudesse sanear sua situação econômico-financeira e implementar sua linha de produção".

E foi o que aconteceu. O empresário escolhido seria Assis Paim Cunha, sócio majoritário do grupo Coroa-Brastel. Ele havia erguido um império de US$ 1 bilhão. Seu negócio mais famoso, as Lojas Brastel, fazia sucesso por vender "tudo a preço de banana!". O governo obrigara-o a comprar abacaxis. Paim teria concordado em desembolsar Cr$ 400 milhões pela metalúrgica. Em troca, deveria ser compensado com a generosidade da área de financiamentos do Banco do Brasil. Mas a ajuda pública não foi capaz de garantir a sobrevivência do grupo. Paim iria à lona após assumir outro pepino, a compra da Laureano, uma corretora quebrada à beira da intervenção federal. Em junho de 1983, uma intervenção do Banco Central decretou o fim do Coroa-Brastel, naquele que seria um dos maiores escândalos financeiros do país, com mais de 34 mil investidores lesados.

Após jurar que não iria para a cadeia sozinho, o empresário resolveu ligar o ventilador. Julgava-se traído. Em depoimento à

CPI do Senado que investigava crimes financeiros, disse que recebera do economista Álvaro Armando Leal, consultor do grupo, em outubro de 1982, a promessa de que seria recompensado pelo regime se comprasse a Metalúrgica Castor. Leal, que esteve no Senado semanas depois, confirmou a história. Ex-sócio do então secretário executivo do Ministério do Planejamento, José Flávio Pécora, declarou que o titular da pasta, o ministro Delfim Netto, procurara-o pedindo que examinasse nomes de empresários interessados, eventualmente, na compra da metalúrgica.

Condenado por gestão fraudulenta de instituição financeira, com pena de oito anos e três meses de prisão, que cumpriria em regime semiaberto, Paim perdeu toda a fortuna. Passaria o resto da vida tentando recolher documentos para provar sua inocência. Faleceu em outubro de 2008. Procurado pelos autores desde julho de 2015, Delfim Netto não se pronunciou até o fechamento desta edição, em 29 de setembro do mesmo ano.

"Viva Figueiredo"

Castor considerava-se quite com o regime. A oportunidade de retribuir a ajuda viria com as eleições de 1982, sacudidas no Rio pela candidatura de Leonel Brizola a governador fluminense. O regime fez de tudo para impedir a vitória de um dos seus mais odiados inimigos. Durante a campanha, o presidente Figueiredo cumprira uma maratona de comícios no estado para incensar o sociólogo Moreira Franco, candidato do PDS, o partido governista. Em pelo menos dois deles, no dia 20 de outubro, em Volta Redonda, e em 12 de novembro, em Nova Iguaçu, Castor esteve presente no palanque.

Para o comício em Volta Redonda, Anísio, o chefão de Nilópolis, mobilizara o carnavalesco Joãosinho Trinta e trezentos passistas da

Beija-Flor no esforço de adoçar a imagem do general carrancudo. "Samba, meu povo/ Hoje é dia de alegria/ Viva Figueiredo/ O rei da democracia", conclamava o "Rei da democracia", samba composto por moradores do Complexo da Maré, no Rio. Vestida com camisetas de Moreira Franco e Célio Borja (candidato ao Senado), a bateria da Beija-Flor embalava o palanque montado na praça do escritório central da Companhia Siderúrgica Nacional (CSN). Figueiredo beijou e abraçou centenas de crianças em indisfarçável alegria, pois fora decretado feriado escolar na cidade. Uma delas, o menino José Paulo, de 13 anos, entregou ao presidente um retrato desenhado a lápis. Nele, surgia um Figueiredo carrancudo. "Muito obrigado. Você me fez menos feio. Acho que estou parecendo japonês. Estou meio brabo, não?", reagiu o presidente.[9]

O elenco de passistas e ritmistas da Beija-Flor, liderado por Anísio, pelo seu irmão e então presidente da escola, Nelson Abraão David, e seu primo, Jorge David, também animou as ruas da Baixada Fluminense para o presidente Figueiredo e Moreira Franco, no comício em Nova Iguaçu que encerrou a campanha. Castor, de novo, marcara presença.[10] Mas agir às claras não era a melhor contribuição que poderia dar ao regime. As pesquisas do PDS mostravam Brizola com grande vantagem sobre Moreira Franco e os demais adversários justamente em Bangu e arredores, reduto do chefão. Mudar o quadro era uma questão de honra. Castor, então, abriu os cofres. Montou comitês (o principal deles ficara no sugestivo Cassino Bangu), organizou comícios, espalhou propaganda e distribuiu benesses.

Todo o esforço não foi suficiente para suplantar a onda brizolista que varria os grotões do Rio. Como a intenção do eleitor permaneceria inalterada até o dia da votação, 15 de novembro, Castor resolveu mudar a estratégia: agiria depois, na contagem dos votos. Para seduzir juízes e servidores da Justiça Eleitoral, apelou para o velho toma lá dá cá. Fiscais de partidos políticos (à exceção do PDS) e jornalistas se indignariam ao descobrir a facilidade com que o bicheiro circulava no Pedra Branca Social Clube,[11] em Senador Camará, onde eram apurados aproximadamente 168 mil votos. Castor fornecera mesas, ventilação, além de frutas, água mineral e outros confortos.

No Guadalupe Country Clube, onde funcionava a 23ª Zona Eleitoral, além de refrigerantes, frutas e sanduíches, ele se fez presente com uma tropa de seguranças corpulentos, disfarçados de fiscais do PDS. A pressão indignou o PDT de Brizola. "Castor coordena as parcialidades favoráveis ao PDS", desabafou Clemir Ramos, candidato a deputado federal pelo partido. A mesma suspeita custaria caro à repórter da TV Globo[12] que cobria a apuração em Senador Camará: "Quem manda aqui sou eu. Se pegar alguém nos banheiros, eu prendo. Retire à força essa repórter daqui!"

As advertências, aos gritos, partiram do juiz Paulo Gomes Alves, presidente da 24ª Zona Eleitoral, ao negar uma entrevista à repórter Cynthia Graber, da TV Globo, retirada à força do ginásio onde os votos eram apurados. Seria necessária a interferência de outro magistrado, Nery de Souza, para que ele permitisse o acesso a cinegrafistas e fotógrafos e falasse com os repórteres: "Quando chegamos aqui, não tínhamos mesas, ventiladores, iluminação suficiente. Acordei todo mundo e o Castor de Andrade, como presidente do Atlético Clube Bangu, nos ajudou nessa infraestrutura. Se ele é fiscal ou delegado de algum partido, não sei, mas tem nos ajudado, sim", tentou explicar-se.

A ajuda de Castor não salvaria Moreira da derrota. Totalizados os votos em todo o estado, a Justiça Eleitoral anunciou a vitória de Brizola com 34,17% dos votos, contra 30,6% dados a Moreira Franco (Miro Teixeira, do PMDB, ficou em terceiro com 21,46%, seguido de Sandra Cavalcanti, do PTB, com 10,72%, e Lysâneas

Maciel, do PT, com 3,05%). Na Grande Bangu, para cada voto em Moreira, Brizola recebera dois.

Castor bem que tentou minimizar o fiasco. Garantiu que, antes de entrar na campanha, a vantagem de Brizola sobre Moreira era de três para um em Bangu. O bicheiro jamais admitiria que não jogara limpo: "Não, pelo seguinte, veja bem: se eu for para uma prova sem saber nada, para tirar zero, e você me oferecer cola para eu tirar três, não aceito. Colar para ser reprovado para quê? Embora se a cola valer uma nota sete, eu topo. É o mesmo caso. Para que fraudar um resultado e perder?"[13]

Ele sabia, porém, que o reprovado ali não era ele ou Moreira Franco. A barca do regime fazia água. Ante a vitória da oposição, que abrira caminho à campanha das Diretas Já em 1984, Castor começava a preparar terreno para o desembarque. Para conquistar definitivamente a simpatia popular, tinha de estar em sintonia com os interesses das ruas. Passou a defender mudanças e a criticar o "radicalismo" dos que tentavam impedir o processo de abertura. Perguntado sobre a amizade com o presidente Figueiredo, em 1984, procurou distanciar-se do presidente em fim de mandato: "Não, não sou amigo do João. Só não fui ao casamento [do filho de Figueiredo, Johnny] porque quis evitar qualquer constrangimento. Só por isso. Eu já disse: tenho uma admiração por ele, mas acho que a administração do Planalto precisa ser renovada para que se aproveitem os acertos e se abandonem os erros. Vamos seguir acertando daqui pra frente."[14]

Livre das preocupações com a metalúrgica, convencido de que fizera a sua parte, o então presidente de honra do Bangu Atlético Clube cuidava, em 1984, dos últimos ajustes no time que chegaria ao vice-campeonato brasileiro de 1985, um ano de glórias para o bicheiro. Sentado no trono do carnaval carioca, como presidente da recém-fundada Liga Independente das Escolas de

Samba (Liesa), entidade por meio da qual se iniciava o processo de privatização dos desfiles, ele festejaria em 1985 o título de sua escola, a Mocidade Independente de Padre Miguel, campeã com "Ziriguidum 2001, carnaval nas estrelas".

Castor farejava as mudanças. Discretamente, movera-se e aproximara-se do brizolismo. Chamava de "corretíssimo" o comportamento do governador com a contravenção. Mas esta é outra história.

Castor nunca esquece

Noite de sábado, 17 de março de 1990. O cachorro, preso no quintal dos fundos da casa do subúrbio em Bento Ribeiro, latia sem parar. No quarto, Osman Pereira Leite, que assistia à TV com a amante, Neusa Maria, levantou-se. Resolveu levar água para o cão. Aqueles latidos deviam ser de sede. Mal botou os pés na cozinha, deu de cara com três homens armados. Não teve tempo de correr. Foi alvejado no peito e no coração ali mesmo. Quatro tiros mataram o policial, bicheiro e ex-presidente da Mocidade Independente de Padre Miguel.[15]

Onze anos tinham se passado desde que Osman comemorara, com abraços e beijos no rosto de Castor, a primeira vitória da Mocidade no carnaval. Muita coisa mudara nesse tempo. O início da década de 1980 assistiu a algo que antes parecia impensável: o rompimento entre o bicheiro e o policial. A parceria na contravenção e no samba ruiu quando o segurança e braço forte de Castor foi acusado de estar dando um golpe na cúpula do bicho. Ambicioso, Osman tinha gana de conquistar bancas e subir na hierarquia do jogo, saindo da sombra do padrinho poderoso. Para isso, bolou um jeito de fraudar o sorteio dos números da

Paratodos,[16] armando apostas que coincidiriam com o resultado. Alertado por outros bicheiros, Castor mandou Osman sumir da sua frente, do mundo do bicho e da Mocidade.

O policial não lhe deu ouvidos. Uniu-se ao jovem Marcos Aurélio Corrêa de Mello, o Marquinho, filho de um dos chefões do bicho, Raul Corrêa de Mello, o Raul Capitão, e com ele planejou um futuro de poder e dinheiro, a ser construído principalmente à base de violência. Os últimos anos do regime militar testemunharam um recrudescimento na guerra do bicho, que se estenderia pelos primeiros anos da volta do país à democracia. Marquinho já fora advertido pelo pai, a mando da cúpula, por causa de sua aproximação com Mariel Maryscotte, metralhado em outubro de 1981, e da tentativa de tomar pontos de outros bicheiros no Rio. Em parceria com Osman, no entanto, ampliava seus interesses para outros estados.

Na capital paulista, associaram-se, em 1984, ao bicheiro Walter Spinelli Oliveira, o Marechal, o que não teria agradado a bicheiros locais. Mas, nessa altura, Osman e Marquinho já tinham inimigos em muitos lugares. Em uma emboscada em 31 de maio daquele ano, no bairro da Lapa, em São Paulo, um Voyage com placa do Rio, de propriedade de Marquinho, foi metralhado. Ele não estava no carro. No ataque, foi morto Ismael Veríssimo dos Santos e ferido gravemente Paulo Estanislau Silva, que ficaria tetraplégico. Dentro do automóvel, estavam ainda o pai de Paulo, o bicheiro Jorge Estanislau Silva, e Marco Aurélio Pedroso Santoro, que não se feriram. Jorge cumpria prisão-albergue no Rio por estelionato e estava ilegalmente em São Paulo.[17] Para Marquinho, o alvo era ele, e a ordem de matar partira do Rio, e não de bicheiros paulistas.[18] Em setembro de 1985, Jorge Estanislau apontou, na polícia paulista, Castor de Andrade como mandante do crime da Lapa. De acordo com ele, o alvo seria Osman, a quem Castor pretendia matar.[19] Estanislau pediu garantias de vida à Divisão de Homicídios da polícia paulista por se sentir ameaçado pelo bicheiro de Bangu.[20]

Foi com negociações, ameaças e assassinato que Marquinho, apoiado por Osman, tomou bancas em Montes Claros, Três Corações e Patos de Minas, em Minas Gerais.[21] Marquinho seria apontado como responsável pelo sequestro e assassinato do pequeno bicheiro Oziel Silva e de sua mulher, Ana Maria de Souza, em Montes Claros, em dezembro de 1986. Oziel resistia a Marquinhos, que o pressionava pela compra de suas bancas.[22] Osman chegaria a ser preso naquela cidade durante uma operação da Secretaria de Segurança de Minas contra o jogo do bicho, em 1987. Policiais estouraram uma fortaleza e prenderam dez contraventores, entre os quais estava ele, à época lotado na 37ª DP (Ilha do Governador), no Rio. Durante todo esse tempo, o ex-protegido de Castor "conciliava" o trabalho na polícia carioca com a atividade no jogo do bicho, agora à sombra de Marquinho e, por extensão, de Raul Capitão.

Castor não havia esquecido o golpe que sofrera. Nunca esquecia esse tipo de coisa. No máximo, dava tempo ao tempo.

Osman deixara a presidência da Mocidade em 1979, quando surdos, cuícas e tamborins ainda festejavam a vitória no carnaval, porque o estatuto da escola impedia a reeleição. Sambistas temiam que, com a saída do homem forte de Castor, o bicheiro se afastasse da agremiação.

Quem deixou a nau da Mocidade foi o carnavalesco campeão Arlindo Rodrigues, contratado em abril daquele ano pelo bicheiro Luiz Pacheco Drumond, o Luizinho, para criar o desfile da Imperatriz Leopoldinense. Não houve briga, apenas um arranjo — algo que se tornaria comum no mundo das escolas de samba, o troca-troca de profissionais, desde que autorizado pelos bicheiros ou motivado pelo enfraquecimento de uma agremiação (não era o caso da Padre Miguel, que ascendera ao grupo das grandes).

A Mocidade não ficou de mãos vazias. Osman deixara o cargo, mas Castor ficaria na agremiação. Tinha tomado gosto. Sabia que a escola era importante para que se consolidasse na cúpula da jogatina, fosse reconhecido publicamente e cortejado por artistas e socialites. Foi então contratado o carnavalesco Fernando Pinto, campeão no Império Serrano em 1972, que imprimiria sua marca de irreverência e fantasia tropicalista à Mocidade dos anos 1980 (em nove anos, de 1980 a 1988, Fernando criou sete enredos para a escola).[23] Não à toa, seu primeiro trabalho para a agremiação, no carnaval de 1980, se chamou "Tropicália Maravilha",[24] com onças, palmeiras e índios de óculos Ray-Ban na bateria.

O rompimento entre Castor e Osman se deu logo depois.

Osman não havia esquecido o bicho nem o carnaval. Primeiro, foi para a Unidos de Padre Miguel, escola vizinha da Mocidade Independente na Vila Vintém. No carnaval de 1985, pouco antes do fim do governo Figueiredo, a Unidos de Padre Miguel abriu os desfiles na Sapucaí, no Grupo 1-B. Sem recursos, Osman disparou cobras e lagartos contra políticos que tinham prometido ajudá-lo. Não percebia que fora isolado pelo poder de persuasão e pelo dinheiro de Castor.

O policial-bicheiro não desistiria. Após o carnaval, deu um passo ousado: convenceu Marquinho a ser patrono da União da Ilha do Governador, que ficara em 12º lugar no desfile do grupo das grandes escolas. No acerto, Osman ganhou o cargo de representante da Ilha na recém-fundada Liga Independente das Escolas de Samba (Liesa), articulada pelos bicheiros de olho na gestão dos recursos do carnaval, entidade inicialmente presidida por Castor.

Presidente da Mocidade no campeonato de 1979, Osman queria repetir o feito, agora na Ilha, no carnaval de 1986. Com esse objetivo, contratou o mesmo carnavalesco: Arlindo Rodrigues.

"É o primeiro ano que participo de uma escola e vou fazer o melhor", disse Marquinho, sem ideia do que fosse um desfile de escola de samba. "Arlindo é meu amigo particular, trabalhei com ele durante seis anos na Mocidade Independente e fomos campeões juntos. Quando Marquinho me pediu ajuda, eu disse que só iria para a União da Ilha se contratassem o Arlindo. Ele é o maior carnavalesco do Brasil; os outros só fazem imitá-lo", afirmou Osman.[25]

A entrada da dupla na União da Ilha aconteceu no ano em que Castor não teria Fernando Pinto na Mocidade (segundo sambistas, depois da vitória em 1985, com "Ziriguidum 2001, carnaval nas estrelas", o contraventor sabia que não ganharia no ano seguinte e decidira não investir, o que levou o carnavalesco a se afastar). O resultado de 1986 não mudaria a história do carnaval, de Osman ou de Castor: a União da Ilha ficou em quinto; a Mocidade, em sétimo.

Era nas ruas, nas intrigas da contravenção e da corrupção policial, na guerra pela tomada de bancas, que o futuro de Marquinho e Osman estava traçado.

Na madrugada de 28 de maio de 1988, Marquinho foi assassinado com seis tiros, por quatro homens que portavam metralhadoras, um fuzil e pistolas, na frente da garagem do prédio onde morava, na rua José Linhares, no Leblon. Ele chegava em casa, acompanhado por um segurança, no seu Opala, que ficaria todo perfurado pelos tiros; os assassinos, que estavam em uma Parati, abandonaram o carro no local. Para a polícia, podia ser vingança de contraventores de Minas ou de São Paulo. O bicheiro foi enterrado com a bandeira da União da Ilha sobre o caixão.

Antes de ser assassinado, menos de dois anos depois, Osman geria bancas na Ilha do Governador, em Petrópolis e Corrêas,[26] cedidas por Raul Capitão depois do assassinato de Marquinho.

Como policial, estava afastado das funções desde 1988 e respondia a inquérito por envolvimento com a contravenção. Tinha inimigos no Rio e em outros estados. Seria velado na quadra da Mocidade, com a bandeira da agremiação cobrindo seu caixão.

A tocaia contra Osman aconteceu dois dias depois da posse de Fernando Collor de Mello. Ao envergar a faixa como primeiro presidente eleito desde 1964, o caçador de marajás encerrava um capítulo dramático da história do Brasil. Mesmo nos dois anos anteriores, sob o governo civil de José Sarney, a caminhada não fora fácil. Os quartéis estavam inquietos. Em pelo menos uma ocasião, acreditou-se que todo o esforço pela reconstrução da democracia seria detonado.

Um monumento vai aos ares

Já havia acontecido, 21 anos antes, com o capitão da Aeronáutica Sérgio Ribeiro Miranda de Carvalho, o Sérgio Macaco, que pagara caro pelo gesto. Ainda assim, sabendo dos riscos, o coronel Dalton Roberto de Melo Franco fez de novo. Como membro do Batalhão de Forças Especiais, a tropa de elite do Exército, negou-se a cumprir ordem superior. Seus comandantes queriam que destruísse o monumento inaugurado em Volta Redonda, no dia 1º de maio de 1989, em homenagem a Willian Fernandes Leite, Carlos Augusto Barroso e Walmir Freitas, os três operários mortos durante a invasão da Companhia Siderúrgica Nacional (CSN) por tropas do Exército no dia 9 de novembro do ano anterior.

Apesar da atitude de Dalton — que repetia a recusa de Macaco em empregar o Para-Sar, esquadrão de resgate da FAB, em ações terroristas em 1968 —, o monumento de Volta Redonda viria abaixo menos de 24 horas depois de inaugurado, destruído por uma carga de explosivos detonada na madrugada. A carreira do coronel também implodiria. A perseguição exercida pelos superiores, que o acusaram de desvio de armas, custou o seu desligamento do Exército em 1996, por decisão confirmada pelo Superior Tribunal Militar (STM). Três anos depois da expulsão, Dalton resolveu abrir a boca. E uma das revelações mais surpreendentes de sua entrevista ao *Jornal do Brasil*[27] foi a que deu conta da origem dos explosivos que destruíram a homenagem aos operários:

JB: Os explosivos de origem civil foram fornecidos por quem?

Dalton: Através de contatos na Baixada Fluminense...

JB: Que contatos?

Dalton: Emissários dos bicheiros de Nilópolis [Aniz Abrahão David] e de Bangu [Castor de Andrade].

O mais grave atentado terrorista ocorrido no país desde a bomba do Riocentro, em 1981, revelou, segundo a denúncia de Dalton, que o envolvimento do jogo do bicho com operações clandestinas de militares sobrevivera ao fim do regime. A princípio, o capitão contou o que sabia sobre a explosão do monumento ao próprio Exército. Ele queria anular a punição que sofrera, de quinze dias de cadeia, pela acusação de ter desviado, em abril de 1991, 5 mil cartuchos de munição calibre 9mm, mil cartuchos de calibre 32, mil cartuchos de calibre 38, quinhentos cartuchos de calibre 12 e trinta de calibre 357 do paiol do Batalhão de Forças Especiais. Como a manobra não funcionara, resolveu fazer barulho.

Quando 20 quilos de explosivo plástico derrubaram o monumento de Volta Redonda, o Brasil, governado por Sarney, preparava-se para a primeira eleição presidencial após a ditadura. Havia o temor de que as velhas feridas fossem reabertas. No ano anterior, a invasão da CSN por 1.300 soldados do Exército, confrontando os militares com o movimento sindical que se reerguia, representara o mais sério risco ao processo de reconstrução da democracia. Os generais do governo civil, tendo à frente o ministro do Exército, Leônidas Pires Gonçalves, atuavam como fiadores da transição. Mas a homenagem aos três operários mortos, projetada pelo arquiteto comunista Oscar Niemeyer, era considerada por alguns como intolerável. "O Exército achou que aquilo era uma afronta, que se estava querendo criar mártires", disse Dalton ao *Jornal do Brasil*.

A ajuda dos bicheiros, revelou o amotinado, prestara-se à montagem de um paiol clandestino para uso "em atividades descaracterizadas" do Batalhão de Forças Especiais. A dinamite recebida de comparsas de Castor e Anísio teria sido retirada de pedreiras da periferia. Em depoimento escrito, com o qual Dalton tentava se defender do risco de expulsão, o oficial detalhou a parceria:

> Com apoio do doutor Paturi e outros delegados da Polícia Federal e através do Comando Militar do Leste e da Superintendência da PF no Rio, foram obtidos, por intermédio do senhor Paulo Andrade, filho de Castor de Andrade, explosivos de uso militar junto a pedreiras na Zona Norte do Rio. Em Nilópolis, também foi feito contato (...) com Anísio Abrahão, para obter munições e material explosivo de uso civil.

Mas a bomba de Volta Redonda, a exemplo da do Riocentro, explodiria no colo de quem tentara usá-la contra a democracia. E não foi capaz de reorganizar os conspiradores, incendiar os quartéis ou atrapalhar a primeira eleição direta do país, marcada para 15 de novembro daquele ano. O monumento, reerguido, viraria um símbolo da luta dos trabalhadores da CSN. Dez anos depois da explosão, o então presidente Fernando Henrique Cardoso criaria o Ministério da Defesa, com a extinção dos ministérios do Exército, da Marinha e da Aeronáutica. Os militares estavam definitivamente submetidos ao poder civil.

De vítima do atentado, restara apenas o capitão Dalton, perseguido e expulso do Exército. A denúncia, formalizada por escrito, jamais provocaria a punição dos supostos mandantes. Já Dalton foi julgado culpado pelo Conselho de Justificação por "incorreção no desempenho do cargo, conduta irregular e prática de atos atentatórios ao pundonor militar e ao decoro da classe". Os julgadores alegaram que as folhas de Alterações do oficial estavam repletas de irregularidades. A decisão seria confirmada em acórdão do Superior Tribunal Militar de 9 de dezembro de 1998, mas os advogados do ex-oficial garantiram que a Justiça voltou atrás mais tarde.

Dalton morreu em junho de 2013 sem ter sido reintegrado. E os bicheiros, como sempre, saíram do episódio sem um arranhão.

Epílogo

"A contravenção não tem culpa que
o governo mude a toda hora"

Quando o general João Figueiredo deixou o Palácio do Planalto, em 15 de março de 1985, sem entregar a faixa presidencial a José Sarney, empossado interinamente por causa da cirurgia de Tancredo Neves, o regime militar era uma página virada para a contravenção. Bicheiros não se apegam a ideologias e não seguem uma cartilha política. Eles vão para onde o vento os levar, desde que o destino seja o lucro e a proteção dos seus negócios. Na busca de alianças, o que importa é a blindagem. "A contravenção tem um princípio. Ela é governo e não tem culpa que o governo mude a toda hora", afirmou Castor, sem meias-palavras.[1]

Já na primeira metade dos anos 1980, na transição do Brasil para a democracia, Castor, Anísio e Guimarães começaram a dar as costas ao regime que se esfacelava. Porém, jamais cortaram laços com os agentes que tinham recrutado para a contravenção diante do desmonte do aparelho repressivo. Personagens como o delegado Luiz Cláudio de Azeredo Vianna, o coronel Freddie Perdigão Pereira e o cabo Marco Antônio Povoleri, todos apontados como torturadores na ditadura, mergulharam na engrenagem do jogo do bicho com a mesma brutalidade. Os bicheiros protegeram e promoveram esses torturadores. A experiência de violência e arapongagem adquirida na repressão se pôs a serviço do jogo e ajudou decisivamente contraventores a erguer impérios no estado do Rio, retalhado em territórios, e, depois, em outros estados.

É, no mínimo, curioso imaginar como essa tropa, egressa dos quartéis que se insurgiram contra Jango em 1964, teria reagido ao constatar a simpatia de seus novos chefes pelo governo de Leonel Brizola, eleito em 1982, no Rio, ou mesmo ao tomar conhecimento da doação de US$ 40 mil do jogo do bicho para salvar da falência, em 1990, a Associação Brasileira Interdisciplinar de Aids (Abia), entidade dirigida pelo sociólogo Herbert de Souza, o Betinho. Ambos, Brizola e Betinho, inimigos figadais dos militares, tinham sido obrigados a deixar o país depois do golpe e só voltaram com a Anistia de 1979.

Liesa, uma fachada de legalidade na redemocratização

Os anos que registram a aliança entre integrantes da repressão e bicheiros, com a guerra nas ruas pelo controle de territórios, coincidem com a ascensão de escolas de samba dominadas pela contravenção. O novo jogo de forças entre os bicheiros culminaria com a fundação da Liga Independente das Escolas de Samba (Liesa), em 24 de julho de 1984. Não por acaso, os três primeiros presidentes da entidade foram Castor, da Mocidade Independente, Anísio, da Beija-Flor, e Capitão Guimarães, da Vila Isabel. Com a Liga, os negócios da jogatina, que aproximaram os três na ditadura militar, estenderiam seus tentáculos ao carnaval, até o seu domínio completo, já em pleno regime democrático.

Em julho de 1984, três meses depois da rejeição da emenda das Diretas Já no Congresso, o governo militar em Brasília assistia nervoso ao crescimento do apoio à candidatura oposicionista de Tancredo Neves, enquanto o PDS, antiga Arena, partido de sustentação do regime, rachava diante do nome de Paulo Maluf como postulante à Presidência nas eleições indiretas.

No Rio, no mesmo momento, os bicheiros deflagravam um racha no carnaval. No dia 11, liderados por Castor, Guimarães e Anísio, dez escolas informaram oficialmente o seu desligamento da Associação das Escolas de Samba e a criação de uma nova entidade. A Liga era apresentada como uma empresa cujo objetivo seria comercializar o desfile, o que incluía o direito de transmissão de imagens, então nas mãos da Riotur.[2] Com o desligamento da Associação, as intituladas dez grandes escolas — Beija-Flor, Caprichosos de Pilares, Imperatriz Leopoldinense, Império Serrano, Mangueira, Mocidade Independente, Portela, Salgueiro, União da Ilha e Vila Isabel, a maioria comandada pela contravenção — passavam a negociar com o poder público separadamente, isolando as 34 agremiações menores.

Os bicheiros não queriam mais tomar decisões em um colegiado com 44 escolas de samba, em que cada uma contava um voto e a força da maioria, sem vínculos diretos com a cúpula da contravenção, se impunha. Principalmente, os bicheiros não pensavam em dividir com as médias e pequenas escolas a massa de recursos que o espetáculo movimentava, em uma espiral crescente, ano após ano, e à qual reivindicavam acesso. O dinheiro era o centro da questão. Dinheiro que os bicheiros queriam passar a administrar. E conseguiriam. Com esse grupo de escolas reunidas na Liga, os contraventores aumentavam o seu poder de barganha com a Riotur e ficavam livres para decidir o que julgassem melhor para seus interesses.

Com o argumento de que eram as suas agremiações que atraí-am o público e faziam do carnaval um espetáculo, partiram para controlar as fontes de receitas do desfile principal. Se é inques-tionável que as escolas tinham então direitos não respeitados e participação reduzida nas receitas geradas pela festa, inquestio-nável também é que os interesses dos bicheiros iam além. Eles sabiam que o papel assumido à frente da nova entidade lhes daria maior visibilidade e os ajudaria a cristalizar a imagem de mecenas diante da sociedade. E, em plena transição para a democracia, a Liga lhes representava mais: uma fachada de legalidade, já que se tornavam interlocutores oficiais do poder público.

Eles já diziam que não eram bicheiros, mas empresários. E afirmavam que profissionalizariam o carnaval. Esse é o mito fundador da Liga Independente das Escolas de Samba, movimen-to por meio do qual a contravenção fez sua transição ao regime democrático.

O site da Liesa[3] descreve, de modo engalanado, a criação da entidade: "De uma conversa entre o então presidente da Unidos de Vila Isabel, Ailton Guimarães Jorge, com o amigo Castor de Andrade, presidente da Mocidade Independente de Padre Miguel, surgiu a luz que tiraria da escuridão as maiores escolas de samba da cidade."

Qual escuridão? A do regime militar que Guimarães, Castor e Anísio tinham apoiado e do qual haviam usufruído?

O carnaval do Rio e, especialmente, o desfile das escolas de samba já eram, nessa época, um espetáculo de repercussão inter-nacional, que trazia recursos e turistas brasileiros e estrangeiros à cidade.[4] A construção do Sambódromo, um palco monumental, erguido em 1983 para o carnaval de 1984, na primeira gestão do governador Leonel Brizola, é um símbolo da dimensão que a festa possuía antes da Liga. Não foram os bicheiros os criadores, com a fundação da Liesa, do desfile como maior espetáculo da Terra; os sambistas já o tinham feito.[5] Sem dúvida, o dinheiro sujo do bicho alimentou a ascensão das superescolas de samba na segunda metade dos anos 1970 e nos anos 1980. Mas os desfiles já se destacavam, por obra dos sambistas, no calendário turístico. A cartada decisiva que a contravenção deu, ao criar a entidade, foi a de começar a se apossar do negócio do carnaval, que passaria a administrar totalmente cerca de dez anos depois, com a mesma falta de transparência, diga-se, que era e é a marca da jogatina.

O comandante e o medo

De acordo com os bicheiros, a criação da Liesa beneficiaria os sambistas.[6] Evidentemente, o desfile cresceu — em receitas, custos e visual. Cresceu como cresceram a indústria do turismo e do espetáculo, com novos equipamentos e tecnologias, que facilitaram a organização de grandes eventos. Ainda que as escolas excluídas, reunidas na Associação, tenham protestado, sambistas das dez agremiações viram na nova entidade liderada por bicheiros uma oportunidade de desfiles mais luxuosos e competitivos; e então a apoiaram, e muitos reverenciaram os patronos. Qual o preço? Sambistas tradicionais acabariam afastados da tomada de decisões dentro de suas escolas e na entidade, nas quais quem determina o que, quando e onde são os donos das bancas.[7] E existe o medo (há quem o confunda com "respeito"). Com exceções, como a de Ruça em relação a Guimarães, na Vila Isabel, rara seria uma oposição aguerrida e aberta contra o poder de contraventores no samba. Questionar publicamente decisões dos bicheiros — entre os quais Capitão, com sua origem no aparelho de repressão militar — não parecia mesmo aconselhável. Na Liga, até hoje ele é chamado de "comandante". Um poder que silencia.[8]

No momento em que o Brasil se democratizava, os bicheiros mexiam as peças no tabuleiro do carnaval e adotavam uma dura hierarquia, à moda militar e do jogo do bicho, com pouco espaço para contestações nas suas reuniões fechadas, ainda que tentassem dar ao movimento que criou a Liga um ar de declaração de independência dos sambistas. Em uma entrevista,[9] em 1986, quando presidente da entidade, Anísio chegou a afirmar que, em três ou quatro anos, as escolas não precisariam mais dos patronos, que se afastariam (por conta do afluxo de recursos vindos dos direitos de transmissão, venda de ingressos e outras fontes). Foi bem o contrário. Elas ficaram ainda mais reféns deles. A Liesa foi fruto da estratégia de bicheiros para seus negócios, inclusive políticos, não o resultado da organização de sambistas tradicionais em torno do interesse de suas comunidades e escolas.

A criação da Liga tinha por trás de si o plano dos contraventores de privatizar o carnaval e se legitimar junto ao poder público. E eles conseguiram.[10]

O jogo na hora do voto

Na eleição para governador do estado do Rio em 1982, a primeira votação direta para o cargo desde 1965, o apoio de Castor e Anísio à candidatura de Moreira Franco, do PDS, refletia o enlace com os governos militares. Quando Leonel Brizola, do PDT, aguerrido adversário do regime pós-64, venceu as eleições, o bicho deu início ao desembarque lento, gradual e seguro.

Como o combate à contravenção não era uma prioridade no governo Brizola, os bicheiros se sentiram à vontade. Apesar disso, o governador expressou sua preocupação com o papel do jogo do bicho na corrupção policial. Ao comentar uma discussão sobre a legalização do jogo, afirmou: "A imprensa fala muito na arrecadação que o estado teria. Quero dizer que, em princípio, o estado não pode tratar desse assunto, de uma forma irregular, sem que isto seja apoiado em lei. Mas não queremos também que essa enorme soma de recursos seja um fator corrosivo para corromper a máquina policial e administrativa do estado."[11]

Uma proposta de legalização do jogo chegou a ser enviada ao Ministério da Justiça por secretários de segurança pública de todo o país, com exceção do Espírito Santo, em setembro de 1983. O documento sugeria que o bicho deixasse de ser considerado contravenção penal e que os estados pudessem promovê-lo através de suas loterias (ponto que, evidentemente, não coincidia com os interesses dos bicheiros, que só apoiariam a legalização se ficassem à frente do negócio). A proposta não foi levada adiante pelo governo Figueiredo. Não era a primeira e não seria a última tentativa da regulamentação.

SNI defende a legalização do bicho

Dois anos antes, um relatório da Agência Central do SNI, de número 016/17/AC/81, avaliara e defendera a legalização do jogo do bicho e dos cassinos. Na primeira página, resume: "Análise sobre os prós e contras referentes à regulamentação de jogos de azar no Brasil. Conclui que a regulamentação é necessária e se faz urgente, como meio de tornar lícito o que existe e sobrevive ao arrepio da lei."

O documento, de 4 de novembro de 1981, afirma que "apesar da expressa proibição legal, os jogos de azar (especialmente o 'jogo do bicho' e o 'bingo' — forma de loteria não autorizada) têm proliferado assustadoramente na clandestinidade, propiciando imensa fonte de recursos para os que se dedicam a essa atividade, funcionando, inclusive, como atrativo para a corrupção policial". De acordo com o SNI, a ilegalidade estimula a "corrupção, incentiva o crime e proporciona, a uma minoria, lucros fabulosos (por meio do enriquecimento ilícito)".

O relatório relaciona nove argumentos a favor da legalização, entre os quais: a necessidade de se criar obstáculos para a evasão de divisas para o exterior; a abertura de mercado de trabalho para músicos e artistas com a regulamentação de cassinos; a incapacidade — por falta de "recursos humanos, materiais e policiais suficientes" — de se coibir a contravenção; o fato de os grandes banqueiros, "com a conivência da polícia", não serem responsabilizados e se esconderem "atrás de atividades lícitas para burlar a lei", além de não pagarem impostos sobre o jogo; e a existência da Loteria Federal, da Loteria Esportiva e da Loto, modalidade de jogos "que são toleradas".

Contra a legalização, o documento reúne apenas três argumentos: a repressão do jogo como "um imperativo da consciência universal"; a tradição moral jurídica e religiosa do brasileiro contrária à prática; e exemplos, em todo o mundo, de "relaxamento moral e de desintegração dos lares" como consequência do jogo.

Para os analistas do SNI, tendo na balança os nove prós e os três contras, a conclusão era pela legalização "necessária e urgente". "Reconhecer, por lei, essa situação é apenas sancionar o que de fato já é uma vibrante e evidente realidade, pois se o mal existe e se é tolerado, embora ilegal, é preferível legalizá-lo a permitir sua propalação, com visível afronta à ordem legal."

O documento acusa a imprensa de explorar "sensacionalisticamente o envolvimento de autoridades policiais e civis, em crimes praticados por 'bicheiros', não só atacando-as quanto à omissão na repressão da contravenção, como também na sua conivência em relação à prática do jogo, desgastando, com isso, a imagem da Administração Pública e do Poder Judiciário, colocando-os como órgãos incompetentes para a solução do problema". Dito assim, o problema não estava na corrupção e nos crimes, mas na sua denúncia pela imprensa, e legalizar o jogo do bicho, antes de tudo, seria uma solução para um problema de imagem que o poder público enfrentava.

Em um documento anterior, o Infão 048/117/ARJ/81, de 18 de agosto de 1981, sobre o funcionamento de cassinos clandestinos, o órgão se concentra na questão dos anotadores do jogo do bicho. Afirma-se que a extinção do jogo criaria "um problema social quase insolúvel, provocado pela imensa legião de indivíduos que proveem seu sustento e de suas famílias trabalhando nesse ramo e percebendo uma remuneração bastante razoável. Esses indivíduos, em sua esmagadora maioria, possuem antecedentes criminais e são despreparados profissionalmente, razão pela qual jamais seriam absorvidos pelo comércio ou indústria".

O Infão não descreve explicitamente a corrupção do aparelho policial e do corpo político, ou a vinculação do bicho a outras atividades criminosas, mas afirma que os bicheiros mantêm "atividades lícitas como fachada" e amizades com autoridades, "o que lhes permite escapar impunemente à repressão policial". Cita Castor ("hoje o grande mentor da estratégia dos contraventores"), Tio Patinhas, Haroldo Saens Peña e Anísio como os "quatros grandes". No segundo escalão, de acordo com o SNI, estavam Piruinha, Luizinho Drumond, Carlinhos Maracanã e Capitão Guimarães (identificado como major reformado do Exército e sócio de Tio Patinhas em Niterói). Os dois documentos foram produzidos no governo Figueiredo.

Ainda na década de 1980, já no período democrático, a legalização dos cassinos e do jogo do bicho seria discutida publicamente na Assembleia Constituinte. Em junho de 1988, a emenda que permitia a reabertura dos cassinos chegou perto de ser aprovada. Teve 271 votos a favor e 118, contra. Eram necessários 280 votos para a aprovação. A legalização do jogo do bicho também não passou, rejeitada por 208 votos e apoiada por 144.

Sem amparo legal, era no corpo a corpo político que os bicheiros seguiriam defendendo seus negócios.

Churrasco e Beatles

Brizola sempre negou qualquer tipo de acordo com os bicheiros.[12] Na eleição estadual de 1986, no entanto, o jogo do bicho apostou na candidatura do antropólogo Darcy Ribeiro, do PDT.[13] Durante a campanha, em um momento que ficaria marcado pelo visível mal-estar do candidato, Darcy participou de um evento na Churrascaria Guanabara, em Botafogo, recebido por bicheiros como Capitão Guimarães, Anísio, Miro, Maninho, Turcão e Manola,[14] entre outros. Era uma situação inesperada: Darcy, que fora exilado político, recebia o apoio aberto de Guimarães, que atuara na repressão.

"Brizola deu a maior tranquilidade de todos os tempos ao jogo do bicho e nunca nos pediu dinheiro por isso", discursou Capitão Guimarães: "Agora chegou a hora de retribuir e eleger Darcy Ribeiro governador, além de votar em Marcello Alencar e Frejat para o Senado. Nós temos o dever de apoiar esses homens. Se votarmos neles, estaremos pagando cinco por cento da dívida, mas nós vamos pagar até o último tostão."

Anísio, que tinha um irmão, Farid, candidato a deputado estadual pelo PFL, definiu 15 de novembro, data da eleição, como o dia da gratidão. A coerência não importava para o contraventor. Ele estava em campanha pelo irmão, da coligação cujo candidato a governador era Moreira Franco, do PMDB, ao mesmo tempo em que pedia votos para Darcy. O voto da contravenção não era em partidos. Era a conveniência que determinava a mobilização de sua máquina: dezenas de milhares de apontadores do bicho espalhados pelo estado.

O encontro seria rápido. Constrangido, Darcy, que estava acompanhado por Marcello Alencar, deixou a churrascaria meia hora após chegar. Diante da repercussão, Brizola afirmou que Darcy não sabia da presença de bicheiros no local; o candidato, explicou, fora levado ao local pensando que se tratava de um encontro com sambistas.[15]

A vitória de Moreira Franco na eleição de 1986 não abalou os bicheiros. O combate ao jogo não seria, de novo, uma prioridade de governo, o que permitiu que seguissem tocando seus negócios com tranquilidade. Em fevereiro de 1991, já no final de sua gestão, Moreira recebeu Capitão Guimarães, Anísio, Luizinho e Carlinhos Maracanã no Salão Verde do Palácio Guanabara, quando assinou termo de cessão de um terreno no Caju para a instalação de um museu do samba e de barracões para as escolas.[16] A repercussão negativa foi tão grande quanto à do evento em apoio a Darcy, quatro anos antes.

Questionado sobre a recepção à cúpula do bicho, Moreira afirmou: "Fiz isso para causar uma discussão, rasgar uma hipocrisia." E completou: "Tinha que trazer ao palácio as pessoas que têm responsabilidade e liderança nas escolas. Não fui eu que os escolhi como dirigentes. Também não poderia entregar o terreno a pessoas que nada têm a ver com o samba."

Para arrematar sua defesa, Moreira comparou a ida dos bicheiros à sede do governo à cerimônia de condecoração dos Beatles pela rainha da Inglaterra.[17]

"Faria melhor se fosse morar em Cuba"

Embora ideologia fosse uma palavra fora do dicionário dos bichei-ros, suas práticas e discurso — como provam o apoio ao regime militar e a cooptação de agentes para a sua tropa — eram entra-nhados de autoritarismo. Quem discordava ou não se alinhava ao que pensavam era tratado, no mínimo, com rispidez.

Um exemplo. Em 1986, durante um programa na Rádio Nacional, Anísio chamou o cineasta Leon Hirszman de comunista, burro e joão-ninguém na vida. Hirszman tinha sido jurado do desfile das escolas de samba e dera nota 8 para a Beija-Flor no quesito evolução. Anísio, contrariado com a nota, disparou: "Dizem que você é intelectual e comunista. Para mim é um burro, comunista daqueles que só bebem uísque. Faria melhor se fosse morar em Cuba." O bicheiro, então presidente da Liesa, sentenciou: "Ele foi desonesto. Deu 10 apenas à Mangueira, a uma escola pequena, a Império da Tijuca, para fazer média, e ao Império Serrano, porque é comunista."

Naquele ano, com um enredo sobre futebol, "O mundo é uma bola", a Beija-Flor havia desfilado debaixo de um temporal. Lo-calizado pela rádio, Hirszman explicou que, por causa da chuva, a escola passara andando: "Só sambou em frente às câmeras de televisão. Várias alas passaram sem sambar. E o julgamento de evolução é pelo samba no pé", rebateu o cineasta, chamando Anísio de grosseiro e passional.[18]

Àquela altura, o país vivendo os primeiros anos da democracia, a cúpula do bicho devia acreditar que o jogo estava ganho e que podia tudo. Mas não podia, não.

A máfia da jogatina na prisão

Foram mais de cinco horas de leitura da sentença. Em 21 de maio de 1993, a juíza Denise Frossard, da 14ª Vara Criminal do Rio, condenou a cúpula do jogo do bicho a seis anos de prisão por formação de quadrilha armada.[19] Sem acreditar no que ouviam, quatorze bicheiros sofreram o maior golpe até então dado contra a máfia da jogatina. Não era uma prisão episódica. Foi um momento histórico, resultado do trabalho de mais de um ano e meio de diligências do Ministério Público, que denunciou os bicheiros como uma organização criminosa, que agia de forma estruturada e contínua.

Apesar de o jogo do bicho ser uma contravenção penal, foi possível atribuir à cúpula o envolvimento em crimes como corrupção e homicídio. Estava caracterizada a quadrilha. Os promotores mostraram que mais de sessenta policiais tinham sido punidos por ligação com o bicho e relacionaram inquéritos de 53 assassinatos associados à contravenção (como as mortes de China Cabeça Branca, Mariel Maryscotte e Wilson Chuchu, entre outros).[20] Como se não bastassem as provas, um segurança dos bicheiros, armado, fora preso perto do Tribunal de Justiça durante o julgamento.

Na sentença, a juíza destacava a "intensidade extrema de dolo" e a "repugnância dos motivos que orientam a sede desmesurada de poder e a constituição de um verdadeiro poder político paralelo a serviço da impunidade".

Apesar da prisão, o jogo do bicho e as máquinas de caça-níquel não pararam. O jogo prosseguiria, administrado de dentro da cadeia pelos condenados, ou do lado de fora, por seus subordinados e herdeiros. A estrutura da contravenção era organizada, com uma hierarquia definida, uma linha de comando que a mantinha ativa mesmo que os cabeças estivessem atrás das grades. Essa máquina era o resultado do que acontecera na virada dos anos 1970 para os 1980, quando da aliança do bicho com a repressão.

Até um tribunal o bicho tinha. Ou melhor: tem

O Clube Barão de Drummond: formação de quadrilha, corrupção e lavagem de dinheiro

A leitura do documento fala por si:

Rio de Janeiro, 15 de Fevereiro de 2005.

Aos Senhores Diretores do Clube Barão Drummond, MANUEL ANTÔNIO ALVES DE BARROS FILHO (MANELÃO) vem por meio desta requerer aos senhores que seja realizada uma reunião com a máxima urgência possível a fim de solucionar questões pendentes relacionadas à área da Penha, pelos motivos adiante expostos.

Em 1974, o MANELÃO foi trazido pelo JUVENIL e pelo OSWALDO MALUCO para trabalhar no ponto de bicho e das corridas na Penha. Posteriormente, com o passar do tempo o Manelão trouxe juntamente com Juvenil e Oswaldo, o seu pai o SR. NECA para trabalhar na apuração do PADEIRINHO.

Nesta ocasião o Manelão estava enrolado nas contas dos pontos da Penha e trouxe por sugestão do Oswaldo Maluco o pai (Sr. Neca) para tomar conta dos pontos da Penha junto com ele. Houve um desentendimento do Juvenil e Osvaldo Maluco com o Padeirinho, e o Juvenil convidou o Sr. Neca e o Manelão para bancar o jogo e não mandar mais o jogo para o Padeirinho bancar. Algum tempo depois ficou acertado entre o Juvenil o Sr neca e o Manelão que eles tomariam conta dos pontos e dariam um valor mensalmente ao Juvenil.

(...)

Diante da aparente tranquilidade no funcionamento das máquinas, o irmão mais novo do Manelão, Maurício, que nada tinha feito em benefício da manutenção e funcionamento das máquinas tentou junto ao seu pai, Sr. Neca algum tipo de vantagem financeira relacionada às máquinas, o que foi negado pelo pai e lembrado a ele que a exploração das máquinas caça-níqueis pertenciam ao seu outro filho, o Manelão. Em Janeiro de 2003, o Manelão teve que se submeter a uma cirurgia cardíaca, ocasião em que ficou internado para operar o coração, e se aproveitando da fragilidade do irmão, o Maurício tentou instalar máquinas na área da Penha contra a vontade do seu próprio pai (...)

Com o falecimento do Sr. Neca, os Diretores do Clube Barão de Drummond, decidiram que o último contrato assinado pelo Sr. Manelão seria cumprido integralmente e que a viúva do Sr. Neca, D. PAULINA, indicaria alguém para ficar a frente do jogo de bicho e este indicado foi seu filho mais novo Maurício porque o Manoel já era dono das máquinas. (...)

Senhores Diretores, é justo, depois de todo o sofrimento, de tanto trabalho, de tanto transtorno, tantos problemas superados o Manelão aceitasse a proposta feita pelo Maurício, de ficar com 10% das máquinas e do bicho?

Vale ressaltar que além de herdeiro natural do Sr. Neca, além de ter começado o jogo junto com o pai, além de ter sido reconhecido por seu pai como dono da exploração das máquinas, ele possui ainda 14 pontos seus na área. Acreditando na coerência, na idoneidade e bom senso dos membros da diretoria, o Manelão não tomou nenhuma atitude drástica para fazer valer os seus direitos e espera ser reconduzido ao lugar que é seu de fato e de direito e de onde foi tirado de forma covarde e ardilosa por seus dois irmãos. (Mauricio e Mozart)

Diante de todo o exposto, o Manelão requer que seja reconhecido como verdadeiro titular do direito de exploração das máquinas, porém em momento nenhum deixando os irmãos desamparados, sendo que o Maurício ficaria responsável pelo jogo do bicho, o Manelão pela exploração das máquinas e exista uma prestação de contas e que cada irmão receba um valor, tanto do jogo de bicho, quanto das máquinas.

(...)

Desde já, aguardo a confirmação da data da reunião pelos senhores e agradeço pela atenção.

Segue a lista de testemunhas a serem ouvidas (...)"

Essa petição não é dirigida a uma entidade legalmente constituída, mas ao tribunal da contravenção, o Clube Barão de Drummond. Na estrutura do jogo, o Clube é a corte suprema, encarregada de arbitrar disputas por territórios, bens e sucessões, além de ter poder de vida e de morte no caso de infratores que desrespeitem suas decisões ou coloquem em risco os negócios. O funcionamento do tribunal do bicho está registrado nos processos da Operação Furacão, da Polícia Federal, desencadeada em 13 de abril de 2007 contra a máfia dos caça-níqueis. A investigação que gerou a Furacão durara um ano e três meses e resultara na gravação de 40 mil horas de diálogos, a partir de escutas telefônicas e ambientais autorizadas pela Justiça, e na apreensão de planilhas, agendas e documentos, como petições ao Clube Barão de Drummond.

Flagrou uma rede de corrupção, que ligava bicheiros a policiais, procuradores e autoridades do Judiciário, acusadas de vender sentenças favoráveis ao jogo.

A petição de Manelão ao Clube foi uma das encontradas por agentes federais na casa de Luciano Andrade do Nascimento, o Luciano Bola, apontado como integrante da quadrilha comandada pelos bicheiros. Entre outros documentos, a Polícia Federal também recolheu o "testamento" do bicheiro Turcão:

DECLARAÇÃO

EU, ANTÔNIO PETRUS KALIL, BRASILEIRO, CASADO, RESIDENTE A AV. CINCO 818, CAMBOINHAS, NITERÓI, RJ, DECLARO PARA OS DEVIDOS FINS QUE NO CASO DE MINHA MORTE OU INVALIDEZ, OS MEUS NEGÓCIOS DE JOGOS EM GERAL (NUMÉRICOS E ELETRÔNICOS), PASSARÃO A SER ADMINISTRADOS POR MEU FILHO MARCELO CALIL PETRUS, A QUEM CABERÁ DECIDIR SOBRE OS NEGÓCIOS E DISTRIBUIR OS LUCROS DA SEGUINTE MANEIRA:

10% DO ADMINISTRADOR MARCELO CALIL PETRUS
22,5% DA ESPOSA THEREZINHA CALIL PETRUS
22,5% DO FILHO ANTÔNIO PETRUS KALIL FILHO
22,5% DO FILHO MARCELO CALIL PETRUS
22,5% DA FILHA SILVIA CALIL PETRU
SEM MAIS PARA O MOMENTO,
NITERÓI, 06 DE JUNHO DE 2005.
ANTÔNIO PETRUS KAL
TESTEMUNHAS:
1 — NOME: TEREZINHA CALIL PETRUS
2 — NOME: JOSÉ CARLOS MONASSA BESSIL

O poder do tribunal do bicho não se limita ao Rio. O Clube Barão de Drummond arbitra e intervém nas disputas entre bicheiros em outros estados, nos quais mantém negócios. Correspondência datada de 31 de maio de 2006, apreendida pela Polícia Federal na casa de Turcão e citada no processo, registra a queixa de Aureliano Vital dos Santos, do Bingo Para Todos da Sorte, de Vitória da Conquista, na Bahia, que denunciava que outro grupo estaria instalando um bingo na cidade. Aureliano pede a intervenção de Turcão. Outra, de 9 de março de 2007, de Sérgio Barros, informa Turcão sobre a unificação da banca A Federal com a Paratodos; a cota de Turcão, detalha a correspondência, era de 4% no lucro bruto.

Em 13 de março de 2012 — dezenove anos depois da sentença proferida pela juíza Denise Frossard —, Capitão Guimarães, Anísio e Turcão foram presos novamente, condenados no processo referente à primeira das quatro etapas da Operação Furacão. A juíza Ana Paula Vieira de Carvalho, da 6ª Vara Criminal Federal, sentenciou cada um a 48 anos, oito meses e quinze dias, por crimes de corrupção ativa e formação de quadrilha. Outros vinte acusados de participação na máfia dos caça-níqueis foram considerados culpados. Dos 23 condenados, dez tiveram a prisão decretada. Além dos três bicheiros da cúpula, estavam na lista Júlio César Guimarães Sobreira, sobrinho de Capitão Guimarães, e Marcelo Calil Petrus, filho de Turcão. Anísio ficou inicialmente sob custódia em um hospital; Turcão, em prisão domiciliar. Em maio, o ministro Marco Aurélio de Mello, do STF, determinou a soltura dos presos, aceitando o argumento da defesa de que havia uma decisão anterior da própria corte, datada de 2007, que garantia que os réus permaneceriam em liberdade até o trânsito em julgado. Em dezembro, nova sentença no mesmo processo redefiniu as penas para 47 anos, nove meses e vinte dias de reclusão.

Três anos depois, em 13 de junho de 2015, Anísio, Guimarães e Turcão sofreriam nova derrota, no julgamento do processo resultante da segunda etapa da Operação Furacão, condenados, por corrupção ativa de policiais e lavagem de dinheiro, pela mesma juíza Ana Paula Vieira de Carvalho. A sentença foi de 25 anos, três meses e dez dias de reclusão para cada um. Por causa da decisão anterior do STF, no entanto, os bicheiros seguiam em liberdade em agosto de 2015.

Em trecho da segunda sentença, a juíza destaca a "hierarquia rígida", "o controle territorial e o apelo à violência, quando necessário (...)" do Clube Barão de Drummond. "Todavia, além destas características que apontam para o esquema mafioso, a modernização da própria criminalidade organizada impôs a seus membros a estruturação através de empresas, muito embora em sua maioria estejam elas em nome do segundo escalão da quadrilha ou de laranjas (...)." E prossegue: "(...) como se dá com a máfia italiana hoje, há inúmeros negócios lícitos, que vão da exploração de restaurantes, hotéis e academias de ginástica (...) a clínicas médicas, transportadoras, motéis, etc. Trata-se, portanto, de organização criminosa que, estruturada a partir do padrão mafioso, evoluiu para o paradigma empresarial, estendendo hoje seus tentáculos a inúmeros negócios lícitos nos mais variados estados da federação."

A existência de um tribunal paralelo, provada pela Operação Furacão, é um dos pilares de organizações mafiosas, ao lado do acesso ao poder, pela corrupção e infiltração no aparelho de Estado, e da privatização do espaço público. O caso Swiss-Leaks, como ficou conhecido o vazamento de contas secretas por um ex-funcionário do HSBC suíço, revelaria em março de 2015 outro sinal de sofisticação do jogo do bicho, ao mostrar que Capitão Guimarães estava entre os correntistas brasileiros naquele paraíso fiscal.

A estrutura montada pelos bicheiros com a colaboração de agentes do aparato militar pós-64 está de pé e mais forte. O negócio mudou e tem hoje atividades diversificadas, para além das bancas do bicho. Mas a organização da cúpula, com sua hierarquia, controle de territórios e engrenagens de corrupção, segue intacta, herança da aliança forjada com o desmonte do aparelho repressivo.

Agradecimentos

Este livro não existiria sem o estímulo, o apoio e a colaboração de historiadores, cientistas políticos, jornalistas, sambistas, procuradores, advogados e pesquisadores de diferentes áreas e instituições. As qualidades que o leitor possa encontrar nele são fruto dessas contribuições; falhas e lacunas são exclusivamente nossas.

Gostaríamos de agradecer ao jornalista Elio Gaspari, aos historiadores Maria Celina D'Araújo e Carlos Fico, e à pesquisadora do samba e vice-presidente do Museu da Imagem e do Som (MIS) Rachel Valença, pelas indicações de linhas de abordagem e sugestões sobre o texto. Suas observações pertinentes e leitura atenta nos ajudaram a conduzir a apuração e a dar melhor forma à versão final do livro. Destacamos a importância de nossas entrevistas com o sociólogo José Cláudio de Souza Alves. Seus conhecimentos sobre a história da Baixada Fluminense iluminaram alguns dos caminhos que trilhamos. O historiador Diego Knack nos esclareceu sobre o papel da Comissão Geral de Investigações (CGI) aberta em 1968 pelo regime militar.

Somos gratos ao pesquisador Paulo A. Ramalho, do Arquivo Nacional/DF, que nos auxiliou na procura por documentos do período. Paulo Knauss, diretor-geral do Arquivo Público do Estado do Rio de Janeiro à época de nossa pesquisa, foi de uma gentileza e assistência inestimáveis. Agradecemos ao apoio irrestrito que tivemos do presidente da Comissão Estadual da Verdade do Rio de Janeiro (CEV-RJ), Wadih Damous, e da advogada Nadine Monteiro Borges, uma de suas colaboradoras. A Comissão Nacional da Verdade (CNV), com seu trabalho de levantamento da história da repressão, é merecedora de todos os elogios e foi uma fonte importante de consulta. Contamos, durante a busca por documentos e relatos sobre a repressão, com a sensibilidade, a cooperação e a competência dos historiadores Eduardo Schnoor e Ana Carolina Antão, pesquisadores da CNV.

Na pessoa do procurador da República Sérgio Suiama, agradecemos ao grupo Justiça de Transição, do Ministério Público Federal, cujo trabalho de investigação dos crimes da ditadura foi fundamental para uma melhor compreensão da participação de alguns dos personagens citados no livro.

O procurador de Justiça Antônio Carlos Biscaia, responsável pela denúncia que levou à condenação da cúpula do bicho em 1993, esclareceu nossas dúvidas e estimulou o trabalho. O jurista Wálter Maierovitch nos atendeu em um momento em que procurávamos analisar as conexões do crime organizado, que há muito ele vem estudando.

Obrigado a Nilcemar Nogueira pelo acesso ao arquivo de depoimentos coletados pelo Museu do Samba — Centro Cultural Cartola. Devemos ao pesquisador Alexandre Medeiros a localização de letras de sambas citadas no livro, dos quais só conhecíamos os títulos.

Um agradecimento especial aos sambistas que foram fontes de informações sobre a atuação dos bicheiros no carnaval, mas que, por razões óbvias, deram entrevistas sob a condição de anonimato.

Os estudantes de Comunicação Social Daiane Cardoso, da UFRJ, e Felipe Marques, da PUC-RJ, deram ajuda decisiva ao trabalho. Daiane partilhou longas horas conosco no Arquivo Público do Estado do Rio de Janeiro. Felipe colaborou em muitas etapas do projeto, como em pesquisas na Biblioteca Nacional.

Os porões da contravenção nasceu como uma série de reportagens, publicada no jornal *O Globo* em 2013. Recebemos todo o apoio de que precisávamos do diretor de redação, Ascânio Seleme. Cabe destacar o trabalho cuidadoso da então editora Fernanda da Escóssia na condução e publicação da reportagem. Um agradecimento especial a Léo Tavejnhansky, à época editor de arte do jornal, por suas sugestões e planejamento da apresentação gráfica do material. Não podemos deixar de agradecer aos pesquisadores do Centro de Documentação e Informação (CDI) do *Globo*, principalmente a Paulo Luiz Carneiro.

Em diversos momentos, jornalistas nos ajudaram com sugestões, informações e abrindo portas para a apuração. Obrigado, Aluizio Maranhão, Denise Assis, Gilson Monteiro, Juliana Dal Piva, Octavio Guedes e Rubens Valente.

Devemos uma menção especial e toda gratidão a nossas famílias e amigos, que acompanharam o processo de pesquisa e redação deste trabalho.

Ter ao lado o editor Carlos Andreazza, sua dedicação, atenção e diálogo sempre cheio de entusiasmo, nos deu segurança e prazer na empreitada de escrever o livro.

Notas

1. Guimarães

1. *O Fluminense*, 2/7/1979, p. 11.
2. Tio Patinhas dedicou cinquenta anos de sua vida à contravenção. Era um dos homens com maior movimento de apostas em todo o estado, com pontos em diversos bairros da Zona Sul do Rio de Janeiro, desde o Catete até o Leblon, em parte do Centro da cidade, Tijuca e Vila Isabel. Por ser o mais rico dos banqueiros, seus negócios eram conhecidos como o "Bradesco da contravenção". Tio Patinhas morreu no dia 16 de março de 1986, aos 76 anos, vítima de câncer.
3. *O Fluminense*, 30/6/1979, p. 11.
4. *O Globo*, 23/10/1981, p. 9.
5. *O Fluminense*, 2/7/1979, p. 11.
6. *O Globo*, 23/10/1981, p. 9.
7. Extraído do site www. aman62. com. Acesso em janeiro de 2014.
8. *Correio da Manhã*, 21/12/1962, p. 9.
9. FICO, Carlos. *O golpe de 64: momentos decisivos*. Rio de Janeiro: FGV Editora, 2013. pp. 30-34.
10. *O Globo*, 23/10/1981, p. 9.
11. Folha de alterações de Ailton Guimarães Jorge, p. 2.
12. GASPARI, Elio. *A ditadura escancarada*. Rio de Janeiro: Intrínseca, 2014. p. 369.

13. Foi ministro da Guerra do Brasil no governo João Goulart, de 15 de junho de 1963 a 31 de março de 1964.

14. Jango estava em visita oficial à China quando Jânio Quadros renunciou, em 25 de agosto de 1961, alegando "forças terríveis". Os ministros militares de Jânio se posicionaram contra a posse do vice, mas Leonel Brizola, em rede de estações de rádio, transmitiu mensagens de defesa da Constituição. Para evitar uma guerra civil, a proposta de adoção do Parlamentarismo foi aceita por Jango, que assumiu em 7 de setembro de 1961, com Tancredo Neves na chefia de Governo (primeiro-ministro).

15. Folha de alterações de Ailton Guimarães Jorge, p. 9.

16. *O Globo*, 29/3/1965, p. 9.

17. Projeto *Brasil: Nunca Mais*, tomo V, vol. 3: As Torturas, p. 875.

18. TÉRCIO, Jason. *A espada e a balança: crime e política no banco dos réus*. Rio de Janeiro: Zahar, 2002, p. 94.

19. Cabo do Exército, serviu na PE-Juiz de Fora, na PE-Vila Militar-RJ e no DOI-I, entre 1968 e 1974; recebeu a Medalha do Pacificador em 1969; foi expulso do Exército em 1975 e se envolveu com o jogo do bicho pelas mãos de Capitão Guimarães, atuando como segurança de bicheiros. Está citado como torturador no relatório final da Comissão Nacional da Verdade, como tendo participado de torturas, execução e ocultação de cadáver.

20. *O Globo*, 9/12/1968, p. 23.

21. Folha de alterações de Ailton Guimarães Jorge, p. 31.

22. *Jornal do Brasil*, 25/1/1989. Caderno Cidade, p. 6.

23. Portaria Ministerial 512, de 27/10/1969.

24. A Medalha do Pacificador, criada em 1953, é concedida a militares que praticam atos de bravura, e a civis e organizações que tenham prestado serviços relevantes ao Exército. Sua concessão a um militar nos anos após o golpe não significava necessariamente que ele estivesse comprometido com a repressão, embora agentes das masmorras do regime tenham sido condecorados, como no caso citado.

25. No livro *O sonho exilado*, Maurício Paiva acusa Capitão Guimarães de ser um de seus torturadores em uma aula prática de tortura na Vila Militar. Segundo o ex-candidato do PS ao Senado, Guimarães não apenas teria participado da aula como torturador, mas seria ele próprio o palestrante

— e não Ailton Joaquim. No relato do livro, os presos foram levados a um auditório e cada um deles foi usado na demonstração de alguma das "técnicas de interrogatório" que estavam sendo ensinadas. Coube a Paiva suportar choques elétricos diante de uma plateia de aproximadamente cem oficiais das três forças. O relatório final da Comissão Nacional da Verdade (CNV), v. 1, p. 875, afirma que Capitão Guimarães "teve participação em casos de detenção ilegal, tortura e execução."

26. Antonio Robèrto Espinosa, no Projeto *Brasil: Nunca Mais*, tomo V, vol 1: *A tortura*, p. 407, lista na aula os capitães João Luiz (de Souza Fernandes) e (Celso) Lauria, o tenente Ailton (Joaquim), os sargentos (Paulo Roberto de) Andrade e (Atilio) Rossoni, o cabo (Edson Antônio) Mendonça. Dodora também se referiu à participação do capitão Ailton Guimarães Jorge, mas Espinosa tem dúvidas.

27. *O Globo*, 23/10/1981, p. 9.

28. *Jornal do Brasil*, 13/10/1989. Caderno Cidade.

29. GASPARI, Elio. *A ditadura escancarada*. Rio de Janeiro: Intrínseca, 2014, p. 370.

30. GASPARI, Elio. *A ditadura escancarada*. Rio de Janeiro: Intrínseca, 2014, p. 369.

31. GASPARI, Elio. *A ditadura escancarada*. Rio de Janeiro: Intrínseca, 2014, p. 371.

32. GASPARI, Elio. *A ditadura escancarada*. Rio de Janeiro: Intrínseca, 2014, p. 379.

33. *Jornal do Brasil*, 18/4/1979, p. 12.

34. A Caixa de Pecúlios, Pensões e Montepios Beneficente (Capemi), com 2 milhões de associados, era um dos maiores fundos de previdência complementar do país quando sofreu uma intervenção do governo federal em 1983. A entidade, gerida por militares ligados ao SNI, quebrou depois de ter contraído empréstimo de 100 milhões de cruzeiros para comprar o maquinário necessário à derrubada da mata em área que seria inundada pela usina de Tucuruí, no Pará, por intermédio de uma subsidiária, a Agropecuária Capemi.

35. Processo do caso Baumgarten, p. 825.

36. *O Globo*, 23/10/1981, p. 9.

2. Anísio

1. *Jornal do Brasil,* 6/3/1976, p. 14, e *O Globo,* 6/3/1976, p. 7.
2. *Revista Beija-Flor de Nilópolis: Uma Escola de Vida,* edição de janeiro/2002, p. 55.
3. SOUZA, José Cláudio. *Dos barões ao extermínio: uma história da violência na Baixada Fluminense.* Duque de Caxias: Associação de Professores e Pesquisadores de História (APPH)/CLIO, 2003, pp. 101-102.
4. O pluripartidarismo teve fim com a decretação do Ato Institucional nº 2 (AI-2), em outubro de 1965. Com ele, o regime adotou o bipartidarismo, com a Arena e o MDB como únicos partidos. O que motivou os militares foi a derrota nas eleições estaduais na Guanabara e em Minas Gerais para candidatos de oposição.
5. *Correio da Manhã,* 6/2/1970, p. 10.
6. *Correio da Manhã,* 21/11/1972, p. 15: "E já corre pelo município um slogan, que pode trazer inúmeras interpretações: — Os turcos vêm aí..."
7. Apesar da vitória da Beija-Flor, as famílias não conseguiram fazer, na eleição de 1976, o sucessor de Simão Sessim (gestão 1973-1976). Miguel Abraão David acabou perdendo para João Batista da Silva. Mas, nas décadas seguintes, elas reinariam no município, elegendo prefeito de Nilópolis o próprio Miguel (1983-1988), Jorge David (1989-1992), Farid Abraão David (2001-2004 e 2005-2008) e Sergio Sampaio Sessim (2009--2012). Além da derrota em 1976, parentes de Anísio foram derrotados nas eleições de 1992, quando Miguel foi batido por Manoel Rosa (1993--1996); de 1996, quando Simão Sessim perdeu para José Carlos Cunha (1997-2000); e de 2012, quando Alessandro Calazans suplantou Sergio Sessim, que tentava a reeleição.
8. O jornal *Correio da Manhã,* de 27/6/1971, p. 8, publicou a lista de todos os indiciados e autuados em flagrante.
9. *O Globo,* 19/2/1977, p. 11, e *Jornal do Brasil,* 19/2/1977, p. 20. De acordo com o *Jornal do Brasil,* entre outros presos, estava Luiz Gonzaga Ferreira, o Cabo Luís, "morador no morro da Mangueira e que já cumpriu pena de 20 anos na Ilha Grande" por assassinato. Para o delegado Newton

Costa, Cabo Luís "seria pistoleiro dos grupos organizados por banqueiros para eliminar concorrentes".

10. *Jornal do Brasil*, 4/12/1976, p. 24. A comissão foi criada por determinação do secretário, o general Oswaldo Ignácio Domingues, e formada por quatro delegados, que requisitaram inquéritos parados na Delegacia de Homicídios relacionados à contravenção.

11. Maracanã foi preso na sexta-feira de carnaval e não assistiu ao desfile da Portela, acusado de ser o mandante de dois homicídios. *O Globo*, de 20/2/1977, p. 14, e de 24/2/1977, p. 11. Ele foi absolvido em julho e solto.

12. *Jornal do Brasil*, 2/12/1976, p. 30 e *O Globo*, 18/10/1981, p. 21.

13. *Jornal do Brasil*, 12/1/1969, p. 22.

14. Dos compositores Neguinho da Beija-Flor, Gilson Dr. e Mazinho.

15. Sessim admite, em entrevista à *Revista Beija-Flor de Nilópolis: Uma Escola de Vida*, edição de janeiro de 2002, p. 56, que a Beija-Flor contribuiu para sua carreira política: "Ela teve uma influência muito grande na minha primeira eleição e continuou sendo importante nos resultados que obtive posteriormente."

16. Jorge David, na *Veja* nº 598, de 20/2/1980, p. 36, se refere ao uso político da Beija-Flor: "Preocupado com a penetração da esquerda por meio das associações de bairro", Jorge "diz que a Beija-Flor lutará contra: 'Sem exercer uma ação direta, a escola é política. Serve de anteparo ideológico no qual a esquerda não entra. É o circo que não deixa esse barril de pólvora explodir.'" A reportagem, de capa, era um perfil do carnavalesco Joãosinho Trinta: "O mágico da avenida."

17. *O Globo*, 16/3/2014, p. 4 (entrevista dada sob anonimato).

18. *O Globo*, 24/6/2012, p. 3.

19. *O Globo*, 16/3/2014, p. 3.

20. *O Dia*, 20/3/2014, pp. 10-13.

21. *O Globo*, 21/3/2013, p. 3.

22. *O Globo*, 26/4/2014, p. 3.

23. *O Globo*, 1/7/2014, p. 8.

24. *O Globo*, 20/3/1987, p. 7.

25. Em entrevista à revista *IstoÉ*, em 1/4/1987, o tenente-médico Amilcar Lobo, que servia como oficial médico no Destacamento de Operações de Informações do I Exército (Barão de Mesquita), disse que agentes da repressão "trilhavam no caminho do banditismo". Segundo ele, "falou-se, por exemplo, que este capitão, Leão, chefe da 2ª Seção da PE, teve participação no desaparecimento de 600 mil dólares ou o equivalente em cruzeiro", subtraído de um aparelho da esquerda armada. Cabia a Amilcar Lobo atender os presos durante as sessões de tortura. Denunciado pela ex-presa Inês Etienne Romeu, que o viu na Casa da Morte de Petrópolis, teve o registro cassado pelo Conselho Regional de Medicina.

26. O *Diário da Noite*, de 18/7/1969, diz que Crespo estava no Espírito Santo no dia do crime.

27. *Jornal do Brasil*, 1/6/1988, Caderno Cidade, p. 5.

28. O nome do policial voltaria a aparecer ligado ao mesmo crime em 1991. Em carta deixada pela ex-mulher de Anísio, Eliane Müller David, morta a tiros em agosto com o então namorado Hercílio Cabral Ferreira, Paulinho é apontado como um dos assassinos de Misaque e Jatobá.

29. Os documentos citados constam do fundo Polícias Políticas, Setor: Secreto, pasta 156, folhas 458 a 442, do acervo do Arquivo Público do Estado do Rio de Janeiro.

30. Verso de "Bum bum, paticumbum, prugurundum", samba-enredo do Império Serrano do carnaval de 1982, de autoria de Beto Sem Braço e Aluízio Machado, que criticava a perda de espaço dos sambistas para as alegorias.

31. "(...) Mas a Beija-Flor só passou realmente a gannar projeção, até se transformar na grande potência que é hoje, quando Anízio, que já havia sido presidente da escola no período 1967 a 68, retornou ao comando da agremiação ao lado do irmão Nelson, em 1972" (*Revista Beija-Flor de Nilópolis: Uma Escola de Vida*, edição de janeiro/2002, p 47).

32. *Jornal do Brasil*, 15/9/1974, p. 6.

33. *Opinião*, 7/2/1975, p. 20.

34. Em reportagem do *Jornal do Brasil,* de 2/3/1975, p. 6, sob o título "O samba enredo que não foi bem entendido", Nelson Abraão David desabafa, dizendo que o enredo foi "muito pichado pelos jornais, revistas e televisão, foi pouco compreendido, embora tenha sido cantado e aplaudido pelo povo na avenida". Relata ainda que continua recebendo telegramas de felicitações de "ministérios, entidades e órgãos públicos que foram homenageados pelo samba", citando a Marinha Mercante, o Mobral e o Gabinete da Presidência da República, o que "mostra o sucesso que fizemos na área oficial".

35. Para uma análise da história dos sambas-enredos, com ênfase nos seus temas ou nas relações das escolas com o poder público e partidos, ver, entre outros, AUGRAS, Monique. *O Brasil do samba-enredo.* Rio de Janeiro: Fundação Getulio Vargas, 1998; MUSSA, Alberto & SIMAS, Luiz Antonio. *Samba de enredo: história e arte.* Rio de Janeiro: Civilização Brasileira, 2010; e GUIMARÃES, Valéria Lima. *O PCB cai no samba: os comunistas e a cultura popular (1945-1950).* Rio de Janeiro: Arquivo Público do Estado do Rio de Janeiro, 2009. Embora ainda ponto de polêmica, a obrigatoriedade de temas nacionais nos enredos partiu, de acordo com pesquisadores, dos próprios sambistas, e não do Departamento de Imprensa e Propaganda (DIP), no Estado Novo, a ditadura de Getúlio Vargas, entre 1937 e 1945.

36. Na edição vespertina de *O Globo* de 22/6/1970, "Médici: Ninguém segura este país" foi a manchete de primeira página. No *Jornal do Brasil* de 23/6/1970, p. 6, na coluna Coisas da Política, sob o título "As bases da reconciliação", a frase está registrada como "Ninguém segura este país. Deslanchamos de maneira indesviável para um futuro promissor".

37. O sucesso na propagação de slogans como "Ninguém segura este país" era o resultado do trabalho da Assessoria Especial de Relações Públicas (Aerp), da Presidência da República. Criada em 1968, tinha como objetivo produzir campanhas de massa, veiculadas em jornais, rádios e TVs, voltadas para a propaganda do governo.

38. O samba da Caprichosos é de autoria de Pisca.

39. Sirley e Savi são os compositores do samba da Tuiuti; na Unidos de Lucas, os autores são Pedro Paulo de Oliveira, Odail Leocádio "Capixaba", João José da Costa e Jorge de Souza Santos.

40. O tema da Tupy de Brás de Pina em 1975 é atribuído à Ala de Compositores.

41. Cassiano Ricardo defendeu o Estado Novo, a ditadura instaurada por Getúlio Vargas em 1937, chegando a dirigir, entre 1941 e 1945, o jornal *A Manhã*, porta-voz do regime.

42. Dos compositores Zé Katimba e Gibi, "Martim Cererê" foi um enorme sucesso popular, integrando a trilha sonora da novela *Bandeira 2*, do escritor Dias Gomes, na TV Globo.

43. *Jornal do Brasil*, 13/10/1970, p. 16.

44. Laíla ajudou Joãosinho informalmente na Beija-Flor no carnaval de 1976, mas só assumiu de fato o cargo de diretor de harmonia no desfile de 1977.

45. *Psicanálise Beija-Flor. Joãozinho Trinta e os analistas do colégio*. Rio de Janeiro: Aoutra/Taurus, 1985, p. 39.

46. Nota no jornal *O Globo*, de 20/2/1980, p. 3, diz: "Paulo e Johnny Figueiredo, filhos do presidente João Figueiredo e que desfilaram pela Beija-Flor de Nilópolis, foram assediados pelos fotógrafos logo na concentração, onde foram reconhecidos quando Paulo conversava separadamente com Laíla, diretor da escola. Protegido pelo agente de segurança Siqueira, também componente da Ala 1001 Noites, Paulo vestia calça branca, camisa azul de tecido brilhoso, e era um dos mais empolgados na concentração: 'Desfilo na Beija-Flor há quatro anos. A escola está empolgada. Se meus companheiros tiverem garra, conquistaremos mais um título neste carnaval.'"

3. Castor

1. *O Globo*, 28/11/1966. Caderno de Esportes, p. 3.

2. Em entrevista ao *Pasquim*, na edição 599, de dezembro/1980, pp. 12-21, Castor afirmou: "(...) sei que na última hora o juiz — com medo ou não sei o quê — inventou um pênalti para o Bangu."

3. *O Globo*, 21/12/1967, p. 24.

4. *Veja*, novembro/1994, edição 1365, pp. 7, 8 e 10.

5. *Jornal do Brasil*, 17/10/1968, p. 18, e *Diário da Noite*, 18/10/1968, p. 1. O sobrinho de Natal também aparece na imprensa identificado como Denilson Bráulio Brás e Denilson Cláudio Cruz. Milton da Cartola (ou Milton Cartola) teria bancas em Oswaldo Cruz, e Nelson Carlitos, em Honório Gurgel, subúrbios do Rio.

6. *Diário de Notícias*, 5/1/1969, p. 7.

7. *O Globo*, 31/10/1968, p. 12.

8. A entrevista que Castor deu ao *Pasquim* foi publicada na edição 599, em dezembro de 1980, pp. 12-21.

9. *Jornal do Brasil*, 8/4/1969, p. 18, e *O Globo*, 8/4/1969, p. 19. De acordo com o general, o artigo 10 do AI-5 "(...) suspendeu a garantia de *habeas corpus*, nos casos de crimes políticos contra a Segurança Nacional, a ordem econômica e social e economia popular, estando sujeito o contraventor a confisco de seus bens por enriquecimento ilícito, decorrente da exploração de jogos de azar, conforme prevê o Ato Complementar n° 42".

10. *Correio da Manhã*, 17/4/1969, pp. 1 e 6.

11. Na entrevista ao *Pasquim*, Castor contou: "Tô preso na Ilha Grande, quando ganhei um *habeas corpus* por unanimidade, e fiquei esperando ser posto em liberdade, mas vi um helicóptero chegando ali pra me levar, e já fiquei meio desconfiado: 'Vim preso de lancha, vão me botar em liberdade de helicóptero?' Simularam a minha liberdade, filmando tudo através da televisão, com todo o *mise-en-scène*, mas na realidade eu tava sendo transferido pra outra prisão, na Ilha das Flores. Lá eu fiquei preso incomunicável, por ordem expressa da Marinha."

12. *Correio da Manhã*, 10/5/1969, p. 6.

13. *Última Hora*, 2/4/1975.

14. Esses documentos constam do prontuário 5.994 de Castor de Andrade/Castor Gonçalves de Andrade e Silva, guardado no acervo do Arquivo do Estado do Rio de Janeiro.

15. Jamil Cheiroso foi presidente do Império Serrano nos carnavais de 1982-1984, 1987-1988 e 1993-1995. Era amigo de bicheiros como Castor e Piruinha.

16. Informação n° 0152, de 29/04/1975, Cenimar, 2ª DN, Ministério da Marinha.

17. *O Estado de S. Paulo*, 17/4/1977, p. 42.

18. *Playboy*, edição 102, de janeiro/1984. A entrevista ocupou as páginas 27, 28, 32, 34, 36, 126, 128, 130 e 132.

19. *O Globo*, 4/3/1977, p. 14, e *O Globo*, 23/8/1978, p. 14.

20. *O Globo*, 18/10/1981, p. 20.

21. *Jornal do Brasil*, 12/4/1983, p. 14.

22. *O Globo*, 7/4/1994, p. 13.

23. A Justiça aceitou a denúncia por corrupção ativa contra os bicheiros Castor de Andrade, José Caruzzo Escafura, o Piruinha, Luiz Pacheco Drumond, Fernando de Miranda Iggnacio (genro de Castor), Emil Pinheiro e Carlos Teixeira Maracanã, o Carlinhos Maracanã. Por corrupção passiva, contra um promotor, advogados, delegados e detetives. Em 1998, dos 54 réus, cinco bicheiros (Castor já tinha morrido) e doze policiais foram condenados (*Jornal do Brasil*, 4/10/1998, p. 36).

24. *O Globo*, 9/10/2013, p. 9.

25. *O Globo*, 27/5/1993, p. 13. Além de Castor, estavam presos na Polinter seu filho, Paulo Roberto de Andrade Silva, o Paulinho Andrade, Capitão Guimarães e José Petrus Kalil, o Zinho, condenados a seis anos de prisao, por formação de quadrilha armada, pela juíza Denise Frossard.

26. Em 22 de outubro de 1978, Utzeri e Dias publicaram no *Jornal do Brasil* um caderno especial, "Quem matou Rubens Paiva?", no qual pela primeira vez era desmontada a versão do Exército para o desaparecimento do ex-deputado, a de que ele estava em um carro escoltado por militares quando foi resgatado por terroristas no Alto da Boa Vista. No final de agosto de 1986, o médico Amilcar Lobo, o Doutor Carneiro das masmorras da ditadura, revelou à revista *Veja*, edição 939, pp. 44-46, que viu Rubens Paiva em uma cela do quartel da Polícia do Exército, na rua Barão de Mesquita, de madrugada, depois de ele ter sido brutalmente torturado. Mais tarde, no mesmo dia, soube que Rubens Paiva tinha morrido.

27. *Jornal do Brasil*, 6/2/1987, p. 4-a.
28. *Jornal do Brasil*, 7/2/1987, p. 4-a. Em fevereiro de 1999, o programa *Fantástico*, da Rede Globo, exibiu reportagem com dois militares do Exército que, sob anonimato, afirmavam que presos políticos, entre eles Rubens Paiva, foram enterrados no terreno onde funcionou o Serviço de Diligências Reservadas da Polícia Civil, no Alto da Boa Vista, durante o regime militar. Escavações foram feitas por determinação da Procuradoria da República no Rio, mas nada foi encontrado.
29. *O Dia*, 18/3/2001, pp. 24-25.
30. Em 2014, o Ministério Público Federal denunciou à Justiça cinco militares acusados do assassinato e ocultação do cadáver de Rubens Paiva: o general reformado José Antônio Nogueira Belham (comandante do DOI à época), os coronéis reformados Raymundo Ronaldo Campos (comandou a farsa da ação de resgate do ex-deputado) e Rubens Paim Sampaio (oficial de operações do CIE no Rio) e os sargentos Jurandyr e Jacy Ochsendorf e Souza (ambos do CIE, participaram da simulação de fuga de Rubens Paiva).
31. *O Globo*, 4/10/1968, p. 14.
32. *Jornal do Brasil*, 21/3/1971, p. 44.
33. *O Globo*, 29/8/1972, p. 26.
34. *O Globo*, 28/8/1972, p. 29.
35. *O Globo*, 30/8/1972, p. 21.
36. Em 1994, no estouro na fortaleza de Castor, em Bangu, pelo Ministério Público, além da contabilidade do bicho, com a lista de propinas pagas a policiais e políticos, foram encontradas armas e "até uma palmatória em madeira de lei" (*O Globo*, 21/4/1994, p. 11, e *Jornal do Brasil*, 27/5/1994, Caderno Cidade, p. 15).
37. "Já recebemos a colaboração de vários amigos, podendo destacar o nome de Castor de Andrade, que colaborou com Cr$ 100 mil", afirmou Osman ao *Globo*, em 9/2/1974, p. 6.
38. "Mas eu tive necessidade de sair de lá, e achei mais interessante para mim, profissionalmente, trabalhar em uma das chamadas escolas pequenas, justamente para provar que não existem escolas

grandes nem pequenas", explicou Arlindo na reportagem "A festa do divino contada em samba", do *Jornal do Brasil*, de 28/12/1973, Caderno B, p. 4.

39. Logo depois de Castor entrar na Mocidade, seria a vez de o bicheiro Luizinho Drumond assumir a Imperatriz Leopoldinense, que presidiu pela primeira vez entre 1976 e 1983.

40. *Jornal do Brasil*, 7/2/1974, p. 22.

41. *O Globo*, 7/2/1974, p. 9.

42. *Jornal do Brasil*, 13/2/1974. Caderno B, p. 1.

43. Entre os casos que seriam investigados estava o assassinato do bicheiro Jorge Galo, acusado de dar um desfalque em Castor de Andrade. Galo foi sequestrado em Bangu; o corpo, achado parcialmente carbonizado, com a mão direita decepada, em Belford Roxo, em abril de 1970 (*O Globo*, 8/4/1970, p. 12; *O Globo*, 9/4/1970, p. 18; *Jornal do Brasil*, 4/12/1976, p. 24; *Jornal do Brasil*, 7/12/1976, p. 30).

44. *O Globo*, 19/2/1977, p. 11.

45. *O Globo*, 19/2/1977, p. 11.

46. *O Globo*, 23/2/1977, p. 8.

47. *O Globo*, 25/2/1977, p. 13.

48. Segurança de Castor por pelo menos três décadas, apontado como matador e receptador de armas contrabandeadas. Já aposentado da polícia, foi preso em 1994 na fortaleza do bicheiro, em Bangu, com uma metralhadora israelense UZI, uma pistola belga Browning e um revólver americano Smith & Wesson, calibre 45 (*Jornal do Brasil*, 16/4/1994, Caderno Cidade, p. 15, e *O Globo*, 21/4/1994, p. 11). Foi assassinado a tiros em maio de 1997, menos de um mês depois de Castor ter morrido de enfarte.

49. *O Globo*, 1/4/1977, p. 15, e *O Globo*, 5/4/1977, p. 15.

50. *Última Hora*, 26/12/1963, p. 8.

51. *Última Hora*, 27/12/1963, p. 8, e *Última Hora*, 27/12/1963, p. 2. O nome de Joinha também aparece como Joel de Miranda Vale.

52. *O Globo*, 23/12/1963, p. 14, e *O Globo*, 24/12/1963, p. 11.

53. *Diário Carioca*, 7/1/1964, pp. 1-3, e *Diário Carioca*, 9/1/1964, pp. 1-3.

54. A Mocidade foi convidada pela Liga de Defesa Nacional e pela Confederação Brasileira das Escolas de Samba a se apresentar em Brasília durante a festa da posse presidencial do general João Baptista Figueiredo. Quatrocentos sambistas, em quinze ônibus, viajaram à capital (*O Globo*, 14/3/1979, p. 6).
55. *O Globo*, 2/3/1979, p. 12.

4. Guimarães II

1. O sargento Guilherme Pereira do Rosário, o então capitão Wilson Machado, o marceneiro Hilário Corrales e o coronel Perdigão foram apontados pelo Exército, em Inquérito Policial Militar (IPM) de 1999, presidido pelo general Sérgio Conforto, como responsáveis pelo atentado.
2. O relatório final da Comissão Nacional da Verdade, de dezembro de 2014, informa que Perdigão serviu no CIE de julho de 1968 a março de 1972. Entre fevereiro de 1973 e janeiro de 1975, serviu no DOI do II Exército, em São Paulo, sob o comando de Carlos Alberto Brilhante Ustra e Audir Maciel. Teve participação em casos de detenção ilegal, tortura, execução, desaparecimento forçado e ocultação de cadáver, como os de Rubens Paiva, Walter Ribeiro Novaes, Heleny Ferreira Telles Guariba e Paulo de Tarso Celestino da Silva (1971); Joaquim Pires Cerveira (1973); Ana Rosa Kucinski e Wilson Silva (1974); Zuzu Angel (1976).
3. AMARAL, José Argolo et. al. *A direita explosiva no Brasil*. Rio de Janeiro: Mauad, p. 249.
4. Em depoimento ao segundo IPM do Riocentro, no dia 13 de maio de 1999, o coronel da reserva Léo Frederico Cinelli, que, em 1981, chefiava a Segunda Seção do Estado Maior do I Exército, contou que conheceu o então major Perdigão quando ambos serviam no CIE, mas que na ocasião do atentado Perdigão trabalhava no SNI e que "muito provavelmente o aludido major fosse frequentador não só do QG do I Exército, como das próprias instalações do DOI". Mais de uma vez

por mês. Seu nome estava no caderno de telefones encontrado no bolso do sargento Guilherme Pereira do Rosário no atentado ao Riocentro, em abril de 1981.

5. Em depoimento à Comissão Nacional da Verdade, o coronel Paulo Malhães confirmou a amizade entre Guimarães e Perdigão: "Eu não tive mais contato com ele (Guimarães). Agora, Perdigão teve."

6. O Orvil registra que, em 13 de março (de 1970), foi abordado, na Lagoa Rodrigo de Freitas, para uma verificação de rotina, um fusca vermelho conduzindo Carlos Eduardo Fayal de Lira, Paulo Henrique de Oliveira Rocha Lins e Ronaldo Dutra Machado. "Agindo com rapidez, os subversivos saltaram do carro, ocasião em que Fayal de Lira, sacando sua arma, atirou contra a barreira, ferindo gravemente um sargento e o capitão Freddie Perdigão Pereira." Perdigão foi atingido na perna, juntamente com o sargento Iracy Pedro Interaminense Corrêa. No local, Perdigão foi socorrido pelo oficial médico Amilcar Lobo.

7. A Operação Furacão, que investigou em 2007 o envolvimento do bicho com a exploração de jogos eletrônicos, corrupção de agentes públicos, tráfico de influência e receptação, apreendeu documentos na Cidade do Samba com indícios de que uma das sedes da Liga era usada nas operações financeiras do grupo.

8. AMARAL, José Argolo et. al. *A direita explosiva no Brasil*. Rio de Janeiro: Mauad, pp. 244-249.

9. *Veja*, 2/2/1983, pp. 20-27.

10. Em janeiro de 1996, a Secretaria de Assuntos Estratégicos (SAE) recebeu denúncias contra o chefe do escritório do Rio, João Guilherme dos Santos Almeida, e contra Geraldo Costa Araújo. O engenheiro eletrônico Paulo Renaud os acusou de "praticar extorsão e convidá-lo para participar de sequestros de pessoas que ele já havia selecionado".

11. Dossiê Von Baumgarten, p. 56.

12. Depoimento do coronel da reserva do Exército Dickson Melges Grael, prestado em 24 de junho de 1985, ao Inquérito nº 25/83 do Gabinete do Diretor Geral do Dops.

13. *O Globo*, 6/7/1985, p. 6.

14. O jornalista Vladimir Herzog, o Vlado, foi assassinado no DOI-Codi do II Exército, em São Paulo, onde se apresentou no dia 25 de outubro de 1975. O Exército alegou que ele se suicidara por enforcamento, mas essa versão nunca foi aceita pela família e amigos, sendo derrubada oficialmente em 2013, quando a certidão de óbito foi retificada. O primeiro a denunciar a farsa do suicídio foi o jornalista e professor Rodolfo Konder, preso com Herzog, ao afirmar que o amigo fora morto sob tortura.

15. Além de Aguiar, Paulo e Gilberto, são provenientes do SNI na Irmandade o coronel Carlos Alberto Barcellos (data de ingresso: 1969); coronel Bismark Baracuhy A. Ramalho (1969); coronel Firmino Rodrigues Rosa, ex-dirigente da Capemi (1977); sargento Otomar Monteiro Soares (1976), ex-tesoureiro da Irmandade, especialista em grampos; sargento João Ciro Vogt (1976); capitão João Olávio Lauer, que foi "irmão de capela (1976), especialista em eletrônica; coronel João Luís de Souza Fernandes (1985), da PE Barão de Mesquita; coronel Celso Lauria (1984); tenente Francisco de Moura Albuquerque (ex-sargento do SNI); coronel Milton de Moraes Sarmento (falecido); Luís Carlos Faria (1984), o Luís Barbicha; e o coronel Paulo Barreira (1984), ex-CIE, ligado a Perdigão e a Aguiar.

16. GUERRA, Cláudio; NETTO, Marcelo; MEDEIROS, Rogério. *Memórias de uma guerra suja*. Rio de Janeiro: Topbooks, 2012. pp. 118-119.

17. *O Globo*, 24/10/1981, p. 9.

18. *O Globo*, 23/10/1981, p. 9.

19. GUERRA, Cláudio; NETTO, Marcelo; MEDEIROS, Rogério. *Memórias de uma guerra suja*. Rio de Janeiro: Topbooks, 2012. pp. 47-49.

20. *O Globo*, 6/7/1979, p. 6 (no qual Carlinhos Gordo é identificado como Carlos Frederico Faria de Magalhães), e *O Globo*, 7/1/1986, p. 9. Preso em maio de 1980, foi resgatado em outubro de 1982, quando era levado de volta à cadeia após um exame médico. Ficaria foragido até setembro de 1984, quando foi detido em uma operação policial.

21. *O Globo*, 29/5/1980, p. 17.

22. Naquele ano, dois bicheiros botaram dinheiro no desfile da Mangueira: Manola e Zinho. O presidente da escola, Djalma dos Santos, trabalhava no bicho para os dois contraventores.

23. No Salgueiro, Miro virou patrono. Em 1986, Elizabeth Nunes foi eleita presidente da escola. Dois anos depois, Miro assumiu a presidência. Ele só voltaria a falar com Guimarães por interferência de Castor, segundo relatou Elizabeth em entrevista ao Museu do Samba/Centro Cultural Cartola.

24. "Em primeiro lugar, nada de bicheiros na Vila. Quero ver o diabo ao vivo mas não quero saber de jogo do bicho metido em nossas decisões. A Vila é uma escola de vida própria, sustentada pelos moradores das redondezas, pelas suas atividades", disse Ruça, pouco depois de ser eleita presidente, em entrevista ao jornal *O Globo*, de 8/4/1987, Segundo Caderno, p. 4.

25. "Vem a lua de Luanda/ Para iluminar a rua/ Nossa sede é nossa sede/ De que o apartheid se destrua", cantava o refrão contra o regime racista, de segregação da população negra, então em vigor na África do Sul.

26. Sobre a experiência de Ruça à frente da Vila Isabel, ver o depoimento da sambista ao Museu do Samba/Centro Cultural Cartola.

27. Guimarães foi o terceiro presidente da Liesa, substituindo Castor e Anísio. Anos depois de Ruça deixar a presidência da Vila, ele voltou a exercer influência sobre a escola, em mais de um período, colocando prepostos na direção. Podia não aparecer na quadra, mas em reuniões na sua casa se decidiam enredos e se escolhiam sambas. Foi Guimarães, por exemplo, quem levou para a agremiação Wilson Vieira Alves, o Moisés, seu sócio em negócios de videopôquer em Niterói. Moisés presidiu a Vila nos carnavais de 2006 a 2010, depois do qual foi preso (sendo substituído por seu filho, Wilson da Silva Alves, o Wilsinho). A família deixou a escola endividada, sem pagar fornecedores, carnavalescos e sambistas. Ao longo dos últimos 25 anos, Ruça tentou ser presidente novamente, mas não conseguiu. Guimarães erguera um ' muro" em torno da "sua" escola.

28. *O Globo*, 13/3/1984, p. 12, Jornais de Bairro, e *O Globo*, 30/4/1985, p. 14, Jornais de Bairro.

5. Anísio II

1. *Jornal do Brasil*, 4/3/1981, Caderno B, p. 5.
2. *O Globo*, 14/1/1981, p. 13.
3. *Jornal do Brasil*, 15/1/1981, p. 15.
4. O sequestro de Agostinho Lopes da Silva Filho, o Guto, sócio de Guimarães em bancas de bicho em Niterói, ocorrera em julho de 1979.
5. *O Globo*, 8/2/1981, p. 18.
6. *O Globo*, 11/1/1981, p. 22.
7. Roubo das drogas ou do dinheiro obtido com a venda delas.
8. *Jornal do Brasil*, 30/12/1980, pp. 1 e 7.
9. A transação com drogas teria a participação de um bicheiro da Tijuca, que descarregava apostas ("repassar as de maior valor") em Anísio (*O Globo*, 29/1/1981, p. 16).
10. Em 19 de março de 1981, foram condenados pelo assassinato de Cabo Júlio o capitão da PM Levy de Araújo Rocha (como mandante), Wilson Ramos Ferreira, Ridan Ferreira Prado, Renato Mendes Fernandes, Carlos Alberto Milosky (como participantes do sequestro) e Vladimir de Souza Pinto (que confessou ter feito o primeiro disparo). Segundo o juiz, o grupo queria extorquir o traficante Júlio Mama, que não era o cabo Julio. Confundido com o traficante, Cabo Júlio foi levado e morto (*O Globo*, 20/3/1981, p. 9). Em setembro de 1984, mais dois acusados foram condenados: Nei Gonçalves Terra e Wagner Joaquim de Souza (*O Globo*, 22/7/1984, p. 14).
11. *O Globo*, 21/1/1981, p. 7.
12. Era a terceira vitória seguida de Arlindo, assim como Joãosinho, um discípulo do carnavalesco Fernando Pamplona no Salgueiro dos anos 1960. Também como Joãosinho, Arlindo fora contratado por bicheiros para, com sua arte, levar suas escolas de samba ao inédito título de campeãs. As outras vitórias foram em 1979, na Mocidade de Castor de Andrade, com o enredo "O descobrimento do Brasil", e em 1980, já na Imperatriz de Luizinho, com "O que é que a Bahia tem". O poder do bicho mudou naquela virada de década a hierarquia

do samba, antes definida pela arte dos sambistas, agora pelo luxo e beleza das alegorias.

13. *O Globo*, 1/10/1983, p. 10.

14. *O Globo*, 14/8/1991, p. 12.

15. A íntegra está no *Jornal do Brasil*, 14/8/1991, Caderno Cidade, p. 1.

16. *Jornal do Brasil*, 16/8/1991, Caderno Cidade, p. 1.

17. *Jornal do Brasil*, 17/8/1991, Caderno Cidade, p. 1.

18. Nilo Batista afirmou que "Dauro trabalha para Anísio e não mandaria matar a mãe dos filhos do patrão sem o seu sinal verde, senão ele seria um homem morto" (*Jornal do Brasil*, 20/8/1991, Caderno Cidade, p. 3).

19. *Jornal do Brasil*, 9/12/1995, p. 20.

6. Castor II

1. Composição de Edson Show e Romildo.

2. Castor acabou sendo condenado por contrabando — de componentes eletrônicos para máquinas de videopôquer —, em 1988. A sentença foi de dois anos de prisão-albergue, mas ele foi autorizado a cumprir a pena em prisão domiciliar. Em dezembro do mesmo ano, ele e Miro foram condenados a um ano de prisão, em regime semiaberto, em processo instaurado depois que a polícia fechou o cassino Barão de Drummond, na estrada Rio-Petrópolis.

3. *Jornal do Brasil*, 7/3/1984, p. 2.

4. *Playboy*, edição 102, de janeiro/1984, pp. 27, 28, 32, 34, 36, 126, 128, 130 e 132.

5. GUERRA, Cláudio; NETTO, Marcelo; MEDEIROS, Rogério. *Memórias de uma guerra suja*. Rio de Janeiro: Topbooks, 2012. pp. 194-195.

6. *Diário Oficial da União*, 29/4/1977, Seção 1, p. 75.

7. *Playboy*, edição 102, de janeiro/1984, pp. 27, 28, 32, 34, 36, 126, 128, 130 e 132.

8. A carta pede ajuda para a Transmetal Indústria e Comércio Ltda., mas o SNI constatou, na Informação n° 043-51-AC-82, que a empresa fora adquirida pela Metalúrgica Castor em leilão judicial.

9. *Folha de S. Paulo*, 21/10/1982, p. 10.

10. *Folha de S. Paulo*, 13/11/1982, p. 10.

11. *Jornal do Brasil*, 18/11/1982, p. 4.

12. *Jornal do Brasil*, 18/11/1982, p. 4.

13. *Playboy*, edição 102, de janeiro/1984, pp. 27, 28, 32, 34, 36, 126, 128, 130 e 132.

14. *Playboy*, edição 102, de janeiro/1984, pp. 27, 28, 32, 34, 36, 126, 128, 130 e 132.

15. *Jornal do Brasil*, 19/3/1990, Caderno Cidade, p. 5, e *O Globo*, 19/3/1990, p. 16.

16. *Jornal do Brasil*, 19/3/1990, Caderno Cidade, p. 5.

17. *Folha de S. Paulo*, 6/6/1984, p. 20.

18. *O Globo*, 5/6/1984, p. 12.

19. *Folha de S. Paulo*, 4/9/1985, pp. 22.

20. *O Globo*, 4/9/1985, p. 12.

21. *Jornal do Brasil*, 19/3/1990, Caderno Cidade, p. 5, e *O Globo*, 29/5/1988, p. 27.

22. *O Globo*, 29/5/1988, p. 27.

23. Na entrevista à revista *Playboy*, Castor sugere que no desfile de 1983 ("Como era verde o meu Xingu") a Mocidade foi prejudicada por Anísio: "Neste ano que passou, um jurado beneficiou a Beija-Flor em detrimento de duas outras escolas. Ele deve ter usufruído vantagens financeiras (...)." Perguntado pela revista se Anísio tinha lhe passado a perna, respondeu: "Passou, mas é a tal história, se eu pudesse passar a perna nele, também passava."

24. "De certa forma, sou filho estético da Tropicália, aquele movimento maldito-maravilhoso. Tropicália, para mim, é a curtição em cima de tudo e todos. Tropicália é o verdadeiro Brasil, o subterrâneo: o que todo mundo faz e ninguém mostra" (Fernando Pinto em *O Globo*, 15/2/1980, p. 34).

25. *O Globo*, 7/7/1985, Jornais de Bairro, p. 9.

26. *O Globo*, 7/10/1990, p. 36.

27. *Jornal do Brasil*, 14/3/1999, p. 29.

Epílogo

1. *Folha de S. Paulo*, 24/3/1985, p. 20.
2. *O Globo*, 12/7/1984, p. 13.
3. Disponível em: <liesa. globo. com>. Acesso em: 11 jun. 2015.
4. *Jornal do Brasil*, 16/2/1985, p. 9. Segundo a Embratur, 85% eram brasileiros e os voos vindos da Europa estavam lotados.
5. Castor de Andrade reconhecia, em 1984, que o desfile já era um grande espetáculo. Ele justificou assim a criação da entidade: "O desfile do primeiro grupo está perdendo sua grandiosidade por causa do número excessivo de escolas. A cada ano mais escolas estão desfilando sem que tenham condições para isso. A Liga, enfim, quer viabilizar comercialmente o carnaval para as escolas. De brincadeira, não dá para desfilar" (*Jornal do Brasil*, 11/9/1984, Caderno B, p. 8).
6. *O Globo*, 13/7/1984, p. 8.
7. Ainda em 1984, o então presidente da Associação das Velhas Guardas, Armando Santos, lamentou a dissidência das dez escolas: "Nós não podemos lutar contra o poder aquisitivo, mas temos direito de voz. Olhamos com muita tristeza essa separação porque, para nós, em uma competição não existe nem grande nem pequena escola. E se estava existindo algum problema, poderia ser discutido dentro de casa" (*Jornal do Brasil*, 10/8/1984, p. 8).
8. Em 1991, de acordo com o *Jornal do Brasil*, Guimarães enviou carta à Rede Manchete pedindo o afastamento dos comentaristas de carnaval Fernando Pamplona, Sérgio Cabral e Albino Pinheiro, por críticas que dirigiam ao desfile comandado pela Liesa. De acordo com a TV, a decisão foi dos diretores da emissora, sem interferência da Liesa ("A censura da contravenção", *Jornal do Brasil*, 7/2/1991, Caderno Cidade, p. 1, e "Manchete nega pressão da Liga", *Jornal do Brasil*, 8/2/1991, Caderno Cidade, p. 1).
9. *Jornal do Brasil*, 6/1/1986, Caderno B, p. 6.
10. A privatização aconteceu no carnaval de 1995, na gestão de Cesar Maia como prefeito do Rio. Em setembro do ano anterior, a prefeitura e a

Liesa assinaram o contrato que passava a responsabilidade pela venda de ingressos, a negociação da publicidade na Passarela do Samba, a contratação de serviços de segurança, entre outros, para a entidade ligada aos bicheiros. Como não houve licitação, o contrato foi, mais tarde, contestado pelo Ministério Público com a abertura de ações civis públicas.

11. *O Globo*, 5/4/1983, p. 7.

12. "Eles lá e eu cá. Não pretendo perseguir nem prender os agenciadores ou exercer qualquer tipo de repressão. Ao contrário, pretendo distanciá-los dos servidores públicos, particularmente da polícia. Por mim, trabalharei para que o jogo do bicho seja regulamentado e fiscalizado pela fiscalização tributária. Mas, como eu disse, eles lá e eu cá" (*O Globo*, 30/3/1983, p. 7).

13. *Jornal do Brasil*, 2/10/86, p. 12-a, e *Folha de S. Paulo*, 5/10/1986, p. 4.

14. Manola foi candidato da contravenção do Rio à Assembleia Nacional Constituinte, pelo PNR, mas não conseguiu se eleger.

15. *O Globo*, 20/10/1986, p. 2, e *Veja*, 29/10/1986, pp. 38-40.

16. À época, o projeto não era chamado de Cidade do Samba. Ela acabou sendo construída em um terreno na Gamboa, zona portuária do Rio, entre 2003 e 2005.

17. *Jornal do Brasil*, 6/2/1991, Caderno Cidade, p. 1, e *Jornal do Brasil*, 7/2/1991, Caderno Cidade, p. 1.

18. *Jornal do Brasil*, 14/2/1986, p. 8.

19. Foram condenados Castor, Capitão Guimarães, Anísio, Raul Capitão, Luizinho Drumond, Miro, Turcão, Carlinhos Maracanã, Zinho, Piruinha, Haroldo Saens Peña, Emil Pinheiro, Paulinho Andrade (filho de Castor) e Maninho (filho de Miro).

20. *O Globo*, 22/10/2012, p. 3.

Acervos e periódicos

Acervos consultados
Arquivo Nacional
Arquivo Público do Estado do Rio de Janeiro
Biblioteca do Exército
Brasil: Nunca Mais Digit@l <http://bnmdigital.mpf.mp.br>
Museu do Samba/Centro Cultural Cartola

Jornais e revistas consultados
Correio da Manhã
Diário Carioca
Diário de Notícias
Diário Oficial da União
O Estado de S.Paulo
Folha de S.Paulo
IstoÉ
Jornal do Brasil
O Dia
O Fluminense
O Globo
O Pasquim
Opinião
Playboy
Revista Beija-Flor de Nilópolis: Uma Escola de Vida
Última Hora
Veja

Bibliografia

ALVES, José Cláudio Souza. *Dos barões ao extermínio:* uma história da violência na Baixada Fluminense. Duque de Caxias: Associação de Professores e Pesquisadores de História/Clio, 2003.

ARAUJO, Hiram; JÓRIO, Amaury. *Natal, o homem de um braço só*. Rio de Janeiro: Guavira Editores, 1975.

ARGOLO, José A., RIBEIRO, Kátia; FORTUNATO, Luiz Alberto M. *A direita explosiva no Brasil:* a história do grupo secreto que aterrorizou o país com suas ações, atentados e conspirações. Rio de Janeiro: Mauad, 1996.

AUGRAS, Monique. A ordem na desordem: A regulamentação do desfile das escolas de samba e a exigência de "motivos nacionais", In: *Revista Brasileira de Ciências Sociais*. São Paulo, v. 8, n. 21, fevereiro de 1993.

_____.*O Brasil do samba-enredo*. Rio de Janeiro: Fundação Getulio Vargas, 1998.

A memória do terror. Depoimento do coronel Paulo Malhães à Comissão Estadual da Verdade do Estado do Rio de Janeiro. Rio de Janeiro, 2014. Acessado no primeiro semestre de 2015 em <http://www.cev-rio.org.br/wp-content/uploads/2014/05/depoimentomalhaes.pdf>.

BEZERRA, Luiz Anselmo. *A família Beija-Flor*. Dissertação de Mestrado em História, Universidade Federal Fluminense (UFF), Niterói. 2010.

CABRAL, Sérgio. *As escolas de samba do Rio de Janeiro*. Rio de Janeiro: Lumiar, 1996.

CAVALCANTI, Maria Laura Viveiros de Castro. *Carnaval carioca:* dos bastidores ao desfile. Rio de Janeiro: UFRJ/Funarte, 1995, 2ª edição.

———— · O mecenato do jogo do bicho no carnaval, In: *O rito e o tempo: ensaios sobre o carnaval*. Rio de Janeiro: Civilização Brasileira, 1999, p. 55-70.

CHAZKEL, Amy. *Leis da sorte:* o jogo do bicho e a construção da vida pública urbana. Campinas: Unicamp, 2014.

CHINELLI, Filippina; SILVA, Luiz Antônio Machado da. O vazio da ordem. Relações políticas e organizacionais entre as escolas de samba e o jogo do bicho. In: *Revista Rio de Janeiro*. Rio de Janeiro, n° 12, jan-abr 2004, p. 207-228.

COSTA, Haroldo. *Salgueiro, 50 anos de glória*. Rio de Janeiro: Record, 2003.

CRUZ, Tamara Paola dos Santos. *As escolas de samba sob vigilância e censura na ditadura militar:* memórias e esquecimentos. Dissertação de Mestrado em História, Universidade Federal Fluminense (UFF), Niterói. 2010.

D'ARAÚJO, Maria Celina; SOARES, Gláucio Ary Dillon; CASTRO, Celso (Int. e Org.). *Visões do golpe*. 12 depoimentos de oficiais que articularam o golpe militar de 1964. Rio de Janeiro: Nova Fronteira, 2014, 3ª edição.

Dicionário Histórico-Biográfico Brasileiro (DHBB), CPDOC - Fundação Getulio Vargas. Acessado no primeiro semestre de 2015: <http://cpdoc. fgv.br/acervo/dhbb>.

FICO, Carlos. *O golpe de 64:* Momentos decisivos. Rio de Janeiro: Fundação Getulio Vargas, 2013.

FREIXO, Adriano de; TAVARES, Luiz Edmundo. O samba em tempos de ditadura: as transformações no universo das grandes escolas do Rio de Janeiro nas décadas de 1960 e 1970. In: FREIXO, Adriano de; FILHO, Oswaldo Munteal (org). *A ditadura em debate:* Estado e sociedade nos anos do autoritarismo. Rio de Janeiro: Contraponto, 2005, p. 123-150.

GASPARI, Elio. *A ditadura encurralada*. O sacerdote e o feiticeiro. Rio de Janeiro: Intrínseca, 2014.

GUIMARÃES, Valéria Lima. *O PCB cai no samba:* os comunistas e a cultura popular (1945-1950). Rio de Janeiro: Arquivo Público do Estado do Rio de Janeiro, 2009.

MAGALHÃES, Felipe. *Ganhou, leva:* o jogo do bicho no Rio de Janeiro (1890-1960). Rio de Janeiro: Fundação Getulio Vargas, 2011.

BIBLIOGRAFIA

MELLO, Marcelo Pereira de. *Olha a Beija-Flor aí, gente. Comunicação e cultura na reinvenção do carnaval carioca.* Dissertação de Mestrado em Comunicação Social, Universidade Federal Fluminense (UFF), Niterói. 2000.

MONTEIRO, Denilson. *Dez! Nota dez!* Eu sou Carlos Imperial. São Paulo: Matrix, 2008.

MUSSA, Alberto; SIMAS, Luiz Antonio. *Samba de enredo:* história e arte. Rio de Janeiro: Civilização Brasileira, 2010.

PAIVA, Maurício. *O sonho exilado.* Rio de Janeiro: Mauad Editora, 2004.

Psicanálise Beija-Flor. Joãozinho Trinta e os analistas do Colégio. Rio de Janeiro: Aoutra/Taurus, 1985.

QUEIROZ, Maria Isaura Pereira de. As escolas de samba do Rio de Janeiro ou a domesticação da massa urbana. In: *Carnaval brasileiro:* o vivido e o mito. São Paulo: Brasiliense, 1992. p. 71-116.

Relatório da Comissão Nacional da Verdade. Brasília, 2014. Acessado no primeiro semestre de 2015 em <http://www.cnv.gov.br/images/pdf/relatorio/volume_1_digital.pdf>, <http://www.cnv.gov.br/images/pdf/relatorio/volume_2_digital.pdf> e <http://www.cnv.gov.br/images/pdf/relatorio/volume_3_digital.pdf>.

SANTOS, Myrian Sepúlveda dos. Mangueira e Império: a carnavalização do poder pelas escolas de samba. In: ZALUAR, Alba; ALVITO, Marcos (org). *Um século de favela.* Rio de Janeiro: Fundação Getulio Vargas, 2003, p. 115-144.

SILVA, César Maurício Batista. *Relações institucionais das escolas de samba, discurso nacionalista e o samba enredo no regime militar (1968-1985).* Dissertação de Mestrado em Ciência Política, Universidade Federal do Rio de Janeiro (UFRJ), Rio de Janeiro. 2007.

SILVA, Marilia Trindade Barboza da; FILHO, Arthur L. de Oliveira. *Silas de Oliveira:* do jongo ao samba-enredo. Rio de Janeiro: Funarte, 1981.

_____. SANTOS, Lygia. *Paulo da Portela,* traço de união entre duas culturas. Rio de Janeiro: Funarte, 1979.

TÉRCIO, Jason. *A espada e a balança:* crime e política no banco dos réus. Rio de Janeiro: Zahar, 2002.

VALENÇA, Rachel; VALENÇA, Suetônio. *Serra, Serrinha, Serrano:* Império do samba. Rio de Janeiro: José Olympio, 1981.

VILA, Martinho da. *Kizombas, andanças e festanças.* Rio de Janeiro: Record, 1998.

Sobre os autores

Aloy Jupiara é jornalista e gerente de projetos na Diretoria de Inovação Digital da Infoglobo. Formado em Jornalismo pela Escola de Comunicação da UFRJ, entrou no jornal *O Globo* em fevereiro de 1987 como estagiário, sendo contratado em seguida como repórter da editoria Rio. Em 1991, assumiu a pauta e, quatro anos depois, virou subeditor. Ajudou a criar e foi editor de conteúdo do Globonews.com, uma parceria entre a Infoglobo, a Globo.com e a Globonews TV, que entrou no ar em setembro de 2001. Em 2004, tornou-se editor-executivo de projetos especiais do Globo Online. Dois anos depois, na reformulação do site, passou a editor-executivo de interatividade, quando criou a seção Eu-Repórter, de conteúdo gerado por usuários. Em 2009, foi convidado a ocupar o cargo de editor-executivo do site do *Extra* e, com o novo site no ar, passou a gerente de produtos digitais. Participou da equipe de pesquisadores que elaborou o dossiê-base do pedido ao Iphan de registro do partido-alto, do samba de terreiro e do samba-enredo como patrimônios culturais brasileiros, concedido em 2007. Integra desde 1998 o júri do Estandarte de Ouro, prêmio do jornal *O Globo* para os sambistas.

Chico Otavio é repórter do jornal *O Globo* e professor de redação jornalística na PUC-Rio. Iniciou sua carreira em 1985 como repórter de Cidades da *Última Hora*, onde também cobriu a área sindical. Trabalhou em seguida na sucursal carioca do Grupo Estado, produzindo reportagens de temas variados para os jornais *O Estado de S. Paulo* e *Jornal da Tarde*, e para a Agência Estado. Em 1997, transferiu-se para *O Globo*, atuando até 2015 como repórter de País. Transferiu-se depois para um grupo de repórteres ligado ao comando da redação. Cobriu todas as campanhas eleitorais desde os anos 1990. Na década seguinte, ajudou a fundar a Associação Brasileira de Jornalismo Investigativo (Abraji), da qual foi vice-presidente. Ganhou sete vezes o Prêmio Esso em várias categorias, entre outros prêmios, ao longo da carreira — um deles, em 1999, sobre o atentado a bomba no Riocentro, com os colegas Amaury Ribeiro Jr. e Ascânio Seleme. Em 2014, ficou entre os cem jornalistas mais admirados do Brasil, pesquisa feita pelo Jornalistas&Cia.

Este livro foi composto na tipologia Palatino
LT Std, em corpo 11,5/16, e impresso em
papel off-white no Sistema Cameron da
Divisão Gráfica da Distribuidora Record.